发现与探索

——指向教学改进的教研实践

潘建军　著

吉林文史出版社

图书在版编目（ＣＩＰ）数据

发现与探索：指向教学改进的教研实践 ／ 潘建军著
. -- 长春：吉林文史出版社，2021.9（2024.3 重印）
ISBN 978-7-5472-8088-1

Ⅰ．①发… Ⅱ．①潘… Ⅲ．①教学研究－文集 Ⅳ.
① G420-53

中国版本图书馆 CIP 数据核字（2021）第 191141 号

发现与探索：指向教学改进的教研实践

FAXIAN YU TANSUO：ZHIXIANG JIAOXUE GAIJIN DE JIAOYAN SHIJIAN

著　　者：潘建军
责任编辑：钟　杉　王　新
封面设计：四川悟阅文化传播有限公司
出版发行：吉林文史出版社
地　　址：长春市福祉大路 5788 号
电　　话：0431-81629357
印　　刷：三河市嵩川印刷有限公司
经　　销：全国新华书店
开　　本：170mm×240mm　1/16
印　　张：14.75
字　　数：234 千字
版 印 次：2021 年 9 月第 1 版　2024 年 3 月第 2 次印刷
定　　价：46.00 元
书　　号：ISBN 978-7-5472-8088-1

指向教学改进的教研实践

（代自序）

2015 年 6 月，甘肃省酒泉市教育局党组任命我担任教研室主任，我从位于酒泉市政大厦东 15 楼那间每天可以看见日出的酒泉市教育局办公室，搬到了地处酒泉市肃州区东文化街 42 号的这栋小楼，由此，命运为我的教育职业生涯画了个圈。

1988 年 7 月，我从位于酒泉市东文化街 42 号对面的酒泉师范学校毕业，背起行囊到酒泉城北 10 公里以外的怀茂乡学区报到，做了一名小学教师。在那里，我从普通小学教师干起，先后在怀中小学、乡中心小学（黑水沟小学）、乡教委（学区）工作。在那两所小学，包括学前班的几乎所有年级、所有学科我都教过，班主任、校少先大队辅导员、学区少先队总辅导员、学校教导主任、校长、学区专职教研员和总会计……这些工作我都干过。1999 年 4 月初离开乡镇到区教育局做教育人事工作，算来我在乡村教师岗位上干了 10 年 9 个月，3900 多天。2001 年 7 月，调到市教育局工作，又做了 15 年教育人事后，我又回到了教研岗位。26 年过去，我从一名教育老兵，又成了一名教研新兵。人生就是这样奇妙，从学校毕业，走向职业生涯的地理起点，又回到当初出发的地方；离开教学教研一线岗位又回到了教研岗位。从走上工作岗位的踌躇满志，再到 26 年后的整装再出发，虽然我只是一名普通的教育者，但我常常想，其实这就是生命发展、完善的螺旋过程，这也许就是宿命。

我任教研室主任（教科所所长）后到目前为止，共经历三任局长，江学录（现任市文物局局长）、杜志学（现任酒泉市政府副主席）、杨培荣局长，三位局长给我的任务都如出一辙：做一名专业的教研室主任（教科所所长）、带出一支专业的教研队伍，引领教学、创新教研机制为振兴教育服务。十五年的教育人事工作，虽然荒芜了我教育理论的学习和对教学的研究，但加深了我对教师这个职业和教育本质的理解：教师的专业生命状态关乎教育的内涵发展和质量存续，教育的发展归根结底取决于教师的专业发展。我深感我的专业能力欠缺给我的工作带来的压力与挑战，于是我从头开始学习教育理论，研究并推进教学改进的实践。

五年来，我和我的团队大体做了几个方面的思考和实践。

一是确立了"发现、探索、引领"的教研发展路径。国家、省、市、县、校五级教研机构组成的基础教育教研体系是目前全世界唯中国特有的教育管理制度，对促进基础教育发展和中小学教师专业成长具有举足轻重的作用。在这个体系中，地市一级教研机构刚好处于承上启下的中间位置，其职能有着独特的地位和作用，既不能只关注理论研究而忽视教学实践指导，也不能只重视具体性教学指导而忽视研究引领。2001 年，教育部颁发《基础教育课程改革纲要（试行）》，强调教研工作要以基础教育课程改革为中心，充分发挥研究、指导和服务的专业作用。2014 年，教育部颁发《关于进一步深化课程改革　落实立德树人根本任务的意见》，指出教研部门是一支重要的专业力量，要重视教研部门在"教学指导""研究引领"等工作中的作用。基于此认识，我认为市一级教研部门的职能应定位为"发现、探索、引领"。发现是指学习、研究最新的教学理念和教育理论，调查研究基层学校和一线老师在教育教学实践中创造出的好经验、好做法，分析总结教训，形成改进指导的建议；探索是指要将新理念、新思想、新理论以及分析总结出的成败得失的经验教训推广到一线教师和学校，指导教育教学实践，引导教学改进；引领是通过研究指导，引导教师专业发展、引领课程改革、促进学校发展，达到提升教学质量和办学水平的目的。五年来，我和我的团队循着这一路径坚持以发展教师专业能力为核心，推进课程改革和教学变革，试图让我们的学校和教育有所改变。

二是基本构建了卓越教师队伍专业发展的模型。教师是一个独特的群体，家长、学校和社会为其赋予太多的使命和过高的期望，长久以来，在超量的工作负荷和心理重压之下，承受着不可言说的生命之重。作为社会角色，一方面，养家糊口的责任迫使其不得不像芸芸众生一样追求名利，改善个人和家庭的生活质量。另一方面，教育的良知又促使其不断强化专业成长，改善职业生存状态；作为生命个体，在世俗与良知的矛盾中又无时无刻不寻求实现其价值的路径，被学生、学校、社会所认可和肯定就成为其追求的目标。于是，功利性的物征表象如各种证书、排名、头衔就成为教师专业成长的台阶。至此，我们似乎就会明白，为何我们的教师对一张证书的重视甚于那些微不足道的物质利益了。所谓"名师"，只是证书垫起来的厚度而已。当然，我们不能否认那些证书背后所隐含的专业精神和职业操守。当想清楚这些的时候，我突然明白了，教研部门需要做些什么。如果说，教师需要一个欣赏者的话，教研部门就应该成为坐在路边鼓掌的那个人。为此，我引入罗伯特·迪尔茨的卓越元素解码理论，试图构建卓越教师成长的教研工作模型。

卓越元素解码理论认为，卓越者（包括人、团队、项目）的卓越元素包含环境（我们行动的时间、地点）、行为（我们所做的事）、能力（我们思考与计划的方式）、信念与价值观（我们为什么以这种方式思考与行动）、身份（我们意识到自己是谁）以及目标感（我们为谁献身，为什么要为其献身，也就是使命或愿景）六个层面，团队或组织中的人的生命，甚至团队或组织本身的生命，均体现在这些不同的层面上。该理论认为，一个人或者一个组织按照卓越程度可以分为三个层级，一般者、优秀者、卓越者。一般者是那些在特定环境中按照一定规则做事的人或者组织；优秀者是在一般者的基础上，具备高超能力，并具有坚定信念、体现出价值观念的人或组织；卓越者是在具备优秀者所有元素的基础上，具有强烈的身份意识，并有强烈的目标感、使命感，努力实现其愿景的人或组织。图示如下：

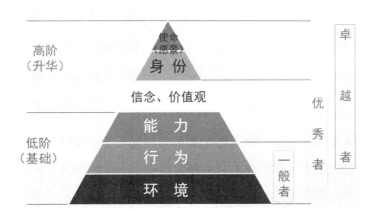

按照这套理论，我把教研工作梳理为六个层面，形成了教研工作的卓越者模型。图示如下：

我们认为，教研部门重要职责是为教师成长发展搭建平台，这就是营造环境，这是卓越教师成长的基础，即第一层面：环境。基于这个基础，教研部门需要组织开展各类活动，正如顾明远先生说"学生成长在活动中"一样，教师也成长在各种各样的教学与研究活动中，这是卓越者元素的第二层面：行为。完成上述任务，我们只是为教师成长提供了一些必要条件，并不充分，对于引导教师成为卓越者还远远不够，需要有系统的能力提升举措。于是，我们又设计了一些项目，如教学改进计划，我们从薄弱学科——初中英语入手，自2018年始实施了为期两年、线上线下结合的"初中英语教学改进计划"混合式研修项目；为了引导学校深化校本课程建设，我们组建研发团队实施了"中学生生涯规划课程开发"项目；我还带领我的教研团队实施了基于教育技术应用的课程重构教改试验，成果获2018年甘肃省基础教育教学成果一等奖。通过这些项目的实施，在全市范围内培养了一批教师专业成长的"领头羊"，形成了教研的"鲶鱼效应"，由此带动广大教师从一般者向优秀者发展。这是第三层面：能力。实现了上述三个层面的目标，优秀教师脱颖而出就具备了一定基础，这是卓越者元素的低阶层面，迈向高阶成为优秀者，信念价值至关重要。卓越者元素的第四层就是信念价值观，教师要成为卓越者，必须要有信念引领和价值理念的培养。我们从学术评价、课题牵引、协同创新、教改推动四个方面作了一些努力。学术评价就是要将各类教研评审公平、公正、公开化，让每一个教师的专业努力都放置在阳光下运行；

课题牵引就是要将教师专业成长的需求与教学改革、课程改革结合起来，从过去为评职称而做课题、为课题而做课题的功利性研究中跳出来，引导教师做有效研究，真正树立"成长是为了教学改进"的理念；协同创新是指组建各种教师成长的团队，如名师工作室、读书会等，搭建起"有意思"的小团队，让一部分有成长意愿的教师找到志同道合的伙伴，在团队中成长，实现"众行远"的目的；教改推动是指引入一些新的理念、成果，以此改善教师的专业状态。人们长久地处于同一种生存状态，会产生疲劳，也就是职业倦怠，必须要有一些新的教学主张、思想，激起教师思想的火花，激发内生动力。2017年，酒泉市教育局委托第三方做教育质量监测评价，在影响质量因素的问卷调查中发现，酒泉市教师职业倦怠率比较低，引起了专家们的注意。在全国教师职业倦怠现象比较普遍的情况下，我市教师却成为一个独特的群体。分析背后的原因，我们发现，组织教师参与各种教研活动，为其提供专业表达的机会，可以激发教师的专业认同感，从而减轻或抵消职业倦怠。

成为卓越者，还与我们的身份有关，这是卓越者元素的第五个层级。所谓身份，就是我们意识到自己是谁。乍一看，"我是谁"是一句废话，但真正拷问自己，会发现在日复一日的琐碎生活中，我们常常会迷失，真的不知道自己是"谁"。按照罗伯特·迪尔茨的卓越元素理论，我们的人生和动机本质上是被"小我"与"大我"这两个相辅相成的"身份"所驱动的。"小我"是作为一个分离并独立于组织整体而呈现出的个体"我"的存在，"大我"是作为一个更大的整体如家庭、组织、事业等而呈现出来的"我们"的存在。作为一名教师，当其停留于完成教学任务的职业者，只是一个"小我"，其呈现出的只是一种职业生存状态；而当其作为立德树人教育理想的追求者时，我们就呈现出献身事业的专业"大我"存在，从"人"的物质状态上升到了有境界的"灵魂"和精神状态。教育管理者（包括校长、教育管理部门等）的职责就是让老师们从职业者的生存状态被激发上升为事业者的精神存在状态。如何激发呢？就是要激发大家的身份意识，让大家意识到自己是谁，自己会为自己的事业、团队带来什么。稻盛和夫在他的企业管理哲学中，从不单纯用金钱刺激来激励经营业绩，而是在组织中采取全员赞赏优异者的办法激励大家为企业组织做出杰出贡献，这就是时刻提醒大家，每一个人都不仅仅只是一个"小我"，而是能给企业整体带来好处的"大我"。正是基于这种"大我"的"文化性控制"模式，稻盛和夫缔造了京瓷、第二电信两家世界五百强企业。2018年甘肃省首次基础教育教学成果奖评选中，酒泉选送的成果有20项获奖，创造了教师总量只占全省3%的队伍夺得了全省210个奖项中的近10%的佳绩，这放在江浙一带也许算不了什么，但在西北欠发达地区，则实属不易。究其原因，我觉得正是教研创新引领这种方式激发了教师的"大我"意识，有效的教研是教师专业发展的主要动力引擎。

成为卓越者，使命是核心。没有使命感，无论是个人还是团队，都是没有灵魂的。对一个教育人而言，使命是什么？那就是教育价值的追求和教育良知的坚守；一支教育队伍，使命是什么？教育高质量发展，办出让人民满意的教育。离了这一使命，这支队伍就是一盘散沙。近五六年来，酒泉教研人，始终坚守这个方向，做着自己的努力，哪怕这些努力微不足道、收效不大，但大家一直在奋力前行，因为大家相信，只要做，就有希望。这，就是我们的愿景，实现这样的愿景，就是教研的使命。

三是从行为层面的实践研究走向理论引领实践的价值追求。指向教学改进的教研，必须解决三个问题。第一个问题是改进什么样的教学，也就是搞清现状；第二个问题是改进到什么程度，即目标；第三个问题，如何改进，即策略方法。关于第一个问题，教学现状，我们的教育管理者和教研员的认知是模糊的，受各种教学流派影响，很多人处于"价值模糊"状态，因为没有搞清楚教学流派背后的理论体系，所以不知道什么样的教学是好的，也就搞不清楚教学改进到底要改进什么。在我们的教学实践中，这是最要命的。因为没有建立起自己的理论认知体系，所以对我们的教学现状是没有是非概念的。为此，在教育行政部门的大力支持下，我们带动市县教研部门教研员团队开始探索理论认知体系的建构。首先从我做起，学习现代教学理论、认知（学习）科学、脑科学等相关理论知识，明确了这样一个基本共识：教师主导作用不是教师的包办，也不是教师一讲到底；学生主体作用是以"学习为中心、学生为核心"来体现的；教师的主导是为学生主体服务的，教师主导应以导为主，服务于学生的学习。我们开始大量地进行教学调研，发现教师的讲是用得最多的方法，学生从进校开始，教师轮流按学科讲，从早讲到晚，从正课讲到自习。甚至有的高中学校晚自习都在讲。"讲"已经成为教师常态，"听"成了学生最主要的学习样态。教师沉迷于"讲"的快感之中不可自拔，学生沉浸在"听"的懵懂中无可救药。我的女儿上大学后，刚开始无法适应，等到大二适应以后，告诉我：她觉得脑子开始变得灵活了，比在高中聪明了好多。究其原因是大学的自主学习让她的大脑发生了变化，可我们的大多数教师却无法有效解决"讲""不讲"和学生自主学习的问题。几年来，我们开展了大量的调研，形成了数十万字的调研报告，理出了上百条需要改进的问题，最终归结为一条：如何促进学生有效的深度学习。

关于第二个问题：教学改进目标。问题清楚了，目标也就明确了，通过多次研讨，我们取得了这样一个共识：让课堂成为"学堂"，学生成为课堂的主人，教师成为学习设计师、学生学习的引领者和指导者。

第三个问题：如何改进？策略选择上，我们采取"经验引进、课题牵引、项目推动、成果培育"的原则，试图从教和学两个层面推动变革。经验引进方面，我们先后引进了北京师范大学张生教授的"基于社交网络平台的思维发展型重构课程模式"、重庆树人教育研究院的"中小学语文群文阅读实验研究"、张景忠院士的"教育数学"，在全市推广教育部基础教育课程教材中心的"深度学习"实验项目和华东师大崔允漷教授的"有效教学"理论，多层面、多维度从理念上引导教师转变观念。同时，我们积极申报教育部基础教育国家级优秀教学成果推广应用示范区，基于我市教育发展问题和需求双导向，围绕课程体系建设、作业设计质量提升、课堂教学评价、数学问题情境教学、阅读素养提升五个维度遴选了江苏省南菁高级中学《重构校园生活：普通高中大美育课程体系建构》、上海市教研室《提升中小学作业设计质量的实践研究》、上海市洋泾中学《事实和证据视野中的课堂教学诊断》、贵州师范大学《中小学数学"情境——问题"教学30年实践探索与理论建构》、四川省教育科学研究院、重庆树人教育研究院、教育部西南基础教育课程研究中心《提升中小学生阅读素养的群文阅读教学实践》5项国家级优秀教学成果在我市重点推广应用。酒泉市教育局局长杨培荣同志在向省教育厅的汇报中，说明了成果推广应用的总体构思：结合酒泉实际，把这五项成果深度融合到我市推进的各项教学改革中，进一步改进教学生态、提升教师专业素养、重构学校课程体系，厚植酒泉基础教育高质量发展的基础。课题牵引方面，我们结合教师对课题研究的专业发展需求，围绕教学改革与改进方向，每年设计课题指导目录和专项课题，引导教师从学生出发研究改进教学策略，并从原创性方面严格评审把关，增强了课题研究的"学术味"，淡化了过去教师"为课题而做课题"的职称功利色彩。项目推动方面，除上述引进项目和推广应用的国家级优秀教学成果外，我们针对当前全市教学领域普遍存在的问题，设计了"深度学习研究""基于课程标准的有效教学研究""学校课程体系建设""生涯规划课程研究"四个项目，申报为省级教改项目，在全市招募项目实验学校和教师，由教研员领衔，从理论研究着手，实践探索为主，纵深推进，以期从学校层面推动教学改进。成果培育方面，我们认识到，没有科研的教研是无源之水，没有教研应用的科研是无用之果。为此，我们积极申报，被省教科院确立为"教育科研创新实验区"，以国家级优秀教学成果推广应用作为科研示范引路标杆，以自主推动的教改项目作为成果孵化器，引导激活了基层学校和广大教师教学研究的热情。

在整个教学活动的全链条中，我认为学习设计是最为关键的一个环节。长久以来，我们的教学设计重点放在了对"教"的设计，而忽视了"学"的设计。尤其是过分强调对教学内容的设计，而轻视了对学生的实际情况研究，让"教研"走到了过分关注"教的研究"的尴尬境地。为此，从2019年开始，我们开始引导教师做关于"学"的研究。我们申报的四个教改项目正是试图引导教师从学生发展、学习策略、课程体系重构、基于课程标准的教学四个层面转向。2020年，我们结合学校现行教学管理中以管"教"为主的实际，重新构思重整研制了《教学流程与学习指导规范》，初步建立了"指向学生的学习为核心、教师的教与学生的学双线并重、以学生学习认知基础作为单元学习设计的起点、学教测馈矫闭环运行"的教学管理和教学研究的基本范式。这个范式目前在全市一些学校试行，尤其"以学生学习认知基础作为单元学习设计的起点"已经成为广大教师的共识，以大概念统摄下的大单元教学策略有了较为广泛的运用。

"指向教学改进的教研实践"是一个很大的课题，但毫无疑问，这正是各级教研机构的使命和责任。我们的探索还处于浅层阶段，只是在不成熟的思考基础上的一些行动研究，但作为一个教育工作者，我觉得即使是一些粗浅的认识和缓慢的学步，对于一线教师也是有一些启发的，哪怕树一个批评的标靶，也还是起到了一些作用的。这正是我汇编此书的初衷。

以是为序。

目　录

第一章

追问——课程改革之思

学校文化畅想

应敦煌市南街小学习尚丽校长邀请，借"敦煌大讲堂"这个学术交流平台，我想和大家一起讨论"课程视角的学校文化建构"这个话题。通过最近一段时期的观察和思考，我觉得有必要从课程的视角审视学校文化的建构，也就是将学校课程体系建构纳入学校文化视域。

关于"文化"这个概念，在古文字中"文"和"化"是两个词，"文"最初是"花纹""交错的图案"等意思，后来引申为包括语言文字在内的各种象征符号、彩画、装饰、文物典籍、礼乐制度和人为修养之义，后来又导出美、善、德行之义；"化"指事物形态或性质的改变，同时"化"又引申为教行迁善之义，简言之，就是教化。"文化"一词是在西汉以后出现的，本义是"以文教化"，可见，老祖先的"文化"概念就是教育最初的本义。所以，我们教育者，没有理由不谈文化。

文化，内涵之深、范围之广，据说现在都没有学者能给出一个精确的定义。我们今天专门讨论"学校文化"。我听过很多校长的办学介绍，也看过很多办学经验方面的文章，好多校长谈办学，首先谈到的是校园文化，在此，我想和大家一起分析一下校园文化和学校文化的区别以及联系。顾名思义，校园文化就是在校园里可以看得见的文化现象，如校园布景、园林小路、名言标牌、警句标语、校训校风、宣传展板和在校园里开展各种活动等，这属于外显文化，属于学校文化的一部分。

除此之外还有内显文化，如学校长期形成的校风、共同意识、行为习惯、大家对学校的价值认同以及学校的课程体系、制度规章等都属于内显文化范畴。我们可以把学校文化表述为：在学校长期教育实践过程中形成的学校全体成员认同和遵循的价值观念、精神追求、行为准则和规章制度等共同的思想认知体系，学校文化的本质意义在于凝聚精神，影响师生向着共同的目标发展，其最高价值在于促进学校全体成员的发展。

文化是无形的，存在于学校的方方面面，无处不在，无所不包。正如人的气质一样，每一所学校都有它独特的气质。如果认真观察，你会发现，每一所学校的教师们都有一种相同的特质，这种特质我把它称为学校气质，教师团队气质会影响学生形成独特的气质。我们在座的校长和老师中，如果有人曾经在两所以上学校任过教，那么你会有这样的感受，不同学校，人们对事物的看法、思维方式、行为习惯、精神风貌等等都有不同之处，这种集体气质的形成，就是文化的作用使然，这种差异就是学校文化的差异，这种学校文化的差异就形成了学校之间不同的特色。"建设特色学校"就是建设有特色文化的学校。

学校文化是有优劣的，优质文化是一种积极向上、催人奋进、凝聚人心、团结出力量的，可以形成强大的内驱力，能升华为精神力量的文化，它可使学校活力四射，师生奋发图强。而劣质文化，则会起负面作用，消极懒散、停滞不前、拉帮结派，互不信任，这种文化可使学校丧失活力，如一盘散沙。优质文化造就优质学校，优质的学校是人才的摇篮，劣质的学校则是智能的坟墓，人与人，学校之间，甚至国家之间竞争的胜负，关键在文化。学校文化是学校的灵魂，是全面育人、全人教育最重要的因素，是校长办学和治校理念的体现，也是全体师生共同精神价值追求的内在表现。良好的学校文化以鲜明正确的导向引导、鼓舞师生，以内在的力量凝聚、激励师生，以独特的氛围影响、规范师生。学校文化建设对于办好学校起着举足轻重的作用。因此，我们办学要突出"文化立校"这个核心要素，构建优质的学校文化，建设特色学校。

课程是学校育人的载体，任何育人的目标和活动都要通过课程来承载。学校文化是学校的灵魂，学校课程体系建构，必须由学校文化统领。简言之，有什么样的学校文化体系，就有什么样的学校课程体系。那么如何构建学校文化体系呢？

一、整体规划，传承创新

学校文化体系构建要从大处着眼，小处入手，立意要高远，底蕴要深厚。要立足于当地文化、自然、经济、社会实际，把学校的环境美化、课程研发、制度修订、目标确立、价值取向、精神凝练等方面全部统合到以学校精神为主线的体系内，统一规划，逐步实施。在这个规划实施的过程中，我们要注意解决好学校历史传统文化的传承与发扬的关系。我们应该注意保留学校发展历程中的一些具有纪念意义的物件和史料，那是学校文化的根。我们发现一些学校在搬迁、合并或改建扩建的过程中，包括树木、雕塑等体现学校文化历史的标志性文物一件都没有了，把一所有几十年甚至近百年历史的老校完全变成了一所新学校。

我曾经参观过重庆江北区两江国际学校鱼嘴实验校，这所学校是由原来的三所农村学校合并而成的新学校，我印象最深的是学校在校门口做了一块纪念牌，把原来三所老学校的旧貌的照片全部放上去，虽然只是一块小小的纪念牌，但给人感觉是这不是一所新校，是有历史的，我觉得它还能提醒师生，不忘过去才能奋勇向前。所有经过的人都会站在这块牌子前驻足观看，细细品味。

云南师范大学是在原西南联大的基础之上办起来的，该校把西南联大的一部分校舍很完整地保存了下来，按照当时的样子布置出来，供师生和游客瞻仰，只要对中国现代教育史有点儿了解的人，去昆明一定会去看看西南联大旧址，教育人把这视为"朝圣"，西南联大承载着中国现代教育的精神。当坐在当年朱自清、闻一多等大师讲过课的教室里，想象着当年大师的模样，感受着深厚的文化氛围，我相信没有一个人不思绪万千，仿佛我们的思想、灵魂在一刹那也得到了熏陶和升华。这就是文化传承的力量。

十几年前，好多学校都会把雷锋雕像摆在楼道里或者很显眼的地方，随着学校的改扩重建、撤并整合，近几年来，已经很少看到了。去年 11 月份，我在昆明参观了春城小学，看到该校有一尊雷锋像，他们把教学楼中心位置一间房子靠楼道的那面墙去掉了，形成一个开放的空间，把雷锋像摆在中间，设立了"雷锋银行"，专门用来收存学生的好人好事，每个班级只要有一人做了好事，"雷锋银行"就能存放一枚奖章，反之则摘掉一枚。我当时问讲解老师，这尊雷锋像有多少年历史了。他告诉我：这是目前昆明所有校园内唯一的雷锋雕像，已有 23 年历史了。所以，我们办学的过程中，必须要有人文情怀，要有历史眼光，必须将文化传承与守正创新结合起来，守正是基础，创新是目的，没有守正的创新是没有根的，没有根就没有生命力。

我们有责任让现在的师生乃至后来者了解我们学校的历史变迁，我们有责任把历任校长、老师们创造的好传统、好风气、好制度保留下来，并在此基础上推陈出新，发扬光大。昨天已成为历史，是今天的起点，今天终将会成为明天的历史，也是明天的起点，明天又会成为后天的起点，昨天、今天、明天，这一个个起点穿成了不断前进上升的阶梯，我们就是踏着这一级级阶梯一路走来，不断创造未来的。

二、突出核心，提炼精神

作为教育人，我们必须要思考一个问题，教育的本质是什么？学校的核心是什么？对这个问题，有很多种看法，教育学教科书对教育的基本定义是"教育是培养人的活动"。理想主义者认为：教育就是培养大写的人，舒展的人，使人的生命经教育而更加情韵悠长，光明磊落……（夏中义《大学人文读本 人与自我》导言）鲁迅说：教育是"立人之事业"；德国存在主义哲学家、神学家、精神病学家雅斯贝尔斯，在探讨内在自我的现象学描述和自我分析、自我考察等问题方面有很深刻的见解，他强调每个人存在的独特和自由性。他认为"教育是人的灵魂的教育，而非理性知识的堆积。教育本身就意味着一棵树摇动另外一棵树，一朵云推动另一朵云，一个灵魂唤醒另一个灵魂。有灵魂的教育意味着追求无限广阔的精神生活，追求人类永恒的精神价值：智慧、美、真、公正、自由、希望和爱，以及建立与此有关的信仰，真正的教育理应成为负载人类终极关怀的有信仰的教育，它的使命是给予并塑造学生的终极价值，使他们成为有灵魂、有信仰的人，而不只是热爱学习和具有特长的准职业者"；社会学家认为：教育旨在提高社会的思想格调，提高公众的智力修养，纯洁国民的情趣，为大众的热情提供真正的原则，为大众的志向提供目标，拓展时代的思想内容，推进政治权力的运用。教育家朱永新先生认为，教育最重要的任务是塑造美好的人生、培养美好的人格、使学生拥有美好的人生。"全人教育"是近年来南方一些学校基于回归教育本质实践而提出的办学理念思想，首先是人之为人的教育；其次是传授知识的教育；第三就是和谐发展心智，以形成健全人格的教育，全人教育就是培养"全面发展的人"的教育。儒家经典《大学》是"大人之学"，这个"大人"应当就是"全人""完人"。就其教育目的而言，"全人教育"把教育目标定位为：在健全人格的基础上，促进学生的全面发展，让个体生命的潜能得到自由、充分、全面、和谐、持续发展。简言之，全人教育的目的就是培养学生成为有道德、有知识、有能力、和谐发展的"全人"。

从教育的本质这一角度来看，学校的核心是塑造人，为学生成长拓展空间，为学生发展搭建舞台，为学生生命打底色、奠基础，同时也是为教师实现价值提供平台和机会。学校文化建设，必须要厘清这些本应该耳熟能详的基本道理。基于这些认识，我们在构建学校文化过程中，要重视学校精神的提炼。学校精神是指学校全体成员共持的价值取向、道德归属、思维方式、文化认同、生活观念等意识形态及共创的精神氛围。是一个学校本质、个性、精神面貌的集中反映，主要体现在校风、教风、学风、班风和学校人际关系上。学校精神一经形成，便具有相对的稳定性、较强的融合性和渗透性，是学校发展的底蕴所在。提炼学校精神需要校长的思想品位，也需要全体教职员工凝聚良好的思想风气。它是学校文化建设的软实力，直接关系着学校的发展前程。前不久我们去成都考察了成都七中万达学校，他们的学校是一所由政府主办、企业捐建，由成都七中领办的新学校，他们将学校精神整体概括为"万源归本，修己达人"的办学宗旨、"万紫千红、德才兼达"为育人理念、"身心雄健、情感丰满、精神高贵、智慧卓越"为培养目标、"让每一个生命绽放最精彩的自己"为教育追求。

敦煌中学是由原敦煌中学与敦煌三中高中部合并后整体搬迁到鸣沙山下的，当时搬迁时，为了将两所学校的教师有效整合为一个和谐的集体，曹新校长从突现敦煌文化、继承两所学校优秀传统入手，设计了一系列活动。他组织教师编创了校歌，将原来两校的校训精神融入一首歌中，增强了师生的价值认同感。他带领教师，深入研究，挖掘学校文化思想内涵，提炼出了"向上向善，包容厚德"的学校精神，引领师生精神向上、学习向上、工作向上、生活向上，与人为善、与己为善、处世为善，赋予了学校追求崇高的本义，诠释了教师为人师表的德范，指明了学生求知做人的真谛。2011 年，敦煌中学为了更进一步培育师生的价值取向，以"向上向善"为主题在师生中开展征文活动，汇集 167 篇（教师 82 篇、学生 85 篇）文章正式出版。敦煌中学就是在用文化把全校师生往"向上向善"的求索之路上引领。

酒泉中学将"璞玉成器"作为办学理念，并赋予丰富的精神内涵，一方面体现了教育人"切璞为玉，琢玉成器"的执着追求，另一方面以"璞玉成器"这条主线作为学校文化的基本符号，赋予"成"之教育内涵，贯穿学校教育过程始终。

金塔中学发扬金塔人民不屈不挠、执着追求的精神，提出了"走进金中，让你有所改变；走出金中，让世界有所改变"的豪迈口号。

三、民主治理，和谐共生

我在一些学校调研时，发现有的学校校长安排工作，落实起来很吃力，需要一件件说到，哪件事说不到就没有人去管。还会出现校长、主任安排了一大堆工作，但就是没有人去落实或者说没有人去认真落实的情况，我把这种情况称之为"行政失灵"。就是说行政不是万能的，在某种情况下会出现行政手段无法达到目的的情况，出现这种情况如何解决呢？我认为只有文化，创建积极、向上、民主、和谐的学校文化才是根本之策。

制度文化作为学校文化的内在机制，是维系学校正常秩序必不可少的保障系统。它包括制度建设、组织机构建设和队伍建设三个方面。组织机构建设和队伍建设是确保制度建设落到实处，并使其真正起到规范师生言行的关键作用。全球化时代对于中国社会来说，就是一个建立规范，由无序走向有序、由人治走向法治、由管理走向治理的时代。在这样一个时代里，所有社会成员都必须确立一种规范意识。党的十八届三中全会明确提出了"推进国家治理体系和治理能力现代化"的目标，在教育领域也提出了"教育治理""学校治理"的理念。过去我们更多讲"管理"，与"治理"虽只一字之差，但主要差别在于理念不同，"管理"重于人治色彩，"治理"处于文化层面，强调多元、系统、公共、沟通、协同等特性，指向公平、正义、和谐和有序。因此，我们应该更深入地去研究在文化建设层面上的学校治理。学校文化虽是一种文化现象，但学校文化建设可以实现学校由"管理"模式向"治理"模式的嬗变，它涵盖了学校的方方面面，要通过物质文化、制度文化和精神文化要素体现出来。在"治理"的视角下，学校文化建构中，要突出做好两个方面，一是制度，二是民主。只有制度，没有民主不是治理；光讲民主，没有制度，也不是治理。

我们的学校都有很多制度，但人们会不会都去执行呢？答案是不尽然。如果让教职工都去执行，就必须转变他们的价值观念。现实中有法、理、情三种价值观在冲突。所谓价值观的调整就是法、理、情的调整。制度背后是文化，核心是价值观。如果在制度面前我们总是灵活的，那就是大家对制度没有高度的心理认同感，大家就会对制度产生抵制，甚至会有人故意去违反制度。制度是无上的，执政官只有在法律起不到作用的时候，才能发挥效用。学校对学生行为习惯的养成是一件非常艰辛的工作，需要长期坚持，一以贯之，比如穿衣、发型、用餐节约、走路不践踏草坪、校园无纸片等等，各位校长和主任们都有体会，这些看似是小事，真正落实好实则不易。这就是将制度内化为师生自觉行动的过程。校长应当是会说话的制度，规章制度不发挥作用的时候，才能发挥校长的作用。制度在管理中属于刚性管理范畴，当一味地以制度来管人的时候，有时我们发现，这个组织会陷于僵化，失去活力。在学校的治理中，必须要刚柔结合。那么柔性管理又靠什么来实现呢？可能有人会提到人文关怀，但人文关怀运用过多，会出现人情管理的不公现象，会适得其反。只有让大家都在学校发展中承担一些治理的职责，他才能站到主人翁的角度去考虑学校大局，民主是一个组织文化的精髓，而文化的背后是价值，他可以培养组织成员的价值认同感。

玉门油田一中近年来办学水平和教育质量提升很快，通过深入分析研究，我认为，油田一中最主要的经验就是民主管理。李元术校长把学生管理的自主权充分下放到年级组，由年级组这个团队发挥教师和学生两方面的民主优势，实施学生自主管理，引导学生自主学习，甚至晚自习都只派一两个教师指导学生自我管理，结果是学生和教师两方面的积极性都得到了充分调动。这两年学校教学质量提升很快，这是最直接的原因。

敦煌中学在民主治理方面也进行了一些很有成效的探索，他们在新校建成搬迁时，要为各栋楼命名，曹新校长在全体教师中发布了倡议书，让每一个教师都拿一个方案，结果大家各抒己见，拿出了很多方案。那时正好我陪领导去调研，看到曹校长桌子上一厚摞教师交上来的设计方案，我随手看了几个，每一个方案都有命名、有说明，还都很有寓意，真是让我震惊了，敦煌的老师不愧为飞天故乡的子孙，一个个真是很有文化功底的。后来我再去，看到的那些楼名都是从老师的方案中择优选用的。去年 11 月末，我又一次去了敦煌，又一件事感动了我。曹校长积极与敦煌文化弘扬基金会联系资助，组织 40 名老师于 2015 年 6 月和 8 月分两批到江南游学，吸取文化素养。回来后，游学的老师们纷纷动笔写游记，交给曹校长看。曹校长告诉我，他看了老师们写的游记，心潮澎湃，兴奋难平，尤其那一篇篇优美的文字并不是全部出自语文教师之手，他发现原来理科老师的文章也是那么精彩。他说他真切地感受到了，老师们饱览江南山川秀色、体察中华文化的精彩，心灵得到净化升华，增长了工作生活的智慧勇气。他将这些游记付梓刊印，我要了两本，读了曹校长写的前言、活动启动仪式上的讲话和老师们的游记后，联想到前面读过的师生诠释学校精神理念的一篇篇文章，敦煌中学那种和谐、民主氛围在校园每一个角落浸润的场景在我的脑海里久久不散。我给曹新校长打了个电话，我说：你让我明白了一个道理，优秀的学生需要会欣赏学生的老师，优秀的老师同样需要一位欣赏教师的校长。我在我的学习笔记本上写下了一段话：一个好老师的成长如一棵果树，需要三个要素：土壤——成就自己、展示才能的机会，环境气候——老师所处的人文环境和民主氛围，种子——自身品质，老师自身的努力。其实学生的成长也是一样的道理。土壤和环境气候这两个条件，就是学校文化。

四、形神统一，营造环境

学校文化建设中，最重要的载体就是校园文化。其实我们很多校长、老师谈到文化建设都是在谈校园文化建设，也就是校园环境的优化。敦煌的学校，在文化建设上总体较好，因为有敦煌文化的滋养。我想和大家讨论的是：学校环境的优化一定要与办学理念、学校精神、当地人文历史、课程体系建构相契合，校园文化要很好地体现学校文化的整体规划，要能够聚起师生的精、气、神。如果说校园是形，学校文化是神，那么只有达到形神合一，校园才是美丽的，和谐的。校园环境是学校文化的显性体现，好的学校能使人感受到学校那种浓厚的文化气息，校长的办学理念、学校的文化精神，振奋人心，催人奋进。当然这与学校和当地的经济条件是息息相关的，一所经济实力雄厚的学校，它的物质文化环境建设可能相当豪华，一所地处偏僻地带的学校通过师生自力更生、精巧设计，同样也能创造出独具特色的优质环境，经济是条件但不是决定因素，人才是最关键的因素。人是学校中最为活跃的因素，形成合力则事半功倍，离心离德则一事无成。但和谐不是你好我好他也好的"乡愿"式"和谐"，而是高度责任感与使命感之下的"中庸"之美。

　　（本文系作者于 2016 年 6 月 12 日为敦煌市中小学校长培训所作的讲座内容中的一部分，原题为《文化·课程·课堂》，收录时重新作了删减修改）

信息化时代的语文"思维发展型"重构课程

思维能力是语文学科核心素养的内核，而分析、综合、评价等高阶思维认知能力是一个人终身发展的基础，因此，发展思维能力是语文教学的重要任务。而发展学生的思维能力，必须借助有效的工具和载体，这个工具就是学生赖以学习的课程，载体就是课堂、网络平台等学习方式。当前，大多数学校教师的教学实践中，课程被狭义地执行为教教材，传统的课堂仍然以教师的讲授为主，学生学习的内容被限定在教科书狭小的范围里，主动性被限制在被动接收教师传授知识信息的单向过程中，学生思维无法得到充分发展。思维能力是学生核心素养、综合素质发展的基础，因此我们有必要探索一种能够有效发展学生思维的教学方式。

一、"思维发展型重构课程"概念的辨析

语文"思维发展型"重构课程是以国家课程标准为基点，以教材为切入点，融合信息技术，借助网络平台，以落实立德树人为要义，以发展学生思维能力为核心，对阅读、习作等学习任务进行融合、重构的新型语文课程。这一概念有两个核心理念：其一是思维发展型课程。思维发展是指语文教学指向思维发展这一核心任务。其二是重构课程，是基于课标，以教材为起点，借助网络平台对阅读内容和写作任务丰富融合、重新建构的课程。这两大理念中，思维发展是任务，重构课程是方式。

为什么要以思维发展为语文教学的主要任务呢？

一是思维发展是国家课程标准规定的语文教学主要任务之一。思维是人脑借助于语言对客观事物的概括和间接的反应过程，它涉及所有的认知或智力活动，探索与发现事物的内部本质联系和规律性，是认知的高级阶段。杜

威从教育意义上将思维描述为"指人们根据某种征象或某种证据而得出自己的信念"①，他还说，"思维就是指这样一种思想活动，即由观察到的事物推断出别的事物，将前者作为对后者的信念的依据或基础"②。而且杜威认为，通过训练可以形成或提高思维能力，并把思维训练引入了教学。自杜威之后，近百年来思维训练成为学校教学的一项主要任务。从陕西师范大学王元华梳理我国语文思维教学的发展情况可见，我国从1954年国家教育部颁发的《改进小学语文教学的初步意见》中就明确提出"语文教学的各种教学活动都要发展儿童的语言和发展儿童的思维"③，之后，国家分别于1956年、1963年、1978年、1986年、1993年制定、颁布了五个小学语文教学大纲，每一版都将发展思维确定为语文的主要任务之一。1986年版《全日制小学语文教学大纲》再次明确小学语文的主要任务之一是"发展学生的观察能力和思维能力"④，1993年颁布的《九年义务教育全日制小学语文教学大纲（试用）》全面提出"必须切实打好听说读写的基础，加强思想教育，发展观察能力和思维能力"⑤三大语文教学任务。2001年，在我国基础教育发展史上具有里程碑意义的第七轮课程改革启动了，国家第一次颁布了课程标准，2011年又进行了修订，在2011版《小学语文课程标准》第一部分"前言"的"课程基本理念"一节中指出语文课程应"引导学生丰富语言积累，培养语感，发展思维"⑥；总体目标中提出十大目标，其中第4条是"在发展语言能力的同时，发展思维能力，学习科学的思想方法，逐步养成实事求是、崇尚真知的科学态度"⑦，由此可见，发展思维是语文的主要任务之一。

二是思维能力是语文学科核心素养的基础。《普通高中语文课程标准》对基本理念的论述中，指出"语言文字运用和思维密切相关，语文教育必须同时促进学生思维能力发展与思维品质的提升"⑧，基本明确了语文教育中思维教

---

① [美]杜威著；伍中友译.我们如何思维[M].北京：新华出版社，2013.3.
② [美]杜威著；伍中友译.我们如何思维[M].伍中友译.北京：新华出版社，2013.8.
③ 王元华.思辨是语文教学应有之义[J].语文建设，2018（1）.
④ 王元华.思辨是语文教学应有之义[J].语文建设，2018（1）.
⑤ 国家教委基础教育司.九年义务教育全日制小学语言教学大纲（试用）学习指导[M].北京：人民教育出版社，1992.5.
⑥ 教育部.义务教育语文课程标准（2011年版）[M].北京：北京师范大学出版社，2011.2.
⑦ 教育部.义务教育语文课程标准（2011年版）[M].北京：北京师范大学出版社，2011.6.
⑧ 教育部.普通高中课程标准（2017年版）[M].北京：人民教育出版社，2018.2.

育的基础地位。中国学生发展核心素养三大方面，文化基础（人文底蕴、科学精神）构成了核心素养的根，自主发展（健康生活、学会学习）和社会参与（责任担当、实践创新）构成了枝叶，而全面发展的人就是树干。科学精神的三个基本要点：理性思维、批判质疑、勇于探究，思维能力是核心，可以这样说，思维能力没有发展，理性思维、批判质疑、勇于探究就不会存在。由此，我们可以得出一个结论：思维能力是核心素养的基础，思维能力不发达，全面发展的人这棵树就不会长大或不会枝繁叶茂。

三是思维能力必须通过训练形成并提高。在百度搜索"思维训练"，词条多达 1340 万条。"思维训练"的热度充分说明思维的可训练性和人的成长对思维训练的需求。人类的思维可以分为感性思维和理性思维两大类。感性思维是指人类靠感性概念形成的思维，包括感觉、知觉、联想、想象、直觉和创造性思维等运动思维、想象思维；理性思维是指人类靠语言形式的概念形成的思维，包括概括、分析、综合、评价、逻辑推理等抽象思维。感性思维和理性思维二者是相互衔接的，一般情况下，理性思维是由感性过渡而来的，就像植物的根与冠不能孤立存在。十岁以前的儿童一般以感性思维为主，十至十五岁儿童的思维由感性向理性过渡，高中生以理性思维为主。因此，小学低年段的学习，主要以训练学生的想象能力、发散思维等感性思维为主，初中学生应训练学生由感性思维向理性思维过渡，高中学生主要训练理性思维。

为什么要进行语文课程重构？

当前，学校实施的语文课程通常是由国家提供的，绝大多数教师都是依据国家统编教材实施教学。而教材是有资质的出版单位依据《课程标准》编写的，作为全国大范围通用的课程，对于一些地域文化独特的地区，儿童认知水平的差异性造成了教材适恰性的差异。为此，教师必须要结合当地实际和儿童的认知水平对课程内容、教学策略进行组织整合，这种组织整合的过程就是课程的重构。其实，平常我们所说的教师备课的过程就是重构课程的过程。通常，在我们的教学管理当中，教师不备课就开展教学是不被允许的，而在备课的过程中，教师的主要任务就是要根据学生实际开发和利用课程资源。《义务教育课程标准》罗列了 29 种语文课程资源，"包括课堂教学资源和课外学习资源，例如：教科书、相关配套阅读材料、其他图书、报刊、工具书、教学挂图，电影、电视、广播、网络，报告会、演讲会、辩论会、研讨会、戏剧表演，生产劳动与社会实践场所，图书馆、博物馆、纪念馆、展览馆，布告栏、报廊、各种标牌广告，等等""自然风光、文化遗产、风俗民情、方言土语，国内外的重要事件，日常生活的话题等也都可以成为语文课程的资源"[①]。这种课程资源的开发、利用就是课程的重构。

二、信息化时代的思维发展型语文重构课程的实践

（一）研究背景。 2015 年，酒泉市教研室组织开展了系列教学评比、竞赛活动，为进一步研究教师课堂教学改革得失，我们将获奖课例编纂了一本《教海拾贝——酒泉市教师优秀课例与设计精选（2015）》，通过对书中 100 多项课例进行研究，细品一线教师的教学设计，回味原生态课堂中的教学情景，我们深刻地认识到，与发达地区相比较，我们的课堂教学以讲为主、形式僵化，严重制约了学生的个性化学习和语言、思维能力发展。课堂形态仍然停留在非网络时代，教室里先进的一体机、电子白板、计算机等信息化设施有的成为摆设，有的成为黑板投影的替代品，教学方式相对于基本模式没有大的改变。学生学习还停留在浅层次阶段，思维能力不能在课堂上得到很好的发展。这种状况引起我们的深思——如何通过重构课程改革课堂教学形式，让学生思维发展充满活力，成为我们研究探索的重要课题。

当教育指向核心素养，就必须直面课堂转型。"课堂不变，教师不会变；教师不变，学校不会变"，课堂转型，应该置于课程改革的核心。

（二）切入点选择。 调研中，酒泉师范附属小学开展的两项省级课题《依托博客平台构建小学高年级"1+1+1"习作教学新模式》（贾海蓉主持，2014 年 4 月立项，2016 年 4 月结题）和《积极语言在小学心理健康教育中的应用研究》（梁玉玲主持，2014 年 4 月立项，2016 年 4 月结题）引起我们关注。前一项研究如何利用博客，引导学生交流表达，使网络社交平台成为学生读写学习的空间。第二项采取了应用积极语言鼓励评价学生学习的方式，激发学

[①]　教育部. 普通高中课程标准（2017 年版）[M]. 北京：人民教育出版社，2018.

生学习兴趣，提升了学习效率。我们发现，在博客上，学生或师生之间互相用积极语言鼓励对方，会使学生得到喜悦，体会到学习的快乐，从而激发学生的阅读尤其是写作的兴趣。而我们传统的语文课，仍然以教师单向传授为主，忽视了信息化时代信息资源已不仅仅是教材单一渠道的这种趋势，单纯依赖教材，资源单一，学生阅读量、习作量都不能支持学生形成语文核心素养和良好的思维能力。

由此，我们坚信，在互联网＋背景下，面对信息化时代的学生，只有构建新型课程体系，给学生的学习和发展提供丰富的课程资源，学生思维能力和核心素养才能得到充分发展。相比于其他学段学生，小学生更容易接受新事物、新信息、新方法，因此，我们以发展思维能力为目标，重构小学语文课程，并以此作为推进课程改革的抓手和突破口。

（三）制定方案，实践检验。基于上述认识与思考，2015年3月起，酒泉市教研室制定了互联网＋背景下"思维发展型"小学语文重构课程试验方案，设计并申请确立省级规划课题《探索教学联盟，构建新型课堂》。课题立项任务下达后，为选定学校开始试验，指导教师利用网络平台，对小学语文课程资源进行重构优化，把《小学语文课程标准》中要求的对学生"听、说、读、写"能力的培养目标，落实在"思维发展型"课程"精读讲练、主题阅读、表达分享、评价反思"四个模块的教学中。本试验旨在通过重构课程，融合阅读、习作于一体，把核心素养培育落到实处，促进学生思维能力发展，推进小学语文教学质量的提升。

经研究论证，我们发现，该项试验的可行性：一是重构课程满足了小学生希望自己的作品被同伴和他人关注，渴望得到老师和同伴点评回复的需求，突破了传统教学评价滞后的问题，激发了学习兴趣，激活了学生思维，学生由被动的"要我学"转变为主动的"我要学"。二是建立基于网络的互评互帮学习共同体，学生、教师、家长都会感受因阅读量增大、交流机会增加、积极语言鼓励性评价增多，学习动机和反思意识被强化，思维能力获得提升与发展的快乐。三是利用互联网平台信息传播快、容量大、覆盖强、操作便捷的特点，可以推送丰富课程资源等优势，既能将不同地域的资源信息汇聚，更能随时再现学生、同伴的互相评价信息，指导学生在评价中学习，多次反复修改作品，吸引学生更加积极地投入学习。四是阅读量远超《课程标准》

要求。课标要求，小学阶段课外阅读量不少于 145 万字，传统小学语文学习，除教材内容外，学生课内阅读量较小，课外阅读效果无法保证，同时也增加了学生课外负担，而参与"思维发展型"重构课程试验的学生，教师在课内通过网络平台推送的阅读材料，每堂都在 2000 字以上，平均每年可达 20 多万字，小学阶段可达 120 万字，而这些学生在这种学习方式的培养下，大多都养成了主动阅读的习惯，加上课外阅读，学生阅读量可增加将近一倍。五是习作训练量质齐升。课标要求，小学三至六年级学生每年习作 16 次，一、二年级只要求写话，没有量的规定。参与试验的学生每堂课都进行习作练习，以酒泉育才学校三年级学生为例，每堂课学生主题学习训练平均习作都在 300 字以上，每月习作练习 20 次左右，生均字数可达 6000 字，每年习作量都在 100 次以上，将近 6 万字，远远超过了课标要求的 16 次，且学生写作表达的意愿不断增强，兴趣越来越高。

酒泉育才学校 2017 年 3 月各年级写作字数统计

年级	习作篇数	生均字数	排名	备注
一年级	6	982	5	对照班
二年级	11	3010	2	试验班
三年级	21	6032	1	试验班
四年级	5	1601	4	对照班
五年级	6	2312	3	对照班
六年级	6	2375	3	对照班

注：酒泉育才学校每年级只有一个班，二、三年级是实验班，其他班级没有参与实验。

酒泉育才学校三年级学生样本习作量统计对比

篇目 \ 姓名	彭佳煜	杨琪玮	王亚婷	席文杰
《春天里》	1188 字	536 字	476 字	789 字
《心事儿》	1600 字	927 字	1715 字	971 字
《风筝去哪儿了》	2071 字	1324 字	1316 字	1084 字
《书迷》	950 字	780 字	972 字	178 字
《孩子闹矛盾后》	1104 字	914 字	1321 字	497 字
《超级兔子》	1257 字	1138 字	1443 字	832 字
《森林谜案》	1779 字	1381 字	772 字	1178 字
《田忌赛马续集》	904 字	1548 字	2441 字	327 字
合计	10853 字	8548 字	10456 字	5856 字

通过近三年的研究实践，我们基本形成了"互联网＋背景下'思维发展型'小学语文重构课程"体系，这个体系主要以国家课程标准为基点，以教材为切入点，融合信息技术，借助网络平台，以落实立德树人为要义，以学生思维能力发展为核心，对阅读、习作、评价等学习任务进行融合、重构的新型语文课程，课堂教学形态主要由"精读讲练、主题阅读、表达分享、评价反思"四个模块构成，课堂按时间维度分为"20+10+10"三段，简称"211模式"。4 年来，我们依托互联网进行"思维发展型"小学语文重构课程试验，取得了丰硕成果，引起了省内外业界专家同行的关注。

三、解决问题的过程与方法

成果研究总体上采用集中培训、观摩学习、示范指导、研讨总结、个别辅导与分散实践相结合的方法，以课题研究做辅助，试验校教师在参与中实践，在实践中研究、总结、提升的方法，深化试验的影响力和意义。

试验主要经历了四个阶段：

第一阶段（2015.1—2015.7）：**摸清现状，制定实践方案**

开展深入广泛研究，摸清现状及存在的问题，综合分析多种因素，选定切入点，论证设计了试验模型，制定了实践检验方案。

第二阶段（2015.8—2016.3）：**选定试验校，组织实践检验**

在信息化办学水平较高的酒泉市北关小学的 4 个班，选定 4 位语文老师，利用北师大张生教授研究团队开发的"教客"平台开展先行试验，开始实践检验，并且聘请张生作为学术顾问。试验课利用计算机网络教室进行，每堂课时间分为 20+10+10 三段。前 20 分钟主要引导学生学习理解教材课文内容，第一个 10 分钟由老师通过网络平台，为学生推送 6—8 篇与课文同类型的短文，学生自主阅读学习并在平台上对文章进行点评；第二个 10 分钟由老师发布与课文及阅读文章相关的讨论主题，学生用键盘进行习作打写。试验班孩子的语文课堂发生了改变，听、说、读、写四方面深度融合，思维能力发展和多元化评价贯穿于课堂的各环节。

第三阶段（2016.4—2016.7）：**总结经验，联盟推进**

总结先行校经验，申报确立课题《探索教学联盟　构建新型课堂实践研究》省级课题作为试验载体，选定了 15 所学校组成教学联盟，组织联盟学校 60 多名教师于 2016 年 7 月 12 日在酒泉市北关小学开展培训，从理念、操作两个层面为老师们指出了教学改革的方向。同时，各试验校按照课题研究任务，成立试验小组，通过网络展示特色课例、分享学生作品、拓展主题课程，课题辅助研究丰富了课程资源，优化了评价策略，各校试验虽然进度不一，但总体上开始了全面推进。

第四阶段（2016.8—2018.3）：**深化认识，全面推广**

2016 年 8 月，在总结先行校经验的基础上，全面实践。试验教师在参与中行动，在行动中研究，让课程理念深入人心，亲身体验与感悟，激发了师生积极性。市教研室多次开展观摩研讨交流活动，组织本地教师与外省市专家、教师对讲，让引领、指导、评价信息畅通，为教学成果在实践中进一步深化搭建交流平台，提供有效保障。通过 QQ 群、微信给教师、家长交流学习联通途径，在先行校教师的传帮带中，线上线下互通信息，你教我，我带她，教师与学生、家长成为学习伙伴，点评、指导、反思互相联结，家校共育、师生互动、生生互动，形成多种学习共同体。

（一）培训"思维发展型"课程理念，全面推进试验。 2016 年 8 月 30 日，酒泉市教研室策划了"思维发展型"小学语文重构课程教改试验培训学习，在酒泉北关小学通过 2 场报告、4 节示范课、1 场研讨会对试验教师进行培训。成果主持人潘建军以题为《教育的诗和远方》的报告，向 60 名教师介绍试验方案，以 2.0 时代互联网思维理念为主导，阐明"思维发展型"课程模式，思维能力发展与教学质量的关系；试验先行校北关小学校长胡学增通过《信息化时代下的课程改革》报告，对互联网思维进一步解读；张丽琴等 4 位老师示范"思维发展型"语文课堂教学流程。培训学习带动了育才学校、酒泉师范附属小学、金塔县建新路小学、玉门团结小学迅速融入教改试验。

（二）交流家校共育特色，深入推进试验。 2017 年 1 月，市教研室在育才学校组织了教改试验阶段性总结交流研讨会，以家校共育理念、学习共同体特征为主题，家长与教师、学生同台交流。潘建军向家长作了指导性讲座，讲解了家长参与的重要性，育才学校介绍了家校共育课程体系，向 10 位表现优秀的孩子颁发奖状，8 位家长交流了陪伴孩子同学习共成长的感悟。一位家长说："支持孩子参与课程试验，做孩子学习的伙伴，陪着孩子用新方法学习的过程，也是自身再一次成长的过程"。总结交流使观摩教师了解了家校共育、学习共同体理念等课程特色，大家从实践案例中认识到，创造性地应用网络平台、学会批判性思维，会唤醒孩子更大的好奇心，激发他们更加强烈的书写表达愿望。2017 年 3 月，市教研室在育才学校举行教改试验现场观摩研讨会，组织各县（市、区）教研室主任以及试验校教师代表 100 余人观摩学习。展示示范课《森林迷案》1 节，交流了《借力"互联网+"家校同发展》《依托教客平台，构建新型学习生态环境》《享受指尖舞蹈，巧借"教客"成长》《创新教育教学模式，促进学生思维发展》3 场成果汇报。"思维发展型"教改试验通过互联网+"教客"平台，让学校教育、家庭教育有机融合，形成联盟，创造了教师、学生、家长共同成长的新平台。在总结中，潘建军指出：教改试验终极目标在于改变传统的语文课堂教学结构，训练思维能力，落实核心素养，寻求教育优质发展新途径，为全市教育发展创新引航开路。

（三）深入课堂调研，精准指导试验。2017年5月，潘建军带领教研团队到金塔县、玉门市、瓜州县、敦煌市调研。金塔县建新路共320位学生、80位家长参与试验，开展了"阅读评论优胜赛""打写互评挑战优胜奖""德孝伴我行亲子阅读"等活动。玉门市团结小学克服网络配置低的困难，共组织19名学生参与试验。从课堂层面我们看到，"思维发展型"课程实施中"教"与"学"互动生成、相助相长。一是教师角色转变为真正的引导者、组织者、管理者，研究型学习课堂结构初步呈现，学生自主学习能力增强。二是实现了阅读与写作教学的融合创新。三是让写话、习作轻松达标。键盘录入，手脑并用，孩子的读写热情、思维被激活，仿佛打开了封闭孩子思想表达的那把锁，孩子们的心语通过指尖在网络流淌。四是创新了学习评价机制，激发了学习创造力，使个性化学习、因材施教成为现实。"思维发展型"课程中，平台上学生的每一篇文章几乎都会被同学、老师或家长、专家点赞、评价，这种评价方式让鼓励性评价伴随学习过程，突破了传统教学评价只重结果、忽视过程的弊端，符合儿童期待被赞赏的心理，让学生优势思维有了更好的发展；处于弱势的学生也因为这种优化的学习方式，自信心增强，敢于表达，敢于批判，学习品质发生了变化。

试验校教师认识到：只有站在学生的未来看待试验，只有改变评价方式，才能进一步促进学生思维能力发展，才会给学生的成长奠定基础。

（四）教研专家领航，融合创新试验。2017年7月3—5日，酒泉市教研室与中国教育技术协会教育测量与评价专业委员会联合在酒泉市北关小学进行了"互联网＋思维发展型教学融合创新"研讨活动。北师大张生教授带领四川成都市机投小学15名教师与酒泉60余名教师开展了创新研讨交流，观摩8节课，汇报5场次，讨论3场次。张生教授说：教育创新必须借助信息技术的手段来进一步拓展。试验校教师共同体验了：传统语文教学难以实现课程标准"对写话有兴趣，能写出自己想说的话"的要求，参与教改试验让孩子们对写话产生了浓厚兴趣，能把心里想要说的话都毫无保留地表达出来，达到了课标要求。7月5日，张生教授作了《基于网络环境下创新课题设计策略以及现代化领导力提升》讲座。张生教授针对"思维发展型"教改试验情况，结合课程改革、高考政策的变化，对如何培养和发展高阶思维作了指导。这次研讨活动，加深了我们对"思维发展型"重构课程深远意义的理解与认识，培育核心素养，促进思维能力发展，提升教育测量与评价水平是未来教育发展的三大方向。

"思维发展型"小学语文重构课程试验赋予了学生生命新的含义，学生自主学习、自我评价、主动反思等学习行为更加积极，学会学习、学会合作、学会批判和创造，让学生思维焕发新活力。作为"思维发展型"课程教改试验的引领者、推进者和践行者，努力为学生的全面发展奠定基石，将成为我们深化试验的不竭动力。

四、成果的主要内容

互联网＋背景下"思维发展型"小学语文重构课程，秉持"思维能力是核心素养的内核，培育核心素养必须从训练思维能力入手"的理念，联盟开发资源，重构语文课程，创造性提出并检验了"思维发展型"语文课堂教学模式，转变了教师角色，创新了评价策略，构建了新型师生关系，发展了学生思维能力。

物化成果有：《教海拾贝——酒泉市教师优秀课例与设计精选（2015）》《"教客达人"杯小学生同题异构想象作文大赛优秀作品集》《学生成长作品集》《和孩子们一起快乐成长——积极教育法则》《"思维发展型"课程集锦》《多元评价，促进学生思维发展》《共同体见证，我们成长》《家长课堂》《"思维发展型"主题课程荟萃》（一）（二）（三）。

（一）构建了"思维发展型"语文课堂"211"模式

一是将语文课堂时间划分为20（导学课文）+10（主题阅读）+10（随堂打写）三段，学生自主学习有了时间保证，杜绝了教师"满堂灌"的可能性。二是把三段时间与"教师引导、主题阅读、随堂打写、评价反思"四个主题模块相互融合，使每一段有学习主题、有量化阅读任务，有打写、评价要求。三是"教"和"学"目标明确，任务具体，提升了课堂效益，创新了语文课堂教学形式。

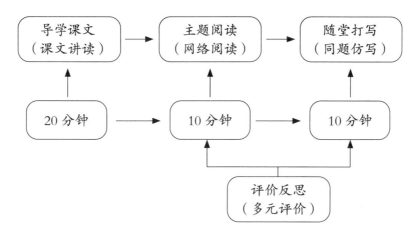

"思维发展型"小学语文"211"课堂简图

（二）形成了"以学定教"的教学形态

互联网＋背景下"思维发展型"小学语文重构课程，课程设计从学生实际出发，以核心素养为纲，以课程标准为基点，以思维发展为目标，围绕学习主题重构学习内容，将课堂学习活动与学生实际、未来工作和挑战联系起来，呈现出"以学定教"的特色。

（三）促进了学生思维能力新发展

据统计显示，试验班学生读写作品（32篇起）是非实验班（8篇）学生的3—4倍，有些班级达到了5倍以上。测试结果显示，试验班学生阅读、写作能力明显高于同年级非实验班甚至高年级其他学生，思维能力发展成效显著。

（四）推动了教师专业成长

在终身化学习时代，教学相长，教师的思维直接影响着学生的发展，参与教师积极总结撰写文章，从中可以看出教师的阅读、思考能力不断加强，教师专业发展能力获得了新发展。

（五）构建了五种学习共同体

第一种是学生学习共同体。共同体内的学生可以是同班的，也有其他班级的，甚至还有外校、外地的同学，在同一平台内，不同学校、不同地域、不同环境的学生思维、文化、思想相互碰撞、融合，促进了学生思维能力发展。第二种是教师、家长、学生共同体，实现了家校教育的有效融合，使老师、孩子和父母成为角色不同、目标一致的学习伙伴。第三种是教师联盟，实现了教学资源共享、课程开发互助、教学方式互动。第四种是学校发展联盟。校际学习交流互通有无，以强带弱、以城带乡。第五种是大学、教研机构和中小学的专业发展共同体。

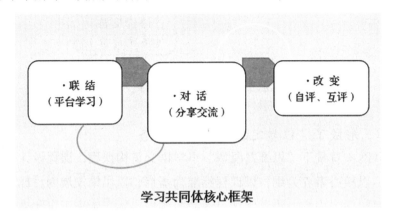

学习共同体核心框架

（六）为落实核心素养创造了条件

"思维发展型"语文重构课程试验，发展了孩子高阶思维能力，教会了孩子学会学习、学会合作、学会评价、学会批判和创造。转变传统课程观为育人观，教师课程理念发生五大转变，即：转变课堂教学模式为学习研究模式；转变单一课文阅读理解为主题式批判性阅读；转变一般性写话为创造性写话；转变管制型模式为服务型模式；转变学校育人为家校共育。这些转变重构了育人的新环境、新生态，为学生核心素养落地创造了条件。

五、效果与反思

（一）实践效果

1. 学生阅读、思维能力呈现快速提升趋势。课程试验为师生和家长提供了共同分享交流的空间。四年来，以参与试验学校为牵引，在校内，小学语文以班级为单位参与课程试验；在校外，以小学语文教师为主体的读写爱好者，自主组建了多个教师读书学习共同体。全市 15 所联盟学校都有老师参加了"教客"平台学习，4 所学校共 1700 多名学生感受了"思维发展型"课程实践带来的变化，成效显著。抽取 20 个试验班学生 1203 名，与 6 个对照班 278 名学生进行问卷测试，测试结果统计显示，试验班学生精准度、想象力、逻辑性、思维提升度四个维度明显高于对比班，卷面答题情况反映阅读、写作能力明显优于对比班，学生思维能力发展显著。

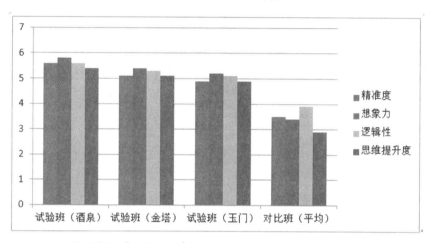

"思维发展型"小学语文课程试验问卷测评成绩分析

2. **学校课改呈现出新动态**。市教研室多次组织开展"思维发展型"教改试验研讨，在《酒泉教育》总结经验，引领课改。油田学校推广"思维导图"，肃北县开展"互联网＋创优达标"教学竞赛，敦煌市实施网上同步课堂，瓜州县着力打造"教学模块＋教学环节＋互联网"创生课堂。以思维能力发展为核心，已成为全市开展教学研究与课程改革的新走向。

3. **学习共同体焕发新活力**。一是形成了一支学习型教研队伍。强化学习、研究课堂、总结反思已成为提升教师专业发展的最有效路径。成果主持人潘建军主编书籍 2 本，5 篇论文在学术期刊发表，市、县两级教研员学习研究创新参与试验研究，引领教改已成为教研工作的新亮点。二是营造了青年教师专业成长的良好氛围。潘建军指导李晓蓉、梁玉玲、贾海蓉开展课题研究 3 项通过省级鉴定，指导李晓蓉、李晓霞获得省级教学技能大赛一、二等奖，亲自作序言并指导梁玉玲、谢辉编著出版了专著。三是提升了教师团队教学技能水平。由课改试验创新衍生的多种学习共同体，在全市形成了同伴互助、经验共享、共促成长的专业发展新机制。2016 至 2017 年，酒泉教师团队，在全省中小学（幼儿）教师教学技能大赛中成绩优异，2017 年选派 18 名教师取得 11 个一等奖、4 个二等奖，酒泉市教研室 2 次获优秀组织奖。

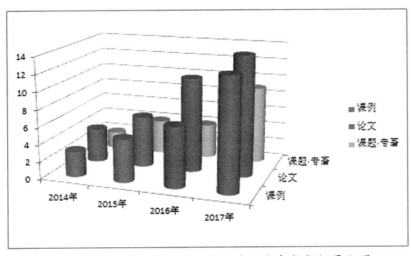

"思维发展型"课程试验教师共同体成长数据量化图

4. **创新了学习空间。**小学语文重构课程，教学与互联网深度融合，师生、家校、生生互动成为常态；高效利用教学资源成为常态；学习与实践、完成任务的空间、方式，对他人的成果或观点的思考，以及对自己的认识与反思已超越传统学习空间；在互动中，批判性思维、交流能力、协作能力、自我评价能力都得到本质性提高。

（二）社会影响

互联网＋背景下"思维发展型"小学语文重构课程在全市及周边地区产生广泛影响。

1. **实践检验，各校创特色**

北关小学作为甘肃省信息化教育示范学校，20 个班级 1100 多名学生参与试验，学生热情阳光，积极向上，教师团队理念超前，专业成长迅速，学校教师与学生的变化，得到了学校、家长和社会的广泛认可。育才学校重构了150 多节拓展成长、家庭生活、个性发展、传统美德、多元阅读、读写一体化、传统民俗的主题课程。116 名学生的阅读、写作量超出非试验班，写作水平也明显高于同年级。200多位家长参与了"思维发展型"重构课程试验，师生、家长实现了同步成长，家校育人呈现新状态。酒师附小学生广泛参与实验，174人中，本班学生52人，外班学生、家长以及来自外地的学生有122人。外地、外班学生的加入，让不同地域学生思维碰撞，求同存异，优化重组，加深了重构课程影响力。金塔县建新路小学实验课程有182人加入，一边学习信息技术课程，一边在阅读、打写、互评中巩固语文学科素养技能，实现了信息技术与语文重构课程双赢。玉门团结小学培养了学生用文字记录日常生活的好习惯，为习作教学开辟了一条新路子。重构课程彻底转变了教师习作教学的理念与方式。

2. 作文大赛，思维显活力

2016年11月，在全国范围内开展了首届"教客达人杯"同题异构想象作文大赛。河北、辽宁、甘肃三省多地、多所城乡学校的一至六年级学生5054人共同参与，获得特等奖、一等奖的245篇优秀作品，共计223062字，已正式结集出版。学生作品中丰富的想象力，流畅的表达能力，创新的思维能力，说明了重构课程的实效性和影响力。

3. 多种平台，共同体在行动

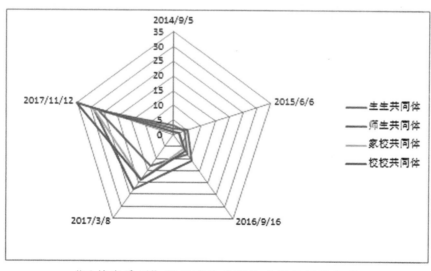

"思维发展型"课程试验共同体发展数据量化图

除"教客"平台外，QQ、微信也成为交流"思维发展型"重构课程经验的新平台。家长积极参与，和孩子共同参与课程学习，创新了学习模式和家校育人的新途径。实验校发起了多次教师、学生以及家长参与的"21天读写挑战赛"活动，酒泉、大连、兰州、秦皇岛等多地教师、家长、学生同台展示，交流点评习作，受到社会各界参与者的广泛关注与好评。

互联网＋背景下"思维发展型"小学语文重构课程，让学生越来越喜爱读书，越来越善于通过写作表达思想，交流情感，记录成长经历；教师变得越来越善于利用积极语言赞美学生，给学生积极评价，形成了良好的互动学习氛围，师生成为学习同伴，提升了教师的职业幸福感。

（三）不足与反思

1. 一些老师参与教改的积极性不高，部分学校设备陈旧，配置太低，制约了此项试验的深入开展。

2. 参与学校教学改革发展水平参差不齐，推进速度快慢不一。15所联盟校虽然都有教师参与学习，但个别教师尚未认识到这项成果对学生终身发展的深远意义，在课堂中推进试验不够积极。

3. 受家庭条件影响，有些家庭没有配备电脑，有些不具备上网条件。有个别家长理念落后，不重视对孩子的培养，不愿意在孩子能力培养方面花费工夫、做投资。

《互联网＋背景下"思维发展型"小学语文重构课程》，对学生思维能力提升效果显著，为核心素养落地创造了条件，为家校共育教育新生态，创建和创新优质教育奠定了基石。

（本文系甘肃省2018年基础教育优秀教学成果一等奖成果报告，课题组成员为潘建军、殷玉霞、李晓蓉、梁玉玲、张丽琴、贾海蓉，收录时作者重新作了删减修改）

对高中教学的几点思考

随着高中教师教学技能大赛的圆满结束，由酒泉市教育局与酒泉市总工会联合举办的"全市第三届中小学（幼儿园）教师教学技能大赛暨观摩研讨活动"即将落下帷幕。"年年岁岁花相似，岁岁年年人不同"，这次课堂教学评选观摩活动虽然已经结束，但带给我们的思考还在继续。本次大赛是我们在国家颁布新修订的《普通高中课程方案》和《课程标准》后搞的第一次课赛。根据我们的调研，老师们和校长们都希望这种大赛年年搞，确实，通过几年连续搞课赛，我们也明显感受到了老师们对教学变革的热情、参与以研课磨课为主要形式的教研活动的积极性，大家对教研有了新的认识，也有了获得感，我们内心都涌动着作为教师的自豪感。

今年各高中学校高考成绩都不错，来找我帮忙填报志愿的家长和孩子脸上都充满了欢欣喜悦，说起学校和老师，无不竖起大拇指。每当此时，作为教研人，我也无比兴奋，虽然我们的教研跟高考质量提升不直接相关，但我觉得最起码也是正相关，昨天我还在读《上海教育》杂志上刊登的上海教改经验，其中最重要的一条就是教研体系的支撑作用，可见教研的促进作用还是非常明显的。所以，我们要坚定不移地坚持科研兴教、科研兴校这条路子。

前面说到新颁布的课标，我想向大家传递几个方面的思考：

一是新高考虽然还没有来，但高考命题已经进入了新高考模式。新课标的最大变化是课程理论最新成果的运用，过去是培养学生的知识与能力、过程与方法、情感态度与价值观的三维目标，现在培养的是学生的核心素养。而且新课标新凝练出了学科核心素养，研究出了学业质量水平体系，构建了教学评价标准，让大家的教学有据可依。过去的课标大家都不爱看，觉得都是空洞的理论。现在的课标很有可读性，甚至大家不用其他参考资料，拿着课标就可以指导教学，建议大家认真学习研究课标，提高基于课标的教学水平。下一步市教育局还要专门组织课标的全员研修活动，在此，我倡议大家要重视课标，因为高考命题的依据正在从过去的课标、考纲两张皮走向统一融合。今天酒泉城区高中的校长都在，建议各学校多买些课标，教师人手一册，这个钱不要省，而且今后要紧扣课标开展基于课程标准的校本教研，切实提高教学效益。

从去今两年的高考中，有很多研究者和老师发现，高考命题已经发生了变化，今年高考后，大家可能也从铺天盖地的网络讨论中感知到了高考命题的变化，最直观的感受就是语文试卷文字阅读量大幅提升，我看了一篇文章分析说，去年的高考语文试卷文字量是 7000 字，今年是 9000 字，据说今后要增加到 12000 字，如若真这样的话，将会有 20% 的学生做不完，我看照过去的情况，只有 20% 的考生能做完。大家可以测算，如果一个人的正常阅读速度是每分钟两百字的话，12000 字的试卷，光读完就得 60 分钟，还剩下 90 分钟思考、答卷、写作文，想想都难，对我们的学生是多大的挑战呀！这种变化说明了一个问题，高考命题综合性越来越强，已经从过去的考查知识、技能彻底转变为考查综合素质和学科素养，为什么这样说呢？大家试想，这么大的文字量是不是在考一个人的阅读速度、思考速度，还有综合判断、分析解决问题的逻辑能力？这些哪一样是靠过去的死记硬背能应付得了的呢？有数据表明，这几年考入清华北大等一流大学的学生，农村学生越来越少，何也？就是因为农村孩子综合素质不如城市孩子。我们都是高中老师，像那种训练识记、理解、运用低阶思维的活儿让小学幼儿园老师去做，我们做训练学生分析、综合、评价直至元认知这些高阶思维能力的事，我们要为学生创设真实情境，培养学生解决问题的综合能力，而不是一味埋头苦教，让学生埋头苦学，我觉得有人提的"三苦精神"已经不适应教育信息化 2.0 时代的教育了。我们必须抬头看路，研究课标，研究命题，研究人工智能、大数据技术与教学的融合，否则我们将会被时代淘汰，我们的学生就会名落孙山。

二是培养教师自身的高阶思维能力，是教师专业素养提升的当务之急。

未来需要具备高阶认知思维能力的人才，我们的教学变革必须为未来培养人才。要培养具备高阶思维能力的人才，作为培养人才的老师，就必须先具备高阶思维能力。本杰明·布卢姆在他的《教育目标分类学》第一分册中将人类认知按教育目标从低阶到高阶依次分为知识、领会、运用、分析、综合、评价六大领域，前三个对应的就是低阶思维，后三个对应的是高阶思维，我们绝大多数人对前三个很擅长，对第四阶分析、第五阶综合也还不错，但对第六阶的评价能力就不行了，这是因为我们当年所接受的教育只注重死记硬背的低阶思维训练，而没有得到高阶思维训练，所以我们现在要怎么办呢？如何具备高阶思维呢？从训练我们自己的评价能力开始，因为评价是知识、领会、运用、分析、综合的融会贯通，还会用到元认知能力。元认知是对认知的认知，这是最高阶认知思维能力。如何做呢？有两条途径，第一条，听评课，能评出一堂好课的老师绝对是拥有高阶思维能力的老师，这次课赛，我们为大家推荐了一个智能评课系统"AI评课"软件，就是试图推动智能听评课促进教师专业能力提升。第二条，研究命题，提高命题能力。这里的命题指的不单纯是考卷，作业设计也是一种命题能力。我们的大多数老师都不注重命题研究，试卷、作业都实行"拿来主义"，长此以往，我们的这种高阶思维能力就丧失了，就变成了只会识记、理解的低阶思维者。这就是高中老师只有高中水平、初中老师只有初中水平的原因。同时，我们要清醒地认识到，研究高考命题是最科学的备考手段。所以，今后，教研活动要抓住这一条主线，训练老师们自身的高阶思维能力。

三是科学备考要引入大数据分析等人工智能技术。

以教育部《教育信息化 2.0 行动计划》发布为标志，我们的教育已经进入了信息化 2.0 时代，但是我们的理念、思维都还在 1.0 甚至前信息化时代，我们大多数人对教育信息化的理解还停留在多媒体显示媒介的层面，其实信息化 2.0 时代需要大数据、人工智能技术与教学的深度融合。这个要首先体现在高考备考中，目前中国教育技术协会教育测量与评价专业委员会协同科大讯飞、新东方、华叶跨域等人工智能科技公司开发了一套模拟联考大数据分析系统，可以对学生的能力、素养、水平开展跟踪分析指导服务，我们已经和教育测评专业委员会取得联系，各学校可以自愿参与，届时，他们的专家团队和智能系统可以为参与模拟联考学校、班级、学生提供学习数据分析报告。最近我们已经有学校将大数据分析引入了高三学生月考分析，我觉得这是最有价值的。

（本文根据作者 2018 年 9 月 20 日在酒泉市第三届高中教师教学技能大赛颁奖总结会上的总结发言整理）

基于学生发展视角的生涯规划课程

中学生，可谓最具可塑性的群体。人生的两个重要任务——应对生理成熟和落实生涯规划都是在这一阶段逐渐完成的。在面对专业或者职业选择时，学生还要对自己的未来进行规划，这就是所谓的生涯规划。因此，在中学阶段指导学生科学规划人生，意义重大。

一、政策背景与总体构思

2014年，国务院颁布了《国务院关于深化考试招生制度改革的实施意见》，确定上海、浙江为高考综合改革试点（俗称"新高考"），几年来，浙江、上海等地依据新高考出现的各种优势与不足都做了研究分析，试点地区公认：生涯规划教育将助力高中学子在新高考制度中更清晰自己人生发展的方向，考取自己理想的学校，成就自己的梦想。

中学生生涯规划课程开发的核心特点是"为了学生、基于学生"，秉承这种理念，生涯规划教育旨在充分引导学生了解自身的目标与需求，认识到自我意识在个体身上的发生与发展过程，制订适合自己的生涯规划与职业选择，将自己培养成为具有人文素养、科学精神、领袖气质、国际视野、身心健康的高素质人才。"生涯"是基于人的自然性和社会性的综合属性概念，是将人的发展与自然环境、社会发展放置于同一视域审视、研究的人生发展课题。生涯规划课程牵涉到多学科，如思想政治、地理、历史、心理学、教育学、社会学等学科。

基于这种认识，酒泉市教科所从2017年开始，启动"中学生生涯规划指导课程研究"项目。项目组选取9所高中、12所初中共21所学校作为试点，组建了21微课题研究组，分高中、初中两个项目组开始了研究探索。通过两年多的实践探索，课题组结合本土文化、经济和社会实际，以酒泉各项目实验学校实践为基础，整合、开发出了适合西部学生的《高中生涯规划指导》

和《初中生涯探索指导》两部课程。

中学生生涯课程把学生生涯探索和规划能力的提升作为课程的立足点。遵循以下宗旨：立足生涯教育，学会生涯探索，服务学生发展，着眼持续发展，指导高考选科。最终通过教学指导，使普通中学学生在高中、初中阶段学习和训练中达到品行优良、身心健康、学有所成、能有所长、情志高远、蕴含潜质的目标。

二、"中学生生涯规划"课程目标

根据国内外中学阶段生涯规划教育目标的定位以及我国《普通中学职业指导纲要（试行）》及《基础教育改革纲要（试行）》中的目标与任务，我们认为生涯规划课程目标制定分为以下几个方面：

第一，协助学生进行自我探索与生涯探索、拟定生涯规划做出生涯抉择，促进学生的生涯成熟和潜能的开发；

第二，提高学生自主管理能力和生涯规划意识，增强学生的学习目标感以及学习动力；

第三，引导学生全方位地进行自我认识，了解自身的气质类型、兴趣与爱好、能力特点、职业价值观、职业倾向等内容，学会科学地审视自己；

第四，及早引导学生对自己的目标专业和职业进行深入了解，了解各种职业所需要的能力，从中学阶段就开始有意识地培养和锻炼自己，全面提升自身的综合素质；

第五，引导学生学会制定学习计划以及人生计划，珍惜时间，把握当下，脚踏实地，做好现在。

三、中学生生涯规划课程的内容

查阅了很多资料发现，目前我国只有很少的初高中将生涯规划课程纳入学校课程体系当中，所以生涯规划课程的内容设计体系还值得探讨。针对生涯规划教育，目前有两种理论观点，一种观点认为：结合学生在生涯规划方面的主要困惑来设置课程内容，给予更具针对性的指导。另一种观点认为：

从生涯规划的"知己—知彼—抉择—确定目标—行动"等五个环节来设置课程内容。我们综合两种观点开发生涯规划课程。

以高中学生为例。高中生具有可塑性，发展空间大。所以高中职业生涯规划主要是明确学生高中三年的具体学习计划和未来的发展方向。一般来说，每一个学年段，学生所面临的规划重点不同，高一学生应学会规划高中三年的学习生活，明晰各阶段的目标；高二学生主要面临分科或选科问题，对其辅导主要帮助他们认清自己的兴趣、能力、潜质，综合考虑后自主选择学科；对高三学生的辅导则与志愿填报、选择大学、专业等升学指导紧密结合。

高中学生通过测试了解自己的职业倾向，选择自己喜欢的专业，做出适合自己的职业生涯规划，以后进入大学后也会更加主动学习，毕业时也会减少在择业方面的迷茫。

因此，我们将课程内容总体框架设计为"一线三维"。一线即"指导和服务于学生发展"这一主线，三维即认识环境（自然与社会）、理解自我、规划人生。在这个总体框架内，我们分别设计开发了《高中生涯规划指导》《初中生涯探索指导》两个学段课程内容。

《高中生涯规划指导》主要包含三个方面的内容：

一是学会生涯探索。对高中生进行生涯规划教育，并不只是让学生学会规划，毕竟，漫漫人生路，变数无时不在，生涯规划教育就是要让学生建立主动探索自身和外在世界的意识，建立主动规划、自觉执行的意识。课程开发过程中，要求编者进行大量调查，收集学生在生涯发展中存在的困惑与问题，力争做到"从学生中来，到学生中去"，从学生的困惑和问题出发，设计探索活动，使学生在活动中体验、感悟、分享，引导学生主动探索自己的兴趣爱好、能力、性格等自身特点，客观定位自己，充分发挥自身优势，在人生的重要阶段做出适合自己的选择。

二是服务高考选科。这是着眼于即将实施的新高考而做的准备。根据新高考试点地区的实施情况，新高考最大的变化就是把学生的选择权由"被动"变为"主动"。如何让学生"会选择""能选择"和"愿选择"，由"被动选择"变成"主动选择"，真正实现把学生的选择权交给学生，成为政府部门、高中校长以及广大社会人士关注的焦点，而如何指导学生根据自己的兴趣、特长选择报考科目以成功应对高考，成为众人眼里迫切需要解决的问题。生涯规划教育被认为是解决"落实学生选择权"这一紧迫问题最"可靠"的途径。"以培养学生选择能力为核心"的生涯规划教育课程就成为高中学校必须提供的课程和服务。

三是着眼持续发展。对高中生进行生涯规划教育，进行生涯发展指导，是教育发展到一定历史阶段对学生发展个性化需求的回应，是现代高中教育发展的题中应有之意，高考改革所提出的"落实学生选择权"的问题只不过是恰恰契合了生涯规划教育的这一重要功能。因此，我们在课程开发过程中，借鉴中国台湾地区及北京、上海、浙江等发达地区生涯规划教育实施的经验，以拓宽视野，着眼于学生发展性指导，分三个阶段，针对高一、高二、高三学生生理与心理特点、认知水平及接受能力，形成分年级的目标序列，既解决了当前高考所提出的落实学生选择权的问题，又着眼于学生成长成才的长远发展。

《初中生涯探索指导》以体验式学习理念为主，每节课都有"行动、体验、分享、共识"四个环节，旨在让学生通过参与课程活动感知生命的独特，感受内心的变化，从而内化课程用意，认识自己和他人的关系，了解自然与环境的和谐，为未来职业生涯做好准备，为自己一生的发展打好基础。根据初中生的年龄与心理特点，我们为《初中生涯探索指导》课程内容选配了122幅插图，编排了88个活动，呈现给学生的课程材料版面力求图文并茂，适度留白，便于在活动后，引发学生的思考与感悟。课程设计力求让参与活动的学生，主动分享感悟。内容主要包括三个单元六个章节，第一单元"探索自我"包括"认识自我"和"珍爱生命"，第二单元"发展自我"包括"规划学习"和"和谐关系"，第三单元"规划自我"包括"职业初识"和"生涯愿景"。每个章节均设置三个模块，十个环节。其中，第一模块"生涯预热"包含"目标导航""故事启迪""生涯困惑"三个环节。这个模块主要是明确本节课的学习目标、学习任务，通过一则富有哲理的小故事，引起大家的思考，为孩子们的内心中种下一粒生涯的种子，唤起生涯意识，为生涯课堂活动做准备；第二模块"生涯课堂"包括"导引活动""探索活动""体验活动"和"规划活动"四个环节。该模块主要以活动为载体，以体验式教学贯穿整个课堂，将生涯课堂的主要内容和任务呈现出来，通过一个个科学的、轻松的、便于操作的活动，让同学们在体验中不经意间有了思考和感悟，将深奥的生涯理论内化为孩子主动的感悟、自觉的思考，进而建立自觉进行人生规划的意识，让生涯的种子生根发芽；第三模块"生涯拓展"包括"阅读感悟""知识链接""拓展训练"三个环节。这个模块是在课内学习体验的基础上，把生涯探索由课内引向课外，通过阅读感悟、知识链接、拓展训练与生涯知识对话、在行动中实践，拓宽知识视野、深化活动内涵，激发学生主动探索生命、唤醒自我内驱力，让开阔的视野、丰富的知识滋养生涯的种子，让生涯意识萌发为参天大树，最终能支撑起孩子们的未来，以达到最佳的生涯教育学习效果。

四、总结与反思

新高考背景下生涯规划教育的发展和完善，是一个漫长的过程，生涯规划课程设计与实施效果也需要每一届学生的检验。正处在青春期的中学生，也处于人格形成的关键期，有诸多不稳定的内在因素，所以生涯规划的课程内容也应当与时俱进，顺应社会变迁以及青少年心理特点的变化，动态生成，这样才能最大限度地发挥课程的实效性，指导更多的学生全面而有个性地发展。

以课程形式推进高中生涯规划教育，这是一件利在千秋的大事。正因为如此，我们深感责任重大，虽然在敬畏中谨慎前行，但难免因项目组成员自身学识局限而使课程不够完美。反思整个过程，我们还需要在实践中不断验证、调整、充实，伴随甘肃省新高考方案付诸实施，本课程实施中也一定会出现新的问题，还需要顺应时代潮流，与时俱进，方能更好地体现课程服务于学生的本体作用。通过课程的开发，我们得到了三点启示：

第一，课程开发是教师专业成长最好的平台和抓手。我们通过生涯规划课程开发，锻炼和培养了一支生涯规划教师队伍。本次课程开发工作共成立了25个课题组，高中、初中共计近百人参与了课程内容的甄选、提炼和编写，其中有校长、中层干部，有专职心理健康教师，有班主任，还有各科科任教师。项目组核心成员由教研专家、一线教师组成，完成了课程的统审、整合任务。

第二，当前学校课程开发能力较弱，需要适当的机制引领。我们深刻地意识到，教师具有很强的研究和自我发展意识，但有的只是一腔热情和埋头于教学的实干精神，在理论与实践结合的创新方面是极为欠缺的，需要有人去引领和搭建平台，教科研部门具有这方面的责任和义务，这是未来教研工作的一种有效模式。

第三，学校课程建设需要体系化推进。这次我们研究探索生涯规划课程，大量整合了学校管理人员、班主任、心理健康指导教师等专业力量，学校的课程体系中只有国家课程，很多学校的校本课程几近于空白或处于零散状态，没有特色，不成体系。学校课程建设，应做好总体规划，逐步推进，分段实施。

（本文系2018年甘肃省教育科研规划课题《中学生生涯规划教育实践探索与研究》研究成果，课题编号：GS[2018]GHB2410，发表于《教育革新》2020年第4期）

生涯规划　让学生拥有灿烂的生命

——平凉甘南生涯规划教育实验项目学习考察报告

　　酒泉市教育系统"生涯规划"学习观摩小组 14 人由市教研室潘建军主任带队，于 2017 年 6 月 17—23 日，赴平凉静宁三中和甘南临潭三中跟随香港大学、西北师大专家组进行了为期一周的学生生涯规划教育学习观摩活动。

　　背景介绍：平凉静宁三中和甘南临潭三中是由香港田家炳基金会、香港大学和西北师范大学教育学院确定的学生生涯规划教育的项目校，项目实施改进计划三年，这次 4 名教授组成的专家组对两所学校回访，主要是进一步了解学校改进计划实施情况，并对项目校"生涯规划"教育改进计划进行跟踪指导，提升行动效果。静宁三中是一所独立初中，共 2600 名学生，其中住校生占一半，曾经是静宁有名的薄弱校，条件差、生源差。但现在其综合排名由原来的第 14 名上升为第 2 名，走出了一条由弱转强的振兴之路。静宁三中曾两次派人赴香港学习先进办学理念和教育实践，在香港和西北师大专家的指导下，分别确立了英语学习行动改进计划和生涯规划教育行动改进计划。香港专家曾多次光临静宁三中回访指导工作，对静宁三中顺利实施行动改进计划起到了至关重要的作用。改进计划的有效实施，促进了学校特色化办学和教育教学工作的大幅提升，使学校一跃成为静宁县乃至平凉市一所知名学校。临潭三中位于甘南藏族自治州临潭县冶力关镇，也是一所独立初中，有 800 多名学生，80 多名教职工，80% 以上学生住校，中考六科合格率 75% 以上，升学率 100%，年度考核中成绩名列全县第二名。

　　观摩日程与内容：6 月 19 日上午，听取静宁三中"生涯规划"改进计划的实施情况汇报及后期设想，观摩七年级地理课和八年级思品课课堂教学，参加升国旗仪式；下午，观摩静宁三中"生涯规划"专题教育展示——28 个学生社团活动；晚上，聆听西北师范大学教育学院张定强教授给静宁三中全体教师作"教师职业规划"专题报告。6 月 20 日上午，参加专家组组织召开的社团负责教师座谈会、学生代表座谈会、家长座谈会和文件参阅等活动，对学校开展的行动计划进行了全面、详尽的了解。6月21日赴甘南州临潭三中，下午参加临潭三中"生涯规划"教育改进计划汇报会，观摩临潭三中"生涯规划"专题教育课堂展示及社团活动，聆听了港澳信义会慕德中学原校长杨静娴女士"生命教育"专题讲座和陈吕令意女士的"教育文化哲学"报告。6月22日上午，参加专家组组织召开的学生、老师、家长座谈会。6月22日下午回兰州，潘建军同志召集学习组全体成员在兰州开了一次讨论会，同时指派齐斌、龚天文、王冤平三人负责起草学习报告。6月28日，报告初稿经潘建军同志审核修改后又发送给小组成员进行反复讨论修改，其间李志刚、运文宏等同志都提出了很深刻全面的修改意见。

一、所见所闻

虽然学习只有短短的一周，但困惑、感悟、震撼和落实生命教育的冲动一直在学习组每一个成员的头脑中激荡。

1. **生涯规划课程在静宁三中各年级全面实施**。6月19日早晨，静宁三中校长何珂为我们介绍了生涯规划行动落实情况，谈到了静宁三中落实计划的三年计划和四条路径。三年计划是：七年级："我是谁？"通过生涯规划主题教育"认识自我"，了解自己，知晓自己的兴趣爱好、能力水平、情绪意识，给自己一个科学准确的定位。通过主题活动"选择适合自己的社团"，寻找自己的发展方向，提高自己的职业素养，发展自己的个性特长。通过生涯规划主题教育"我的职业梦想"让学生的目标和追求更加清晰更加具体。八年级："我从哪里来？"通过"了解和体验父母职业"专题活动感知职业特点，从业的艰辛，成功的幸福。通过"邀请社会知名人士进校园"活动了解名人成功之路，感受名人的努力和收获，坚定自己的目标和方向。通过"走出校园走进社会"主题活动，了解社会需求和职业要求，形成学习的需要和动机。九年级："我到哪里去？"通过专题教育"职业要求与我的素养"不断矫正职业选择中的偏差，选择适合于自己的，自己喜欢的生命发展方向。四条路径是：学科渗透，开设课程，活动体验，社会支援。

2. **生涯规划行动向各学科逐步渗透**。静宁三中落实生涯规划计划的四条路径之一的"学科渗透",符合《教育部关于全面深化课程改革落实立德树人根本任务的意见》精神,也是在学科教学中落实学生核心素养的必然要求,他们想到了也做到了。在语文、数学、英语、科学、体艺、思想品德、地理等学科中实施生涯规划的行动计划操作性很强,有专人负责,有具体措施,还有各阶段实施细则和任务目标。6月19日上午,我们观摩了在七年级地理课和八年级思品课教学中渗透生涯规划的展示课,课堂中新课程理念贯穿全程,在老师引导下的小组合作学习中体现得淋漓尽致,互动、探究、生成、展示、评价各个环节无不渗透着生涯规划的思想,特别是选择自己理想的大学并说明理由这一环节,更是高潮迭起。让我们看到了少年身上的民族意识、家国情怀、世界眼光,让听课教师仿佛又回到了激情燃烧的青春岁月。静宁三中每学期开设的生涯规划课程,借鉴整合了各学校的成功经验,形成了符合三中特色的校本课程。

3. 生命教育理念在师生中生根发芽。为学生兴趣和就业着想,为学生的未来和一生负责,为减少学习和择业的盲目性、随意性,为减少资源浪费,结合学校实际,静宁三中、临潭三中组织学科教师两次赴港学习,认真总结香港中学在生涯规划和生命教育方面的经验,提高老师们的思想认识,转变老师们的教育理念。同时邀请香港专家借交流之际讲学,为老师们生命教育理念的形成创造条件。6月21日下午,我们与临潭三中老师一起聆听了香港专家杨静娴女士《全人发展下:生命教育与生涯规划教育》和陈吕令意女士《教育文化哲学》专题报告。报告中许多观点和做法,我们也在做也在想,但还没有上升到理论的高度。如:生命教育是什么?价值教育,心灵教育,环保教育,情意教育,生死教育,伦理教育……但我们没有上升到生命教育的高度。价值教育,就是帮助我们的孩子对应该做什么、怎么做有一个精确的选择。心灵教育,就是让我们的孩子学会感受爱,感受人世间美好的情感,感受人生的厚重,感受生命的力量,感受自然的博大。情意教育是我们除了爱自己的家人,还爱周围的人,可以衍生至爱这个国家的人和整个世界上的人。还有就是怎么控制自己的情绪,让周围的人感觉舒服。这些观念简单、质朴而且真实。6月20上午,我们观摩了香港大学专家团与静宁三中七年级和八年级学生的座谈会,学生在对学校开展生涯规划工作的评价以及自身对生涯规划的理解两方面进行了精彩的发言,学生谈到:"我们认为,孩子的人生并不是父母的人生，父母不可以把自己的意愿复制粘贴给自己的孩子。""所有有成就的人都是因为从事了自己喜欢的、感兴趣的职业。""我觉得学校开展生涯规划方面的活动是对我们特别好的一件事情，人不能没有梦想，虽然我知道计划不如变化，我们所规划的人生也会随时发生改变，但是我依然选择做一个有激情、有梦想的人。""我选择可以'燃烧'的人生，所以我立志做一位古典文学的教授，选我所爱，无悔终生！"学生的发言表达了学生的心声，也反映了学生对生命的感知，对生命的尊重，特别是对生命教育的理解。同时，在生命教育过程中，老师的教育激情、生命价值也迸发出来了。

4. 社团活动搭建平台开发生命的潜能。6月19日下午，我们观摩了静宁三中的学生社团活动。静宁三中共有28个学生社团，每周一、三、四下午开展活动，每次活动一个半小时。书法社团场面宏大，令人震撼，书法作品质量上乘，犹如专业人士所作，在我市没有任何书法培训班或社团能与其媲美。整个书法社团有200多人参加，800多平方米的大厅挂满了学生作品，20多米长的条桌上，学生作品还有厚厚的一摞，作品参加比赛多次获得重奖，真正发展了学生的特长，培养了一大批未来的书法家。管弦乐团有两个，每个团有60人以上，一团比二团更专业，一团为学生（其中农村建档立卡困难学生17人），农村学生能够享受到高雅艺术，其自豪之情溢于言表。一团由兰州黄河剧院指挥担任指挥，演奏水准不亚于专业乐团，每周升旗仪式都由学生乐团演奏、全校师生齐唱国歌。剪纸社团的作品精彩纷呈，作品不是模仿，而是老师指导、学生创作，作品参加各种比赛所捧回的奖牌、证书琳琅满目。声乐社团（二胡、葫芦丝、笛子、吉他等乐器独立建团）、舞蹈社团（虽然学生穿着不统一，既有穿着校服的，也有穿着妈妈做的布鞋的，但指导教师和学生精神抖擞、动作整齐，令观者肃然起敬）、合唱团、棋艺社团、体育社团、英语社团、诗词朗诵等特色社团都由专人负责并引领示范，都有独到之处。特别值得说明的是，他们还组建了教师声乐团。静宁三中的学生大多是留守儿童和农村学生，看到以前没有一点儿基本功、穿着妈妈做的布鞋的农村娃在静宁三中的培养下演奏出一曲曲美妙的乐曲、展现出轻盈的舞姿、裁剪出高难度的剪纸画，况且每一个社团的队伍又极其庞大，所有观摩者的赞叹、钦佩，油然而生。更为重要的是，静宁三中搞社团是发自内心的，是实实在在抓到实处的，并不像一些学校是为了应付新课程潮流，怕影响学生学习而不愿投入，虽有若干社团，但大多流于形式，有应付之嫌。三中为每个社团都提供了非常宽敞的场地，同时为了提高社团质量，他们不惜重金聘请兰州专家担任教练，还返聘有特长的退休教师承办社团，每年仅聘请老师一项开支就达60多万。静宁三中给人的感觉是真实而且"高、大、上"的，在促进学生成长、开发学生潜能方面起到了不可估量的作用。

5. **朋辈帮扶促进成长拓展生命的宽度**。静宁三中坚持"没有差生，只有差异"的理念，实行了朋辈帮扶活动。通过朋辈之间年龄相仿、经历相似、需求相近、心理认同、语言相通等维度，选拔"大哥哥"，让学生之间"结对帮扶""互帮互学"。朋辈帮扶从学困生抓起，课内与课外相结合，并有教师精准扶持指导，长期坚持，目前已经形成了一种开放式、立体化、多维度的朋辈帮扶网络体系。学生朋辈学习借助朋辈间的相互影响和互助作用来促进学生的自我成长，让学生在结伴同行的过程中自主寻找契合点和共振点。从而自然地上演了一种"探索—互助—修正—再探索"的螺旋提升模式。这种学生由教育客体主动变为教育主体的转变方式，体现了教育的新理念，学生为自己创造了学以致用的机会，也调动了自我教育的积极性，学生自主学习习惯得到了培养，学生学习态度和方式得到了转变，切实提高了学困生的学习成绩，实现"助人自助，共同成长"的目标愿景。真正让学生树立起了学习的信心和勇气，克服了自卑的心理。在学生中形成了"赶、学、帮、超"的学习氛围，全面优化育人环境，增进学生间的友谊，为人生的社会资源建设奠定了基础，拓展了生命的宽度。赠人玫瑰，手有余香，"朋辈帮扶"这个只有国内高等院校才有的名词在临潭三中生根发芽。

6. **社会实践提升境界延伸生命的长度**。为落实生涯规划计划，静宁三中每年都要组织学生登山望远，感受山川的厚重；踏青野营寻找春天的足迹；调查被遗弃的村落，探访历史遗迹，感受生命的顽强；徒步30公里，到界石堡红色教育基地接受革命教育。融入自然、走进社会才是生命的最终归宿，静宁三中做到了。

活动最后，专家组一行在两所学校分别召开了回访情况反馈会议。专家组对学校行动计划开展过程中的创新思路和取得的成效给予了高度评价。杨静娴女士表示，静宁三中行动计划系统完善，条理清楚，方法得当，工作扎实有效，是他们参观的所有学校中做得最好的。陈吕令意女士说，此次观摩回访给她留下了深刻印象，临潭三中作为身处将军山下的藏族学校，丰富的社团活动内容、鲜明的民族特色活动惊喜连连，对学校实际现状分析恰当，行动计划针对性强，社团的开设依据学生的喜好设定，符合当地学生的个性发展需求，增强了学生的归属感。行动计划开展以来效果显著，学生各方面的潜能得到了有效挖掘，各方面的才华得到了很好的培养与发展。在肯定成绩的同时，专家组也对行动计划下一步的开展提出了指导性意见和建议。学校领导表示，学校改进计划的实施有助于学生综合能力的提升，有助于学校教育教学质量的提高，有专家的引领和县政府的大力支持，我们信心百倍，一定会坚持开展好此项活动，为我县学生的健康成长做出更大的贡献。

二、所感所悟

现如今，有些家庭父母工作忙碌，较少陪伴孩子，孩子欠缺榜样，有些家庭对孩子过分溺爱，导致孩子很脆弱。由于离婚率上升，一些家庭功能失效，加上当前一些价值扭曲的社会现象，这些都已经影响到了教育，导致一些学校过分注重应试，无法兼顾学生的全人发展，给生命个体的发展和存在带来不少的伤害。中学生的不良行为时有发生，屡禁不止。我们必须顺应时代潮流，树立正确的教育观，按照教育规律寻找教育的真谛，唤醒生命，实现生命的价值，完成对学生"人"的塑造。

1. 教育的过程在于解读生命的意义。人生，从自己的哭声中开始，在别人的泪水中结束，这中间的时光就是生命。教育的责任就是让这中间的时光绽放光彩，让生命更精彩，更富有内涵。教育的过程就是向学生解读生命的意义。

"生命犹可贵，千金亦难买"，人的生命是至重、至贵的，人生是一次单程不归的旅程，当人失去生命的时候，其所拥有的金银财宝、名车豪宅都将随风而逝。然而，生命的过程是丰富的，不管是一路坦途、充满阳光，还是风雨坎坷、荆棘遍地，你都得义无反顾地走下去，生命的意义在于这个过程而不是结果。因此我们必须尊重学生的生命，让他们自发地、自然地生活，安全地、健康地生活，来完成生命的过程。

生命的意义在于奋斗。贝多芬在苦难中努力奋斗，改变了他的命运，成为著名的音乐家。我国著名的微生物学家、科普作家高士其，在全身瘫痪的情况下从事写作，顽强地奋斗着，成为国人的骄傲。生命的意义是付出，诺贝尔付出了，所以他成为"炸药工业之父"；陈景润付出了，所以他摘到了数学王冠的明珠；爱迪生付出了，所以他成为"世界发明大王"。生命的意义是知难而进，即勇敢面对困难，无畏无惧，为着理想执着奋斗。教育就是要引导学生懂得生命的意义，活得更加精彩，更加光芒四射。

2. **教育的真谛在于呵护生命的尊严**。生命是平等的，每个人都希望得到别人的尊重，受到别人的敬仰，这个世界找不到没有憧憬的人，每个人都有自己的愿望和理想，只是有的人很幸运地实现了它，得偿所愿，而有些人只能将它埋藏在记忆深处，用岁月尘封起来。每个人都渴望梦想成真的惊喜，就是梦里偷着多想几次也是幸福的。但现实不可能是人人都成为商界巨头、文人骚客、名流学者……可每个生命都有其存在的价值和理由，存在的意义。因此，我们为人师者不能把人分为三六九等，更不能把崇拜你、敬仰你的学生分为"优良中差"，而是要关注每一个生命的存在，尊重生命的存在。珍爱生命的价值，欣赏生命的光环。呵护生命的尊严，让生命感知生命存在的价值和意义。

3. **教育的任务在于激发生命的潜能**。教育中的绩效主义造成对生命的控制和漠视，教育实践的模式化和教师行为的程序化使生命的活力受到束缚，生命的潜能得不到应有的发挥，生命的真正价值得不到顺利实现。教育是生命与生命的交流过程，需要我们用生命去温暖生命、用生命去撞击生命、用生命去滋润生命、用生命去照亮生命。教育之"首"就应从尊重生命、欣赏生命开始，教人向善，使人胸襟开阔。花谢了可以再开，燕飞了可以再来，生命失去了将永远无法追回。有一副对联："说你行，你就行，不行也行；说你不行，就不行，行也不行。"横批是"不服不行"。本意是讽刺官僚主意，但这副对联用在教育上却是千真万确，一个所谓再好的孩子，给他换个环境，如果周围的人都说他不行，他也许就会真的不行了；一个优秀的孩子，如果周围人都说他行，他也许会真的行。一个"行"字，消除了孩子的恐惧感；一个"行"字，激发了孩子的求知欲；一个"行"字，唤起了对生命的热爱；一个"行"字，找到了学习的快乐感觉。教育就是要通过表扬、鼓励、欣赏来激发生命的潜能。

4. 教育的核心在于提升生命的品质。现代人追求世俗的享乐，缺乏生命超越的精神，使得生命失去了价值体系的支撑。生命缺乏超越性的追求，导致生命的超越和发展受到阻碍。教育的任务在于培育一种精神，一种敢于斗争，不怕苦、不怕累，不怕流血的大无畏精神；一种勇往直前、百折不挠的精神，让学生体会到生命就是一种精神、一种追求。一切的酸、甜、苦、辣，一切的艰难痛苦，一切的成败得失，对于他们来讲，从来就不是痛苦和失败，而是失败中的成功，是快乐的享受。让生命呈现出一种境界，一种为人处世的境界，一种奋斗努力的境界，一种成功超脱的境界。教育就是要培育一种精神，树立一种信心，提升生命，追求真理，无所畏惧，热爱生活，孜孜以求的品质。

5. 教育的目的在于实现生命的价值。当代教育中的功利主义，把生命价值片面化，造成对生命的任意强制和扭曲，欢乐与幸福似乎不再是生命的特征，反而痛苦、挫折、失意成了生命的主要部分。人在一生当中，许许多多的事情并非仅仅为了生存，"人吃饭是为了活着，但人活着不仅仅为了吃饭"，生存只是一种手段，最终的目的是完成自己的理想，实现一种价值追求。生命的价值应该是"先天下之忧而忧，后天下之乐而乐"，博大胸怀，以天下为己任，"为中华之崛起而读书"；人的价值的实现应该是生命的归宿，对社会做出应有的贡献。为了这个理想，许许多多的仁人志士不顾艰辛困难，奋勇前进，抛头颅、洒热血亦在所不惜，只要有这个理想的支撑，生命就有巨大的动力，永不枯竭的源泉。教育就是要教育学生树立正确的人生观、世界观、价值观，实现生命的价值。教育的过程就是发掘人的天性、潜能以及潜在价值的过程。教育的根本目标是教会孩子做人，育"人"比教"书"育"分"更加重要。

三、所思所欲

1. **中学阶段进行生涯规划教育具有现实意义**。凡事欲则立，不欲则废。一个人事业的成败与其兴趣爱好有着直接的关系，因此，将来要从事什么样的职业，首先要做的就是清楚地了解自己，对自我进行全面的分析，特别是能力、兴趣、性格、气质、价值观等，从而确定自己都具备哪些能力，什么样的职业比较适合自己，才能厘清我想干什么、我能干什么、我该干什么。对于中学生而言，对自己的未来处于迷茫困惑和懵懂之中，很多的选择没有科学的依据，仅凭一时的意气，或是父母的专制，于是出现了专业不如意，职业不舒心的情况。因此，从初中开始进行职业生涯规划教育指导意义深远。一是生涯规划可以帮助学生明确奋斗的目标和方向。通过生涯规划，学生能够正确认识自身的特性和潜在优势，能对自己的价值进行全面的定位，从而在高考新政实施后正确选择适合自己的专业。二是生涯规划可以增强学生对社会就业竞争力的了解。当今社会，竞争日益激烈，要在竞争中占领有利位置，就要找到一个适合于自己发展的平台。职业生涯规划能帮助学生未雨绸缪，为他们找到一个比较好的职场起点。三是生涯规划可以使中学生在乏味的学习生活中找到学习的动机和动力。冗长的学习生活往往会打击、消磨掉学生高昂的学习激情。浓厚的兴趣是取得成功的关键，一个人对一件事情兴趣盎然，就会乐此不疲，创新不断。生涯规划就是引导学生根据兴趣爱好确定职业方向，准确定位自己，根据职业需要将学习从"要我学"转化为"我要学"，从而激发生命的潜能，产生学习的动力。四是生涯规划可以坚定学生必胜的信念。在生涯规划行动中，向学生介绍科学发现的艰难和成功后的流芳百世；通过活动体验中国革命的艰辛和国家的富强，民族的尊严，人民的安居乐业；用身边的人说身边的事的方式，请成功人士讲成功的经历，让学生感知成功之路的曲折，体验功成名就后被社会认同，受人们尊重的成就感，从而坚定信念。五是高考新政使得职业生涯规划教育走进中学成为必然。在我国，职业生涯规划教育一般是到大学阶段才进行的。但是，高考新政的实施使得高中生已经面临着选课的问题。课程如何选，为什么选，成为学生不得不回答的问题。为减少学生选课的盲目性，使其学习目标明确，就必须对学生进行职业生涯规划教育，帮助学生确定自己的发展方向。党的十八届三中全会审议通过的《中共中央关于全面深化改革若干重大问题的决定》提出"推进考试招生制度改革"的重大决策，2014 年 9 月国务院正式颁布《国务院关于深化考试招生制度改革的实施意见》，2017 年在全国实行，甘肃省也即将进入新高考。新一轮的高考改革，即将引发学校课程重建、学生生涯规划、学生综合素质评价、学校教学管理变革等一系列连锁改革。如何设置课程？如何选择科目？如何走班教学？如何学业考试？如何综合评价？如何规划生涯……一系列问题都将摆在学校校长、老师和学生的面前。2017年高考试题的变化说明国家对尚未进入高考新政的省份已经开始发挥导向作用了，我市学生中、高考成绩表现也充分说明我们的反应已经迟滞了，这些，必须引起教育行政部门尤其是各级学校的高度重视。高考新政的出台，为进一步深化新课改奠定坚实的基础，或者说倒逼新课改的实施与深化。高考新政使办学方向必须更加明确成为必然。课堂教学是学校教育的主阵地，把课堂这个"知识传授"的场所，转变为"育人"的场所，提高学生的全面素质，落实学科核心素养，才是新课改、新高考的核心任务。无数铁的事实证明：谁抓住了课堂，谁就抓住了教育成败的关键；谁提高了课堂教学效率，谁就掌握了教育发展的核心竞争力。

中学阶段进行生涯规划教育的现实意义就是通过生涯规划教育让学生明确目标的追求，发现学习的动机和需要，坚定必胜的信念，形成克服困难的勇气，促进学习成绩的提高，为人的终身发展奠基。

2. **以生命教育落实全人发展目标是我们努力的方向**。一个人的成就取决于EQ（情商）而非IQ（智商）。如何提高EQ，在听了中国香港生命教育专家杨静娴女士的讲座后，豁然开朗。落实生命教育理念是我们努力的方向。在学校常规工作中我们也在进行价值教育、心灵教育、环保教育、情意教育、伦理教育，但我们的工作是零散、随机的，没有有效整合和教育理念统领，还没有建立长效机制。对学生的影响尚不能引起质的变化。静宁三中是一所初中，系统规划了七、八、九年级每学期开设的生涯规划课程，借鉴整合了香港、国内学校的成功经验，形成了符合三中特色的生命体系校本课程。

通过生命教育，对学生进行心灵滋养。以老师良好的心灵素养，让学生模仿、学习，让他们从老师的生命中看到很多高贵的东西，值得他们学习的东西，实现以生命影响生命。通过生命教育，让学生懂得要关爱自己，关爱他人，甚至关爱大自然，从而让学生学会如何很好地控制自己，控制自己的情绪，做事能够克制，能够管理好自己，让他们更加接近成功。通过价值教育，对学生进行一个独立的全方位思考的训练，让学生形成明辨是非的能力。这些都可以从生命教育中得以实现。

3. **学习最大的成果应重在实践、贵在行动**。反观往常的一些培训学习，常常存在"听着激动，看着心动，回来不动"的情况。本次学习结束时，西北师范大学教育学院副院长张定强教授总结他的认识，为学习组讲了七句话，对我们启发很大。

第一句话：退休的一位教育局局长梁强说：教育是一个系统工程，涉及方方面面，生涯规划和生命教育是教育系统工程里最重要的部分之一。我们在座的校长和管理人员要思考教育系统中方方面面的问题，今天听完两位校长的讲课，关键在于行动，希望大家落实到教育实践中去。

第二句话：校长是哲学家，校长是活动家，更是实干家。静宁三中何校长，全身心投入办学，积极争取各方支持，以校为家，有时晚上十二点、一点给我打电话讨论问题，我和他两次到港大去学习，一回来他就将所学所悟付诸实践。教育是系统工程，关系到方方面面，与学校、老师、学生、目标、理念、课程、评价都有关系，所以校长必须思考这些问题，重点思考学校发展问题、教师发展问题、学生发展问题、学生的目标定位问题、学校办学理念。当然，课程很重要，我们在座的老师回去后要将生涯规划作为一个课程校本化，按照酒泉市教育局杜志学局长的意见，在座各位所在的学校下学期开始，最好一周能上一次生涯规划课。我们在静宁三中看了两节课，今天我们又看到了临潭三中的马老师上的一节课，就带着生涯规划课的味道。希望大家深入研究，行动起来。

第三句话：校长陈德恒说"教育是面向未来的伟大事业"，教育一定是面向未来的，不是回顾过去的。在座的各位我们想一想，我们培养的学生，再过十年二十年，在做什么事情，这就是生涯规划的意义。所以教育要有危机感，有责任感，最重要的是要对学生的生命负责，在座的有可能都是中层领导、校长或者教研室主任，要开展这个项目，对学生的生命负责。

第四句话：黄显华教授说："人一辈子要做有意义的事情。"我们在座的老师、校长做的就是最有意义的事情，把校长当好，把学校治理好，这是最伟大的事情。

第五句话：清华大学教育学院院长、剑桥大学博士张国华说："不要把平庸的人放到领导岗位上去。"不干事，还可能干坏事情。我建议在座的校长好好地建立一个领导班子，把最有才华的、最会干事的、最热爱教育事业的人放到领导岗位上去。让他们发挥最大的力量，这是最伟大的事业。

第六句话：林志忠教授说："教育最大的挑战是个别差异。"因为人和人都不一样，学生不一样的情况下，怎么把学生教育好，所以教育最大的困难是个别差异。我们在座的校长要理解这句话，必须面对现实，我们面对的学生千差万别，在教学中同样一句话，各人理解都不一样，这个情况下，怎么因材施教？怎么面对个别差异的挑战？差异是客观存在的，在座的校长想办法找技巧，来处理好差异，包括课外资源、学习评价、合作学习、生命规划、朋辈帮扶。

第七句话：专门负责甘肃项目的吴昊旻博士说："教育文化是促进学生变革的核心要素。"甘肃项目已经往香港派了 14 批培训学员，酒泉杜局长参加的是第 14 批，也是最后一批。我是团长，我曾经带团去了三次。关于教育文化，刚才香港吕校长讲了文化资本、经济资本、社会资本，而文化资本是促进学生变革的最核心要素。所以我们在座的管理者必须积极营造一个特别好的学校文化环境，这是我们在座的领导回去必须要慢慢想的问题。在座的各位校长领导利用这次机会好好反思一下，怎么发挥光芒，怎么燃烧？怎么把时间投入到教育事业里面去？我们教育的对象一定是渴望获得知识，为他们一生发展奠定基础的岗位。所以，我们一定要好好反思，行动起来。

总而言之，我们应当树立关注生命、尊重生命、珍爱生命、欣赏生命、敬畏生命、成全生命的教育理念，去解读生命的意义，呵护生命的尊严，提升生命的品质，实现生命的价值，让学生拥有灿烂的生命，美好的人生。

四、建议

1. **启动并逐步开展中学生生涯规划教育**。甘肃省新高考政策即将开始实施，届时走班选课将成为高中学校的最大挑战，也将成为学生的最大困惑，所以，旨在为学生提供生涯发展指导的生涯规划教育就显得尤其重要。从香港的经验来看，生涯规划教育应及早进行，贯穿到基础教育的全过程。结合我市实际，宜从初中开始。建议市教育局研究制定《中学生生涯规划教育指导意见》，逐步推进生涯规划教育。

2. **将"生涯规划教育"列为重大课题，深入研究**。以招标的形式确立课题试验校，建立市县教育行政部门、教研机构、基层学校协同参与的课题组，采取科研先行、课题牵引、滚动发展、行政推动的策略，在试点校先行试点的基础上，不断积累经验，探索出一套切实可行的办法，总结出一批优秀成果，在全市推广施行。

3. **将"生涯规划教育"纳入教育管理干部和教师专业培训内容**。生涯规划教育是一种以学生为主体、充分尊重学生发展的全新的教育理念，这种理念定会对现有教育思想体系形成猛烈的冲击，学校管理者和教师不能很快适应，因此要以此为切入点，对教育管理干部和教师进行培训，引导大家转变观念，指导行动。

附：学习组成员名单（14 人）：

潘建军　酒泉市教育局教育研究室主任

李志刚　玉门油田教育分局督导教研电教室主任

王佩衡　酒泉中学政教处副主任、年级组党支部书记

李　明　酒泉市东苑学校校长

齐　斌　酒泉市肃州中学副校长

运文宏　金塔县中学副校长

俞世平　金塔县教育局教研室副主任

王冤平　玉门市第一中学教务处副主任

王玉海　玉门市第三中学教务处主任

龚天文　瓜州县第一中学教务处主任

陈志强　瓜州县第二中学教务处主任

年东升　敦煌市第二中学副校长

郑晓玲　敦煌中学心理健康教师

冯小梅　阿克塞县中学校长

（本文系作者 2017 年 6 月率领酒泉市生涯规划教育学习组考察学习平凉静宁三中、甘南临潭三中后形成的考察报告，由作者和齐斌共同执笔完成，系酒泉市中学生生涯规划课程开发的前期调研成果）

《甘肃教育》创刊 40 年断想

2020 年是《甘肃教育》创刊 40 周年，早年曾经在甘肃教育社做编辑的高尚先生嘱我作为酒泉教研人写一篇文章以示纪念。想想从教 30 多年，从乡村小学到乡镇教委，从区教育局到市教育行政部门，后来到教科所长的岗位，《甘肃教育》如影随形，伴我一路走来，便欣然应允。

初识《甘肃教育》是 1988 年秋天的一个下午。

刚刚走出中师校门的我，被分配到酒泉市怀茂乡怀中小学任教。学校是离酒泉城 10 多公里外的一所村小，全校 8 名教师，除了我和早我一年来的同校中师师兄，其他人都是本村人，每天下午放学，都会各自回家，只有我和师兄两个"外乡人"留守学校，我们只好通过看书打发时光。那时工资极低，每月只有 72 块钱，也买不了几本书，于是我们将学校订的杂志报纸全部找来阅读。学校里订阅的报纸杂志大多都是党报党刊，教育专业读物极少。大约 10 月下旬的一个下午，我见管收发的王老师从我们办公室门前走过，手中拿着一本杂志，"教育"两个字撞入我的眼帘，我上去抢过来一看，原来是一本名叫《甘肃教育》的杂志。

学校的教师大多都是在本村有家的，每天放学就争着回家上地，所以基本不看书，更别说看杂志了。师兄是个文学青年，他自己订阅了很多文学期刊，有《星星诗刊》《读者文摘》等，他也基本不看专业刊物，所以，从此以后学校的《甘肃教育》杂志基本上就属于我的"私人刊物"了。印象比较深的，是学校老师们对一道数学题的争论。那时农村学校的教师绝大多数都是民办教师出身，我们学校的 8 名教师中，我 1988 年中师毕业，师兄 1987 年中师毕业，还有一位老教导主任是二十世纪七十年代初期的中师生，其他人都是民办教师出身，有两个刚刚"民转公"，有三个还是尚未"转公"的民办教师。他们的学历最高是高中，低的还有高小（20 世纪五六十年代将小学分为初小、高小，高小大抵相当于五年制小学毕业），高中毕业的老师可以带高年级，初中、高小毕业的只能带低年级。我和师兄是全校学历最高的"黄埔生"，所以一来就给了别人带不了的高年级数学。偶尔，备考"民转公"的老教师会拿一两道高年级的数学题来请教我和师兄。我们除了给学生辅导外还要承担给几位备考公办教师的辅导任务。一次，一位老师拿来一道四年级数学应用题让我讲，讲完后他还是不知道如何给学生讲，正好我前几天看到《甘肃教育》上有一篇文章介绍这类应用题解法，就找来杂志给他，让他去阅读。第二天他来说："小潘，你让我看的杂志还能给我当老师呢。"从此，《甘肃教育》成了我们学校老师们争相阅读的杂志。

真正和《甘肃教育》杂志结缘是 2015 年。

1996 年离开学校后，我先后在乡镇教委、肃州区教育局工作，2001 年调入酒泉市教育局后从事教育人事工作，负责教师职称评审，工作之余偶尔翻翻教育类杂志，但已经很少精读《甘肃教育》了，因为我负责教师职称，还会偶尔翻看，主要看有哪些本地老师在发表论文。2015 年，我的工作岗位变动，担任教研室主任，碰到的第一个难题便是酒泉市教育局的内刊《酒泉教育》创刊 20 周年之际，因经费之困要停办了，我一方面向上争取申请经费，一方面着手做《酒泉教育》创刊 20 周年的纪念活动。我开始了解《酒泉教育》的历史，这才真正明白了一份专业类期刊生存的艰难。说起来，《酒泉教育》与《甘肃教育》还是很有渊源的。1995 年，时任酒泉地区教委主任赵荣炘指示教研室要创办一份自己的教育刊物，可是没有办刊经验，于是求教从阿克塞县中学调到甘肃教育社的高尚。高尚同志当时正是《甘肃教育》编辑，经他协调，《甘肃教育》编辑部同意酒泉派人到兰州随编辑学习杂志的组稿、编发等。酒泉地区教委派教研室教研员张习诚同志前往兰州《甘肃教育》编辑部学习办刊、编辑经验。据张习诚同志回忆，大概是 1995 年的上半年，他在兰州住了一个月，每天在《甘肃教育》编辑部正常上下班，跟随编辑学习工作流程和方法，回来以后就创办了《酒泉教育》。《酒泉教育》办刊二十多年来，始终把《甘肃教育》当作"老师"，从"为教学改革服务、为教师发展服务、为教育改革服务"办刊宗旨，到贴近基层、理念引领的办刊特点，在学习中变得成熟，在发展中形成特色。作为《酒泉教育》的副主编，我仍然紧盯《甘肃教育》的办刊方向和特点，一直以《甘肃教育》为学习的榜样，努力提高办刊水平，将《酒泉教育》办成全市教师教学交流、学术研讨的一块阵地，使得这份区域系统内部交流的教育类刊物得到广大校长、教师的充分认可,《甘肃教育》的引领功不可没。

教育期刊未来之路指向哪里?

基础教育教研制度是中国特色社会主义教育制度的重要组成,从新中国成立初期建立基础教育教研制度到现在,基础教育教研走过了 70 年历程,发挥了组织管理教学研究、指导支持课堂教学、推进落实课程改革、咨询服务行政决策等重要职能①。而教育类学术期刊是教研的重要交流平台和成果展示窗口,对教育教学经验总结提炼、实践创新和教学改革的引领发挥了巨大作用,多年来,多少名师大家通过各类教育学术期刊走出学校、走向全国,引领教育改革创新。随着社会发展,中国人才评价制度的不断完善,破除唯分数、唯升学、唯文凭、唯论文、唯帽子"顽瘴痼疾"的决策上升到了党中央、国家层面。随之,可以预料的是,一些原创性、开拓性不强,办刊水平不高的期刊将面临生存危机,办刊 40 年的《甘肃教育》也走到了破茧求变的历史关头。

《甘肃教育》40 年,是见证和记录甘肃教育改革奋进的 40 年,是引领广大教师理念变革和实践创新的 40 年,是总结推广教育教学改革经验和指导广大教师专业成长的 40 年。40 年磨砺是《甘肃教育》的财富,新时代召唤更是继续出发的起点,当此之际,《甘肃教育》如何才能越办越好,越走越远?笔者有三点展望。

一是团结引领甘肃教育理论、实践创新人才队伍,开创教育思想和知识创新建设新局面。考察世界和中国教育的发展历史,不难发现,理论和实践这两条认知创新的路径,如同鸟之两翼,缺少了哪一支都是不行的,光有理论没有实践,创新没有意义价值,光有实践没有理论,创新没有方向和动能。而在理论和实践之间,学术期刊是桥梁,《甘肃教育》作为甘肃省基础教育实践理论领域连接基层一线教师的重要渠道,可谓任重道远。多年来,《甘肃教育》深植基础教育一线的同时,可能在理论实践原创队伍建设方面有所忽视,所以,建设一支骨干理论研究队伍,提高理论和实践经验总结原创水平迫在眉睫。

---

① 梁威,卢立涛,黄冬芳. 撬动中国基础教育的支点中国特色教研制度的发展研究 [M].北京:教育科学出版社,2011.

二是深度挖掘甘肃基础教育发展的经验，提炼总结理论成果，为甘肃教育发展决策提供成熟的咨询服务，引领甘肃基础教育提质创优。新中国建立以来，甘肃教育研究领域走出去了一大批杰出精英人才，当代著名教育家李秉德先生、甘肃省委常委王嘉毅同志、教育部教材局局长田慧生、人民教育出版社总编郭戈、教育部职业技术教育中心研究所副所长曾天山等一大批全国教育理论界有影响的学者专家，可谓人才辈出，但是甘肃本土教育研究与理论创新在全国却少有突出成果，个中原因与甘肃省经济发展基础薄弱有关，更重要的是缺乏学术引领的机制。《甘肃教育》在这方面还有很大的作为空间，全省基础教育界迫切期待《甘肃教育》扛起这面大旗，为甘肃教育事业的创新、发展、突破做出应有贡献。

三是改革办刊机制，为全省基础教育理论和实践创新人才脱颖而出搭建平台。社会进步、事业发展需要新知识源源不断的生产机制，以教育理论和实践经验为代表的教育知识是推动教育事业发展的基础，而广大教育理论界和一线教育教学实践者是教育知识生产的主力军，他们的创造需要被肯定。当前一些基础教育领域的期刊以付费发文为主流方式的刊登文稿机制，严重挫伤了教育知识原创者的积极性，教育知识产出成为经济收入负增长的"苦差"，进而使这些期刊陷入了精英学者"不耻一顾"的尴尬境地，期刊水平和影响力逐年下降势成必然。近年来，我们欣喜地看到，《甘肃教育》编辑部已经着手改革办刊机制，作为基层一线教学教研工作者，我们殷切期待她早日跳出低水平运行的泥淖，借教育转型发展的东风，跃马扬鞭，快速发展，成为甘肃教育发展理念的引领者。

（本文被收录在甘肃教育社《记忆之境——〈甘肃教育〉创刊 40 周年纪念文集》）

谱一曲城乡学校的友谊长歌

——酒泉师范附小与黄泥堡中心小学举行"手拉手"校际交流活动教育观察

酒泉师范附属小学是酒泉市一所属优质小学，多年来在学校文化、课程、教师队伍建设方面都走在全市前列，锻造出了一支业务精良、素养深厚的专家型教师队伍，办学水平在当地享有盛誉。黄泥堡中心小学地处酒泉市肃州区裕固族民族乡，这是一个相对贫困薄弱的少数民族乡镇，学校只有 11 名教师、60 名学生，是一所典型的小规模学校。这所学校硬件条件虽然不差甚至不输城市小学，但办学水平却与城市学校有很大差距。

2017 年，为了改变少数民族乡镇经济的落后面貌，酒泉市委、市政府做出全方位精准扶贫、助推少数民族乡镇与全市同步实现小康的重大部署。酒泉市和肃州区教育局担负起了帮扶黄泥堡中心小学的任务，为此酒泉市教育局教研室牵头协调，组建了酒师附小黄泥堡中心小学（以下简称黄泥堡中心小学）教学联盟，积极探索"以城带乡"教育发展机制，推动黄泥堡中心小学同步发展。教学联盟建立以后，两校在学校管理、学生成长、课堂教学等方面互融互通，从探讨学生发展、教师成长、团体共进等多方面着手，使联盟共建活动从面到点，深入推进。

"怎样助推黄泥堡裕固族民族乡中心小学发展？从何做起？"这是一直萦绕在教研室和酒泉师范附小负责人脑海的一个重要问题。

为此，市教研室和酒泉师范附小在做好教师专业成长帮扶、学校课程建设的同时，设计了一次学生共同成长的"感谢有你——酒师附小和黄泥堡裕固族乡中心小学师生手拉手"教育综合实践活动。活动主要分为三个模块，分别是两校教师之间的教学观摩、学生同堂学习、小伙伴同住生活。2018 年 4 月 23 日，为期一周的校际交流活动在酒师附小拉开了帷幕。作为教学联盟的牵头单位，酒泉市教育局教研室选派教研团队，对活动全程跟踪观察，形成了本纪实。

镜头一："手拉手，好伙伴"——感谢有你

组织黄泥堡中心小学的 72 个孩子在酒师附小蹲点学习一周，安排他们找朋友、进班级，与本校孩子同学习、同生活是手拉手活动的主要形式，也是最大亮点。

为充分做好活动准备，4 月 19 日晚 8 点，酒师附小召开了"有你真好——酒师附小与黄泥堡中心小学校际交流活动家长动员大会"。学校与家长和孩子达成共识，通过自主申请、学校审核，选取了 72 个家庭，在未来一周内，每个家庭接纳一名来自黄泥堡中心小学的学生成为新成员，同生活，同学习。对这一项新的交流模式，家长们寄予了很高的热情，积极地在思想意识、衣食住行等各方面做好了准备。

在接下来的几天里，校园里欢声笑语比往常更多了。操场上，孩子们随着音乐律动灵动地参与着大课间的花式篮球、广播体操等活动；综合活动课上的独轮车、少年足球，让黄泥堡的孩子觉得新奇而兴奋。课堂上，好伙伴搭成同桌，一起听课，一起讨论学习，一起参与课堂活动，将学习进行得有滋有味。课下时间，他们一起上下学、一起吃饭、一起休息娱乐……"合二为一"用到他们身上也再恰当不过。

结对家庭中，成对的孩子一起画画，一起游戏，一起跳舞。在家长为学校微信群上传的视频中，一名叫徐佳琪的孩子和她的小伙伴一会儿练舞蹈基本功，一会儿随着音乐起舞……在调查问卷上，题目"你们在一起做的最有趣的事"下面，超过 60% 的孩子回答的是踢足球、读书等兴趣活动。题目"你想送他 / 一本书吗？送什么书？"95% 以上的孩子不仅答"会送"，还写出了具体的书目。

成对的观察比较，让我们发现，孩子在学校成长的每一步都离不开学校的有序规划，更离不开现代先进理念的引领。

镜头二：转变教研思路，共话团队发展

共同教研是手拉手活动的又一亮点。黄泥堡中心小学共有 5 个班级、10 名教职工，繁重的课程教学内容使他们不得不跨学科、跨年级教学，加上寄宿制管理，学校和教师均有分身乏术之感，无法全力投入学科教研，更别说

发挥专业特长。为助力黄泥堡中心小学教研队伍成长，从 2017 年秋季开始，两校教研交流不断加强，酒师附小通过派遣学科专家现场讲座、一对一结对子、安排骨干教师驻校支教等形式，引领黄泥堡中心小学教师更新教学理念，转变教学方式。

在这次活动中，两校将教研工作作为教师交流的重中之重，扎实研学，力求提升。从周一到周五早上，两校共安排公开课 11 堂，以语文和数学学科为代表开展了两次大教研组研课活动。活动中，两校 10 余名授课教师进行说课，教研组内观摩教师分别进行不同层次评课，针对不同程度的课堂提出不同见解和思考，两校教师同台献课，共同研课，有理有据，反思提升，将教研过程直接转化为教研成果。活动结束后，参与教师纷纷记录下活动收获，或立足教学，或表达感悟，或深刻思考，整个过程扎实而生态，充分显示了本次活动的价值意义。

语文教研组活动中，来自黄泥堡中心小学的赵春燕老师展示了《渴望读书的大眼睛》一课。带着尝试与突破并存的心态，整堂课设计得细致而温和，便于小学高年级学生接受。赵春燕老师在课后反思道：平时在学校，客观条件使得自己无法和同学科老师专心致志地坐下来仔细磨课，"常常是单打独斗，知道自己的课有缺憾，但是找不准，也没人帮助找，不知道该怎么做"。一语道尽农村小规模学校教研现状。鉴于此，酒师附小李晓霞老师从读、写角度给予指导建议，她认为，"这一课有一个非常突出的写作手法就是合理联想……从写作手法的角度指导学生去写，能够很好地达到'用好教材这个例子'落实写作训练的目的""新课标倡导学生个性化的朗读——可从朗读技巧上给予学生指导，如重音重读、重音轻读、感情停顿；还可以从语调、语速、语气的变化来进行指导"。酒师附小赵秀琴老师《跳水》一课则备课翔实，文本解读灵活到位，自然本真，在说课时完整梳理教学过程，且大胆呈现了自己教学的亮点和不足，为教师公开备课—授课—反思提供了范例，也在几点"永久遗憾"处生发出更深层次的思考。酒师附小姜丽蕾老师在评价《跳水》一课时，毫不吝啬地肯定同伴的成果——教师授课"激活了学生的思维，引发学生创造的欲望和强烈的出自内心深处的学习动机，使学生变'机械接受'为'主动探究'"。除此，酒师附小何向丽老师就个人授课篇目《神奇的激光》进行说课，同组教师也从不同方面进行评课议课，各抒己见，又有理有据、引起共鸣。

数学教研组活动，先由来自酒师附小的三位老师展示了一组接龙公开课，分别是雒兴萍老师的《三角形的分类》、陈燕老师的《三角形的内角和》、胡亮老师的《三角形三条边的关系》。雒兴萍老师在个人教学反思中总结道：这样的公开接龙课，实际上是团队力量的体现。她从教学"设计为谁预设、数学预习做什么、数学课教给学生什么"几个角度思考，完整还原集体磨课过程，将整个教学的预设与生成、过程与结果、思维与呈现串联起来，反思个人教学的同时也在团队专业发展方面留下了宝贵的意见。陈燕老师和胡亮老师更是胸有成竹，将授课思路、设计依据、教学收获和反思一并展示，既充实了教研活动，又提升了教研活动的整体质量。黄泥堡中心小学妥占国老师执教的《常见的量》信息技术使用较好，但在数学概念解释的准确性、设计问题的层次性等方面挖掘不够，留下了遗憾。

酒师附小闫妍老师带来一堂音乐示范课《卢沟谣》，王茜老师和黄泥堡中心小学的陈丽丽老师同课异构，带来英语示范课《what do you like to do？》，均将培养学生核心素养放在首位。在几天的观摩活动中，面对酒师附小多节韵味无穷的课堂，黄泥堡中心小学陈丽丽老师在个人反思中提到，"我更加明确了自己的工作方向，也深刻地体会到了学习的重要性和紧迫感"。

一所学校发展所达到的高度，最终取决于学生的发展水平，而学生的发展，是由教师的专业发展所决定的。在黄泥堡中心小学，目前面临的最大困难不在设施资源，而是缺乏一条良性的、能持续推动教师专业成长的教研链条，当有限的师资面临诸多跨课头教学任务时，难免会顾此失彼。酒师附小副校长陈燕表示，"通过这次活动，希望能让黄泥堡中心小学的老师脱开琐碎事务的缠绊，进入到真正的教研状态，跟着我们的脚步，一起做"。的确，两校距离不远，交通便利，黄泥堡中心小学的教师和学生人数都不是很多，为他们和酒师附小真正实现结对子、手拉手提供了有利条件。

镜头三："父母之爱子，则为之计深远"——家校共育

家校共育是这次手拉手活动的第三个亮点。在 4 月 28 日的告别会上，校园里、操场上、教室里到处都是依依不舍、相拥而泣的场景。酒师附小二年

级（3）班的教室里，是一场隆重的欢送会。班里每个孩子，都为来自黄泥堡中心小学的小伙伴准备了礼物，有的是自己亲手做的，有水彩画、贺卡、手工作品等，还有的是父母帮助准备的，有书本、文具、衣物等，无一不表达着孩子们之间单纯而又深厚的情谊。

古人云："父母之爱子，则为之计深远。"年轻的爸爸妈妈们，为了孩子的成长，争先恐后地为孩子"抢"回一名小伙伴，让他们在短暂的一周内结伴而行，互帮互助，丰富童年体验，见识人生道路上的种种风景。在采访过程中，我们看到一名"结对子"同学家里的晚饭餐桌上，摆放的是荤素搭配、营养健康的家常菜，"孩子正在长身体，得养成健康的饮食习惯。"承接农村孩子的家长们从打算给孩子们"结对子"的那一刻起，就全身心负责，以便孩子们能够和谐相处，在人生道路上珍藏下这一段美好。

在四年级3班李嘉豪同学的家里，我们记录下了一幕幕他和小伙伴赵振兴融洽相处的场景。有时赵振兴比李嘉豪先做完学习任务，就提前回家，在楼下等李嘉豪回来；有时两人会互相听写单词、作业纠错；有时他们还会利用课下时间跟着李嘉豪的爸爸妈妈去公园、体育场放松。在谈到两个孩子的相处情况时，李嘉豪的妈妈坦言："李嘉豪从小在父母亲和爷爷奶奶无微不至的照顾下长大，生活上没有养成赵振兴那样独立、迅速的习惯。赵振兴则胆大心细，会帮助大人做力所能及的事情。但是两个孩子应该取长补短，李嘉豪细心动作慢，赵振兴利索却粗心。"在俩人一起下棋、读书、享受美食、逛公园、逛商场、谈天说地的过程中，友谊的种子越植越深，成长的脚步越走越实。

事实上，在此之前，我们了解到，来自黄泥堡中心小学四年级的赵振兴同学爱好广泛，聪明懂事，但是这学期以来情绪波动很大，这次来酒师附小参加活动，学校怕他适应不良，甚至担心没有同学愿意和他"结对子"。然而李嘉豪的家庭成员一点儿也不担心，大胆地接纳了他。在谈到这一点时，李嘉豪的爸爸开朗地说："处于这个年龄阶段的小孩子有情绪波动很正常，但我相信他俩能成为好伙伴。哪怕发生一些小插曲，我想我也能处理好。越是这样的情况，对两个孩子的成长越是一种锻炼，越有帮助。"

还有一位二年级孩子的家长在接受访谈时说道："手拉手活动，就应该让农村的孩子感受真实的城市生活，最好还能有一次机会，让城市的孩子也能体验一下农村生活。"

在另外一位妈妈用心记录并发布的"美篇"作品中，她幸福地说道："5天的时光短暂而难忘，'手拉手结对子'活动结束了，5天同吃同住同学习的过程中他俩相处得很友好，我们感受到农村孩子的质朴、真诚……儿子也更加懂得了分享、友善……同时，我也感受了家有二宝的幸福时光。"

当下，激烈的社会竞争和开放的生活环境越来越使孩子向着"成龙成凤"的方向发展，也帮助他们养成克服困难、与周围人群和谐相处等一些优良品质。为了充实孩子生活，使得独生子女也能从小就体验合作、提高能力，在集体中找寻自我生存的价值，在培养孩子全面发展这个方向上，家长和学校都花了很多精力。所以有一部分家长，主动帮助孩子和小伙伴联络情谊，甚至有的酒师附小家长亲自带领孩子去黄泥堡感受当地人文风情，了却孩子互换体验的心愿。这样的友谊值得长存，这样的教育方式也离不开多方位支持。在这个世界上，关注并关心、关爱我们成长的群体有很多，但最主要的还是父母和老师，家庭和学校。

镜头之外："这不是结束，才是开始"——任重道远

这次活动带来的冲击是巨大的，影响也是深远的。正如孩子们的友谊一般，两所学校的合作共荣也跨出了尝试性的第一步。按照《酒师附小与黄泥堡中心小学构建教学联盟建设工作实施方案》，从2017年7月开始，往后3年里，两校家长、教师、学生连同行政管理、学科教研、团队成长都要处在同一个战壕里。酒师附小驻黄泥堡中心小学支教教师宋文洁在谈到关于两校联盟工作方面的一些思考时，坦言道：两校联盟发展发展可以从以下几方面着手：一是探索出高效长久的两校联盟发展的运作机制；二是形成两校发展的实效性经验个案，如：开通远程授课模式、优质教育资源共享、两校教育教学管理模式一体化、长期坚持教师专业培训、两校学生定期互动交流等；三是建立领导考核奖励机制；四是寻求先进地区多方面援助和指导。作为承担两校友好往来重任的使者，她和她的团队就农村学校相应的管理、发展问题进行了专项研究，试图为酒师附小和黄泥堡中心小学教学联盟进行经验挖掘和总结，提出有效措施，同时为城乡联盟办学提供有效范例。

据调查显示，酒师附小部分教师认为，对于这种类型的活动，理想中的

效果是"相互激励、相互提升""懂得分享与关心""孩子之间结下深厚的友谊"，过半的教师认为活动效果实际上实现了70%。98%的教师认为，此次活动对于农村孩子的影响是"城市生活激励他们积极向上"。实际上，就目前而言，我市尚有80余所情况和黄泥堡中心小学接近的农村小规模学校，他们同样面临着教研力量薄弱、教育视野不够开阔等困境，同样需要教育层面的"精准扶贫"。城乡学校联盟、互促共进模式并非首次尝试，但目前仍处于摸着石头过河的状态。改变一所学校是不够的，重要的是改变一个群体。这是目前需要探索的路径之一。

据调查了解，在此次"手拉手"的72对孩子中，将近30%的黄泥堡孩子目前生活在独生子女家庭，而酒师附小学生中独生子女超过60%，好多城市独生子女家庭还是比较喜欢孩子有个伙伴，从与人交际、生活能力、兴趣特长等各方面培养孩子，使其有一个多维度的成长过程，助其养成健全人格。家校共育，将是今后教育话题内一个重要的范畴，也是需要探索的路径之二。

透过活动表面，更应该引起关注的是活动背后影射出来的教育问题。无论是教育教学的革新和转变，还是家校共育，都旨在育人——育大写的"人"。当前，落实立德树人根本任务，培养德智体美全面发展的社会主义建设者和接班人是义不容辞的责任。酒师附小校长万春元在接受访谈时表明："下一步，我们计划实现同步课堂，只等设施到位。"黄泥堡中心小学校长陈龙也表示："在积极接受政策援助的同时，我们自己也要从教师成长、学生全面发展等方面，做出改变，争取提升。"但面对不同的个体，处在不同的环境，如何培养人，通过哪些有效途径培养全面发展的人，这或许是需要探索的路径之三。

活动虽然结束了，铺在脚下的路，却刚起步。酒师附小和黄泥堡中心小学教学联盟后续合作探索才刚刚开始，家校共育尝试才刚刚开始，孩子们的全面发展之路才刚刚开始……每一条路都通向远方，每一条路都任重道远。衷心祝愿，两校发展越来越好，共谱一曲友谊的长歌！

（本文系甘肃省"十二五规划课题"《建立教学联盟构建新型课堂》阶段性成果，由潘建军、赵颖、谢林苒共同完成，发表在《新课程评论》2019年第3期。赵颖为酒泉市教育科学研究所教研员，谢林苒为新加坡国立大学学生，时为酒泉市教育科学研究所见习生）

第二章

追赶——教师专业发展之思

我们应向名师学什么

名师，是教师中的成功者，是我做教师的，其职业生涯中应该追求的一个目标，所谓不想当将军的士兵不是好士兵，不愿做名师的教师也不是好教师。那么，名师在成长的过程中有哪些共同的规律呢？哪些是我们能够模仿复制的呢？研究名师，我发现他们身上有几个特质是共同的。

年轻态。年轻是什么，年轻就是昂扬向上，年轻就是奋勇前行。青春易逝，韶华难留，每一个人的青春终将逝去，而我们需要保留的是那一份执着追求、不断向前的年轻态。著名教育家顾明远，人民教育家于漪，90岁了，还一直在研究教育，为中国的教育发展大业出谋划策。耄耋之年的老人家，青春早已不在，但我们不能说他老了，因为他还在读书写作，还在为培养后继人才而努力工作，他在学术上还焕发着青春。我们身边的名师，都是典型的执着追求者、潜心钻研者，他们一直保持着那种咬定青山不放松的韧劲，在各自的学科天地里默默耕耘，成果丰硕，他们中有的晋升为正高级教师，有的被评为特级教师，他们的成长，靠是就是"年轻态"。为人师者，青春为伴，昂扬向上，所以，教育人永远是年轻。

读书研究。现代社会，发展速度不断加快，知识更新日益加速，不学习，不读书，很快就会落后。互联网给我们带来进步的同时，也改变了我们的生活，改变了我们的阅读习惯。微信、微博、微阅读，碎片化阅读，使我们的阅读学习陷入了快餐式文化的泥淖，知识也被分隔成一块一块的单元模块，不系统，无体系。所以，我们提倡读书，读中外名著，读教育经典，读前沿理论，文科教师要有科学精神，理科教师要有人文情怀，每一个人都要有哲学思维。国家督学成尚荣说："一个有追求的名师，他永远在创造自己的人生意义，人生意义从哪里寻找？"他认为，应该从行动中寻找，更重要的是要从读书中来。学校的每一个组织：教研组、年级组、备课组，都应成为读书组织，每一间办公室都应成为读书的阅读室。

反思写作。名师之所以成为名师，是因为他们除了教学，还在不断反思、笔耕不辍。如果我们把名师比作一棵参天大树，那么，学识就是土壤，读书、写作和反思就是汲取营养的树干和枝叶，名师就是这样由小树成长起来的。华东师范大学叶澜教授曾经说过："一个教师写一辈子教案不一定能成为名师，但是写三年反思就有可能成为名师。"美国学者波斯纳也曾提出来一个非常有名的公式：教师成长等于经验加反思相互作用的结果。我坚信，名师是"反思"出来的，更是"写"出来的。

课堂改革。从夸美纽斯创建班级授课理论到今天，我们的课堂形态一直没有大的变化，都是在以班级为行政单位的架构里，由老师在台上讲，学生在台下听。当年夸美纽斯的班级授课制解决了少量掌握知识者实施规模教育的问题，使受教育机会均等化有了可能性。三百八十多年后的今天，我们已经迈入互联网时代，互联网成为储存、传播知识的最大宝库，学生们知识来源已经多元化，打破了过去靠老师传授的单一途径。那么，作为教师的我们，应当如何适应这种形势呢？当前，课堂教学改革在全国教育领域可谓风起云涌。从十几年前，江苏东庐中学的导学案、洋思中学的先学后教模式，到后来山东杜郎口中学的高效课堂模式，再到目前火遍全球的"翻转课堂"，还有最近《中国教师报》持续跟踪报道的河南圣陶学校的"无师课堂"，把这些学校的经验放到一条线上去研究梳理，我们会发现，其本质都是开发学生自主学习的能力。在最新一波的教育改革浪潮中，信息技术与课堂教学的融合是主旋律，教育信息化在全国范围内成就了一批名校和名师。在这种态势下，我们该怎么办？这是摆在教育管理者、研究者和行动者面前的一个大课题。孙中山先生曾说过："世界潮流，浩浩荡荡，顺之则昌，逆之则亡"。因此，我们必须顺应潮流，去研究，去探索，去改革，我们不能改变什么，但我们必须做些什么，否则，我们必将落伍，惨遭淘汰。

（本文系作者在甘肃省"陇原名师"霍军语文工作室、甘肃省高中语文学科基地、酒泉中学语文公社研修活动开幕式上的致词，刊登在《酒泉教育》2016 年第 3 期）

心在哪里，风景就在哪里

——写在"陇原名师"宋玉玲专著出版之际

　　熟识宋玉玲老师，已经有些年头了，在我的印象中，她勤奋能干，教学、管理和教研都是一把好手。虽然见面次数不是很多，但每次见面都会有新的认识。以前我负责职称评审工作，她申报高级教师，业绩之突出、成果之丰硕，令人刮目相看。后来她又被省教育厅命名为"陇原名师"，并组建了她的"陇原名师宋玉玲小学语文工作室"，带领着她的小学语文学科教研团队积极开展培训、研讨、听课、评课、研课等活动，有声有色，丰富多彩。团队里的"小语"们，个个昂扬奋发，享受着成长的快乐。上周，她送我一本她刚刚出版的专著《心在哪里，风景就在哪里》，设计精美的封面、简练朴实的文风，又让我眼前一亮。细细品读，我不得不写点儿什么与大家分享。

　　这本书由光明日报出版社出版，记录了宋玉玲老师从教 31 年来专业成长的心路历程，读这本书，我仿佛看到了她三十年如一日砥砺奋进的身影。全书分"育人篇""论文篇""课题篇""风采篇"四个篇章，将她本人从农村民办教师到"陇原名师"的成长过程中完成的无数个"华丽转身"辑为专著，可以说，这是她为了那一份对教育事业的执着追求而谱写的一篇篇精彩乐章的见证！

　　书中既有她和她的团队教书育人的实践经验，又有她无私奉献的先进事迹；既有传达新理念的培训讲稿，又有曾经发表在各级刊物的学术论文；既有开展课题研究的总结报告，又有开发学校课程的研究报告。每一篇文章，都是她赤诚教育的表白，既有一定的理论高度，又有丰富的教育内涵……凝聚了她耕耘教坛的心血和汗水，对引领教师专业成长、推进我市小学语文学科发展具有现实指导意义。

　　书的封面引用了徐特立的一句名言："一分耕耘，一分收获，要收获得好，必须耕耘得好。"是的，这本书就是宋玉玲老师辛勤耕耘所得到的收获。

正如宋玉玲老师在书中的一段感言："翅膀能把雄鹰载向辽阔和高远，因为翅膀是一根根轻微的羽毛组成的。"名师之所以成为名师，是因为他（她）们除了在三尺讲台上几十年如一日精耕细作、无私奉献外，还在不断反思、笔耕不辍。如果我们把名师比作一棵参天大树，那么，她就是这样由一棵不知名的小树苗成长起来的。美国学者波斯纳也曾提出来一个非常有名的公式：教师成长等于经验加反思相互作用的结果。读了宋老师的这些文章，我进一步坚信，名师是"反思"出来的，更是"写"出来的。所以，我们做教学研究，就要倡导广大教师写教育反思。

（注：宋玉玲，女，特级教师，正高级职称，甘肃省教育厅授予"陇原名师"称号，教育部"名师名校长领航工程"领航名师，现担任酒泉市第七中学副校长，多年来一直从事小学语文教学。）

化作春泥更护花

古人云："三百六十行，行行出状元。"任何一行都是入门容易，但做到极致却不易。教师要想成为教学中的"状元"，就要持续关注自身的专业成长并为之不懈努力，这是时代的召唤，也是学校发展的需要，更是一名教师在三尺讲台安身立命的根本。作为教师，应该从更新教育教学理念、提高专业知识水平、加强教育教学能力等方面去提升自己，其中思想观念是关键，专业素养是基础，实践能力是核心，但归根结底，主体的觉醒才是教师成长的决定因素。

一个教师的专业成长大致分为三个阶段：第一阶段是学习积累期，做"态度型"教师，成为合格教师。培养交流表达、课程实施、学生管理等基本能力。第二阶段是成熟稳定期，做"能力型"教师，成为骨干教师。在课堂中有能力组织各种丰富多彩的活动，有一套独特的方法激发学生的学习兴趣，能引领学生全面发展。第三阶段是拓展超越期，做"思想型"教师，成为名师。思想有境界，工作有方法，教学有个性，管理有创意，课堂"五味俱全"，有学科味、生活味、人情味、文化味、研究味。"冰冻三尺，非一日之寒"，实现名师理想非一朝一夕之所能，需要多年的学习，毕生的积累，这是一个有理想、有追求的老师对自己高标准、严要求的结果。我相信：只要我们心中埋下"专业成长"的种子，用终身学习为它培土，用勇于创新为它浇灌，用持之以恒为它修护，那么成功之花将为你开放，丰硕之果将挂满枝头。

因曾经多年从事教育人事工作，我认识了很多教师，现在又走到教研室主任这个岗位，真正和学校一线教师成为"同道"。对教师的专业成长，我曾有过很多思考，我们的老师们，有多少人曾为自己做过职业规划？有多少人经常为自己的教学行为不断反思？又有多少人为了专业追求不断修为？教师的工作是烦琐重复的，正所谓"年年岁岁花相似，岁岁年年人不同"，老师们在日复一日、年复一年的机械循环教学中难免迷惘、彷徨，以至于产生倦怠。那么，如何克服这种彷徨、倦怠的窘境呢？《小学数学教师成长解读》的作者谢辉就为我们给出了答案：那就是关注自身发展。

读了谢辉老师的这本书稿，我对教师专业成长有了更清晰的理解：教师之"专"，"专"在备课时的独特视角，"专"在课堂中的教学指导，"专"在表达中的艺术感染，"专"在信息化的巧妙处理，"专"在评价中的多元激励，"专"在教学后的深刻反思，"专"在反思后的及时总结。小学教师如何成就自己的专业梦想？谢辉老师为我们做了很好的诠释。

谢辉是在教学一线奋斗了15年的一名普通小学数学教师，他有一个"梦想"，那就是想成为名师。正所谓不想当将军的士兵不是好士兵，不想当名师的教师也不是好教师。他所负责的那所学校是一所林场子弟学校，是只有40多名学生的薄弱校，虽地处工业开发区，但离市区有十几公里，工作条件还是有点儿艰苦。入职以来，他曾经任过教的学校，都是地处农村的薄弱学校，十五年来，他坚守，他宁静，但他从不寂寞。他广读中外教育名著，深研数学教学理论，聆听名师经典课堂，探索专业成长之路，在教中思、学中悟，日积月累，完成了这部《小学数学教师成长解读》。这本书是谢辉老师15年来小学数学教学实践的经验总结，是谢辉老师在教海中拣拾的五彩贝壳。在如今这个浮躁的时代，15年如一日坚持在农村学校，还能在教学实践中不断反思，坚持写作，对于一名一线教师，非常可贵。名师是反思出来的，更是写出来的，捧着这份沉甸甸的书稿，我坚信，终有一天谢辉老师一定会实现他的名师"梦"。

小学数学学科的主要任务有三个方面，一是培养学生的数学素养，二是发展学生数学思维能力，三是会用数学的思想来考察现实，构建普遍知识与特殊情境的联系。谢辉老师基于这些认识，从小学数学教学的基本出发点入手，集合了教学实践的点点滴滴，从小学数学教材解读、案例再现、教法探索、语言表达、信息整合、课堂评价、教后反思等诸多视角，全方位、多角度阐述了作者的教学表达。书中的观点也许并不高深，有些可能也不能称之为数学学术研究成果，但一名小学教师对小学数学教学长期坚持教学行动研究，形成一本著作，实为难能可贵。从小学数学教学实践的角度看，这本书为小学数学教师教学实践提供了很好的参考，也为教学管理者研究教学提供了可资借鉴的第一手资料，是一本值得小学数学教师与教学管理者珍藏、使用的著作。

教育思想家、教育改革家吕型伟曾说："教育是事业，其意义在于奉献；教育是科学，其价值在于求真；教育是艺术，其生命在于创新。""教师"之"专"，由教师们对生命的敬畏、对事业的执着、对学生的关爱所铸就。这种敬畏，这份执着，这片关爱，正是教育的本质体现，正如晚清诗人龚自珍名句"落红不是无情物，化作春泥更护花"所表达的一样，有情怀者才更有理想。愿这本书犹如一豆青灯，虽无法照亮前行的路，却可为有理想的教育者点亮远方的那颗星，昭示前进的方向。

是为序。

（本文系作者为酒泉市西大街小学教师谢辉专著《小学数学教师成长解读》所作的序，该书荣获2019年酒泉市社科奖二等奖）

给孩子的人生发展注入"积极"的基因

研究一些成功者的经历，大家会发现，他们身上有一些共同的特质：阳光、自信、坚毅、乐观、与人为善、易于合作，这些就是积极的心理品质。积极心理学主张研究人类积极的品质，充分挖掘人固有的、潜在的、具有建设性的力量，促进个人和社会的发展，使人类走向幸福。如何在教育教学实践中培养孩子的积极心理品质，是摆在广大教师面前的一项重要任务。读了梁玉玲老师的《和孩子们一起快乐成长——积极教育法则》这本书，我仿佛看到了一条解决这一问题的实践路径。

从教伊始，梁玉玲老师就特别注重孩子积极心理品质的培养，自 2007 年起，她就将积极心理品质的培养作为研究课题，进行系统的研究。通过课题的引领，从课堂教学、班级管理、班队活动三个方面入手，让孩子们在课堂实践、活动开展，展示交流中张扬个性，展现自我，飞扬自信。积极教育的理念和思想通过积极语言这一视角切入，孩子们的积极品质在积极语言的不断应用中慢慢渗透，不断地增加。在引领孩子成长的路上，梁老师自己也成长了，并收获了幸福。

阅读梁老师和孩子们一起成长的点点滴滴，从她讲述的故事和进行的反思中，我似乎看到了一个基层教师教研的成长之路。教研来源于实践，服务于实践。《教师怎样做课题研究》告诉我们：只要我们掌握了课题研究的模式和课题研究的根本所在，就能够很快地确立自己的课题研究的主方向，并且在每天的教育教学活动中进行实践，课题研究不会变成负担，反而会成为我们不断提升的一种快乐的源泉。课题研究是教师行动研究的根，只要我们掌握了课题研究的基本理念，扎扎实实地去解决我们所遇到的难题或是困惑（即课题），我们自身的教育教学水平就会不断地提高，教育实践之路就会逐步深入，教育理论研究之路也会逐步发展，从而为实施素质教育打下坚实的基础。

英国课程专家斯腾豪斯提出"教师要成为研究者"，这一理念已成为人们的共识。在实施新课程改革的今天，许多学校更加关注教师作为活生生的生命体的意义，更加关注教师在日常教育教学背景下针对教育实践问题的研究，更加关注教师研究方法的人文性和个性化。教师要成为研究者，既是教师实现自身专业发展，由"传授型"教师向"研究型"教师转化的内在要求，也是教育改革和发展的必然要求。作为一名教育研究工作人员，看到一个个教师成为研究型的教师，在教育研究的过程中，给孩子的人生发展注入了"积极"的基因，我们感到特别高兴，也为他们的成长助力加油。

（2017 年 7 月 14 日于酒泉，本文系作者为酒泉师范学校附属小学梁玉玲老师著作《和孩子们一起快乐成长——积极教育法则》所作的序）

群芳斗艳花一树

——写在甘肃省 2018 年（首届）基础教育教学成果酒泉市获奖成果集编印之际

2018 年，甘肃省启动了第一届基础教育教学成果奖评选，酒泉市有 20 项成果获奖，其中特等奖 1 项，一等奖 2 项，二等奖 17 项。为了将这些成果最大化地推广到一线教师中，使这些成果在酒泉教育大地上生根开花，引领教学改革，酒泉市教育局拨付专款结集出版这本成果集。

我的同事们将成果汇集起来，当拿到沉甸甸的书稿时，窗外的骄阳正热烈地炙烤着这片土地，吟读这些承载了心灵温度的文字，我的内心禁不住再次感动了起来，想着我们做了一件有意义的事，欣慰之感油然而生，充满了向往和憧憬，盛夏虽依旧，酷热已不再。

苏霍姆林斯基认为："如果你想让教师的劳动能够给教师带来乐趣，使天天上课不至于变成一种单调乏味的义务，那你就应当引导每一位教师走上从事教育科研这条幸福的道路上来。"为此，我们的各级教育行政部门和教科研机构一直以来都在鼓励和引导教师们积极开展丰富的教研活动。其中，课题研究就是一种很有意义的教研活动。老师们从一些切口小、范围小、周期短的小问题、小课题入手，在教学实践中积累研究素材，研究成果又能及时有效促进教学工作，达到双赢。这些成果报告集，正是老师们心血的结晶，每一项课题从立项到结题都倾注了课题参与者的情感和坚持，倾注了他们的大量汗水，更蕴含着新的寄托和希望，是对教育教学常态中问题和瓶颈的破解，也是教师个人专业发展和教学思想日趋成熟的象征，让人肃然起敬。且不说课题研究作为一项过程性极强的研究性工作具有复杂性和专业性，作为研究实验者的一线老师，特别是农村寄宿制学校的老师，每天承担教学、学生管理等一系列繁杂沉重的工作，加之学校也没有条件为老师提供文献、科研动态等教育前沿、学术专业方面资料的理论支撑，教师获取信息的渠道相对单一滞后，所以就"坚持"二字已实属不易。即便如此，教师们还是形成了丰富的课题研究成果，如繁花一树，开得恣意坦然。也许这些研究中还存在语言表述不甚准确、理论支撑不够专业、论证过程疏于严谨、解决途径创新不足、研究成果难以推广普及等缺憾，但这些成果都是老师们立足日常学习工作的常态，通过不断地思考、实践、积累、总结形成的，其间付出的努力与辛劳不言而喻。李镇西也是由一线教师成长起来的教育专家，他坦言："我把教育上遇到的每一个难题（如班集体建设、后进生转化、早恋、作弊等）都当作科研课题来对待，把每一个'难教儿童'都当作研究对象。科研与评职称无关，与评奖无关，与奖金无关，只是工作的一部分。这样一来，心态就平静了，教育也从容了，每天都有新的发现、新的领悟和新的收获，因而每天都有新的快乐。只要教师们带着一颗思考的大脑从事每一天平凡的工作，就会感到富有价值的课题是源源不断的……"是啊，我们在课堂教学中每天都践行的教育理念、每天都在解决的教学问题，把在做课题过程中的点滴随时随地记录下来整理好，这就是一笔谁也拿不走的宝贵财富。这份积累的分享，哪怕给其他同行带来一点儿启发和思考，也算是功德圆满了。

不忘初心，方能始终。曾几何时，我们初为人师，或意气风发，踌躇满志，或谨小慎微，诚惶诚恐，但内心深处都憧憬当最好的老师，教出最好的学生。可是即便社会赋予我们再高的荣誉和褒奖，好多时候，总会觉得工作好苦好累，自己付出了很多却得不到期望的结果。规范、重复、无边界的校园生活，烦琐、细致的班主任工作，调皮的学生、挑剔的家长……慢慢地疲惫了身体，磨钝了心智，不可避免地产生了职业倦怠。把上一节公开课、做一项课题，都当作一种负担甚至是烦恼，总觉得耽误了诸如批改作业、备课等实质性的工作。其实，细细想来，这不正是在研究、在学习、在提高吗？所以说，教师的职业幸福取决于自己——是否把教育当成事业而不是职业？是否把教书当成创造性的脑力劳动而不仅仅是重复性的体力劳动？是否投身于研究而不仅仅是实践？是否全情投入地进行"一棵树摇动另一棵树，一片云推动另一片云，一个灵魂唤醒另一个灵魂"的事业……我们在践行点滴的同时，也是在使自己不断丰满起来的过程。

我们的教师队伍中不乏教科研先进、课堂教学能手、学科骨干教师，他们是我们教育的脊梁；但支撑整个教育事业的还是那些坚守在教学一线的普普通通的老师们，正是他们勤勤恳恳的工作、默默无闻的付出，才使得我们酒泉的教育事业年年攀升，一片欣欣向荣。在此，对在这片土地上辛勤耕耘的同行们致以崇高的敬意和由衷的感谢："老师们，辛苦了！"

最后有三句话与大家共勉：1. 学习，自己学习，终身学习；2. 不停地实践，不停地阅读，不停地写作、不停地反思；3. 用心去爱、去感受，努力生活，让我们变得坚韧、宽容、充盈，从容走过每个春夏秋冬，幸福一直在路上。

（本文系《杏坛行思录——甘肃省首届基础教育教学成果酒泉获奖成果集》前言，由潘建军、常海燕共同完成）

培养优秀小语教师 打造一流学科团队

——"陇原名师宋玉玲小学语文工作室"团队访谈

"陇原名师工程"是甘肃省教育厅为加强教师队伍建设、提高教师业务水平、造就一批教学名师，从 2011 年起实施的一个教师发展项目，五年来全省共评选"陇原名师"94 人，酒泉市赵玮璋、霍军、李志刚、宋玉玲、侯淑香、蔺霄、聂尚花 7 名教师获此殊荣。其中霍军、李志刚成立了酒泉、临夏"双向工作室"，宋玉玲、侯淑香在本市范围内跨县市区成立了工作室。各"陇原名师"工作室在市教育局领导下和各县市区教育局的大力支持下，通过跟岗研修、网络研修、集中研讨等方式开展了丰富多彩的教研活动，团队成员专业素养得到快速提升，为教师队伍建设做出了较为突出的贡献。近日，《酒泉教育》编辑对酒泉市东苑学校教师、"陇原名师"宋玉玲和她的小学语文工作室团队进行了专访，以期抛砖引玉，为教师专业发展提供一些可供借鉴的范例。

《酒泉教育》：宋老师，自 2015 年以你名字命名的"陇原名师工作室"成立以来，在市区教育局的领导下，"宋玉玲小学语文工作室"团队成员在你的带领下，结成伙伴，同心同向，行走在教师专业发展之路上。大家看到你们这个团队无论是成员个人专业成长，还是在团队建设方面，都有了很大的进步。同时在教研和学科教学引领等方面也取得了可喜的成绩。作为"陇原名师宋玉玲小学语文工作室"首席导师，在这两年的团队建设和发展中，你做出了很多努力，做了很多工作，这是省教育厅项目支持的结果，也是市、区教育局正确领导的结果，更是工作室成员默默奉献、辛勤付出的成果。请你谈谈打造团队方面的经验。

宋玉玲：我本人被评为"陇原名师"后，市、区教育局高度重视，重点遴选一批小学语文骨干教师组成了以我名字命名的小学语文工作室，同时肃州区教育局还授权由我组建了"肃州区小学语文教研团队"。两年来，在市教育局的关心和各县市区教育局的大力支持下，工作室以及肃州区小学语文教研团队以培养优秀教师为支点，以建设一支素质高、专业强的优秀小语教师团队为己任，深化学科教学改革，为我市小语学科教师团队建设做了一些工作，也谈不上什么业绩。要说经验，我觉得主要体现在以下四个方面：

一、制定团队发展规划，强化团队工作责任

在"陇原名师工作室"成立后，我主动履行"陇原名师"责任，做了五个方面的具体工作。一是制定了《陇原名师宋玉玲小学语文工作室三年发展规划》《名师工作室工作策略》和《小学语文工作室工作实施方案》及《工作室成员考核办法》《工作成员文明上网要求》，并提出了"五好五心"的工作要求，谋划了工作室的未来。二是制定了"工作室"工作目标、工作宗旨、工作理念、工作意识、工作管理、工作措施、工作方式、工作精神、工作作风、工作信念，加强了工作室建设。三是确定了"工作室"导师培养负责制、项目领衔制、成果输出制和工作方式运行机制。四是工作室创办了《工作简报》《教苑经纬》，目前，《工作简报》已面世 13 期，《教苑经纬》已面世 8 期，共计 55 万余字，为工作室成员搭建了种好"责任田"的平台，为工作室成员的专业成长增添了奋进的力量。五是制定了《工作室成员成长足迹档案》，每年更新一次，作为工作室成员专业成长、工作实绩的实录。

二、精心策划用心筹备，教研活动有序开展

一是主题研讨丰富多彩。每次团队教研活动确定一个主题，有讲座、有专题辅导，都以 PPT 的形式展示在团队成员面前，每次教研活动都有慕名而来的肃州区小语学科的老师参加活动，特别是 2015 年的年会，随同各县市区前来参加活动的老师有一百多人，为这次年会准备的 50 套资料远不够分发。例如，主题有"走进团队规划致远""作文教学课程建设研讨会""工作室及成员课题申报研讨会""工作室成员参与课赛活动筹备会""工作室成员承担课赛评委会"等。

二是"名师送教"活动效果极佳。按照市教育局和区教育局的部署，2015 年 6 月，我们在肃州区西峰中心小学成功举行了甘肃省教育科学规划 2015 年度课题开题报告和课题辅导会；2015 年 11 月到肃州区临水学区开展了为期一周的"金钥匙"导师团"送教送培"活动。2016 年，在肃州区下河清中心小学、阿克塞县城小学、肃北县城小学，肃北县蒙古族学校开展了"名师送教"活动。涉猎语、数、英 3 门学科，14 名教师，涉及 4 个县市小学教师，送教示范优质课 39 节，双向评课 39 节，辅导讲座 21 次。市教育局组织的这次"名师送教"活动，在肃州区、阿克塞县、肃北县引起了强烈反响，特别是这次"名师送教"活动得到了阿克塞、肃北电视台专题报道。

三是教育科研成果颇丰。工作室申报立项省级课题 1 项，成员申报立项省市级课题 4 项。工作室成员 4 项课题通过了省级鉴定，获全国第九届新媒体新技术创新互动课堂教学观摩评选活动一等奖 1 节，二等奖 1 节，三等奖 2 节。工作室成员外派参赛的优质课荣获省级一等奖 2 节课，省级二等奖 3 节课，省级三等奖 2 节课。一项教学法获得省级一等奖，2 名老师荣获市级课赛二三等奖，1 名老师到山东上示范课。工作室成员在省级刊物发表论文 30 篇，市级刊物发表论文 3 篇。四是教师专业素质快速提高。三年来，新增市级骨干学科带头人 11 人，市级乡村骨干校长 1 人，骨干教师 2 人，区县级青年教学能手 5 人，带班育人能手 3 人，区级学科带头人骨干教师 4 人，8 名教师晋升为一级教师。2015 年 11 月"陇原名师工作室"总课题《推进海量阅读，实现轻松写作》被省教科所立项。工作室成员积极撰写、上报优秀论文、设计、案例共计 35 篇。其中 34 篇获奖，一等奖 8 篇，二等奖 16 篇，三等奖 10 篇。本工作室在全省"'陇原名师工作室'学科教学论文（教学设计、案例）评选活动"中获奖率遥遥领先。

三、筹备校本课程开发，作文体例全新出炉

2015 年 11 月中旬，我们精心策划、编写的作文校本课程开发编写体例全新出炉。此体例名为《"金钥匙"同步作文精编》，包含小学语文各个学段阅读与写作要求、作文指导课教学设计、作文讲评课教学设计、推荐阅读书目、习作锦囊、范文赏析、精彩点评、趣味语文等精彩纷呈的内容，这套课程的编写开本土语文校本课程开发的先河，在本区域内的小学语文教学将会起到示范、引领、带动作用。

四、积极参加各级培训，提升教育教学理念

在市区教育局领导的大力支持下，从 2015 年 10 月开始，工作室学科教研团队成员奔赴兰州、南京、山东、天津、西安、张掖、敦煌等地参观培训学习 130 余人次，充分体现了组织的培养和期望。在省内外各级培训中，团队成员汇集集体智慧，学习交流研讨，撰写心得体会，提升了专业理念，促进了教师专业成长。凡是参加外出培训学习的团队成员，每人至少写1篇心得体会，在本校进行学习培训汇报，并对本校教师进行二级培训，达到学习、吸纳、融合、实践的目的。

《酒泉教育》：2016年，你们这个"陇原名师工作室"可以说在工作室、学科团队建设和发展中写下了浓墨重彩的一笔。站在2017年的新起点上，你对"工作室"发展有何规划？

宋玉玲：收官2016，工作室、学科团队成员在课改中发扬钉钉子的精神，以坚持不懈的韧性，一件件事、一项项工作做实做好，锲而不舍地坚持干、向前走，件件有着落，项项有效果，每一个数字，每一点儿进步，都包含着温暖、突出工作实绩，都是小语课改成果的生动写照。启航2017，我们将继续围绕"118"工作体系，稳步推进"小语"学科的建设和发展，促进教师专业成长。第一个"1"是"一师一优课"，即每名工作室、学科团队成员每年至少上1节校级或者县级以上教育部门组织的现场公开示范课、优质课、最佳课、优秀教学观摩课等。第二个"1"是立1项省市级课题，或完成1项省市级课题的鉴定，或写一份正在完成的课题鉴定报告。"8"是八个一工程，即每学年阅读一本教育理论专著（写读书笔记），高质量地撰写一篇教育教学论文，一篇学习工作总结，一篇说课稿，一份试卷分析报告，做一个课堂实录（或案例、微课），精心命制一份优秀试卷，制作一个优秀课件。全方位提升工作室、团队成员的专业素质，推进小语学科的建设和发展。

《酒泉教育》：当前，从全国乃至世界范围看，以互联、互通、共享、融合为主要特征的教育改革浪潮不断向我们涌来，从全市教育发展水平来看，信息化、智慧化、优质资源均衡化等方面都跃上了一个新的起点，可以说开启了一个新时代，这个时代的主要特征就是变革，不断变革。面对这个时代，作为教师该如何应对？你的工作室团队将如何应对？请谈谈你的设想。

宋玉玲：我觉得要适应这个变革的时代，应具体做好以下九点，简要概括就是"六变三不变"：

1. "笃学"的理念要变。工作室成员以学习党的教育政策方针、教育理论和业务知识为重点提升能力素质。通过集中学习、分批培训、研讨交流、自我学习、"师徒结对"、"送教送培"等形式，交流学习心得，解答学习疑问，破解学习难题，营造浓厚的学习氛围，激发同提升、共创新的活力。

2. "精讲"的能力要变。为让所学精准发力，工作室成员依托各种课型、各类课赛、研讨交流、讲座辅导等活动，带头提升"讲"的能力，在"讲"中做到讲出要点，评出关键，说出重点，导出效果，练就一套"讲"的本领，让听讲教师分享"讲"的方法，传递"讲"的心得，总结"讲"的经验，创新"讲"的思路，使听讲者有获益。

3. "赛课"的水平要变。工作室引导成员不但要积极参加省市区组织的优质课、示范课、观摩课、录像课、说课、微课、一师一优课等各种教学竞赛活动和基础教育成果、论文、教学设计、课件、课例等评选竞赛活动，而且要带动本校、本区域课赛活动，充分展现工作室成员的优质资源，发挥示范辐射作用，促进同行们上课水平的提高。

4. "引领"的精神要变。工作室采取"三引三躬"的工作模式，工作室成员要做到"三引"即做到信念引领——心在课改，风景就在课改；思想引领——初心不改，方得始终；行动引领——这是世界上门槛最低的最高贵举动。工作室成员要做到"三躬"，事必躬亲，有效发挥示范作用。一是躬亲上优质课；二是躬亲课题研究；三是躬亲交流座谈，树立"引"的榜样，扩大"引"的效果。

5. "写作"的文才要变。工作室把撰写说课评课稿、心得体会、工作总结、论文讲稿、优秀课例设计、优秀教案、编写《工作简报》《教苑经纬》和信息报道等作为工作室成员"岗位练兵"的一项重要内容来抓，并贯穿各项活动始终，工作室成员要学习掌握应用文写作方法，及时挖掘工作亮点，提炼研修内容，创新工作思路，练就写功，成为写手，有力地提升成员的写作能力。

6. "信息化"的手段要变。在课堂教学、培训、研讨交流、送教活动、实践活动中，团队成员要当好运用信息化的排头兵，要坚持使用PPT、电子白板、一体机、多媒体等现代信息技术手段，特别是要把课改精神和创新精神融入课堂，上出精品课，让课堂更加精彩高效，通过精品课体现教改精神和创新精神，延伸求真手段，升华求实效果，弘扬"示范引领"的价值观。

7. 坚守教育的初心不变。我们要情系陇原，热爱教育事业，坚持育人为本，通过素质教育发展人、改造人、塑造人；坚持德育为首，通过正面教育引导人、感化人、激励人；坚持学科育人，以授业强技规范人、要求人、提高人，积极践行社会主义核心价值观，在工作室、团队的建设发展中追求自身的价值，用最初的心做永远的事，保持教育者的本色。

8. 促进学生全面发展的方向不变。用责任和智慧守护每一个学生健康成长、全面发展是我们育人的宗旨。在教育教学这块百花园，团队成员要笃学强技，用渊博丰厚的知识、科学有效的教学方法，突出的工作业绩；以强烈的奉献精神，在学科教学中保持较高的站位，让学生获得文化知识，养成良好的学习品质、科学思想、方式方法，张扬个性，彰显活力，让学生全面发展。

9. 推进教学改革的目标不变。新课程从知识与技能、过程与方法、情感态度与价值观三个方面厘定教学目标，因此，在课堂教学中，我们确定教学目标时要简单明了，少而精，要从微观入手，制定形象的教学目标，不宜多，有利于教学导向作用的发挥。在教学目标制定上，把学生带进文本，让学生走进语言，去发现、去思考、去领悟、去实践，使教学目标在课堂教学中能够实现。在教学过程中，教师在课堂教学的"教"上下功夫，学生在课堂教学的"学"上下功夫，"教"与"学"并重，学生在教师"教"的基础上去自学，教师的教学要更好地为促进学生的"学"服务，在"生本教学"中各自找准"教"与"学"的"结合点"，发挥各自的作用，学教统一，把教师的"教"不断转化为学生"学"的成果，把学生的"学"不断转化为教师"教"的效果。

《酒泉教育》：宋老师，相信在省市区教育厅（局）的正确领导下，在市区教研室管理和指导下，在"名师"所在学校的支持下，"陇原名师小语工作室"暨肃州区小语学科教研团队一定能够牢记责任意识、担当意识，唱响工作室声音，塑造工作室形象，讲好工作室故事，为我市小语学科建设和发展做出新的贡献。

《酒泉教育》：各位老师你们好，请你们谈谈在名师的引领下，在哪些方面得到了提升？请你们选取一些具体经历说明一下。

工作室成员（玉门市团结学校郑小琴、肃州区铧尖中心小学孙海霞、敦煌市北街小学任玉娟、金塔县解放路小学乔艳丽综合整理意见）：

无论在城市，还是在农村，能成为"陇原名师宋玉玲工作室"中的一员是很幸运的。跟随名优教师，和他们一起交流、学习，播种着、耕耘着、努力着，成长着、收获着……在工作室这块散发着芬芳，凝聚着智慧，充满着活力，传递着理念的团队百花园里，一路走来，工作室为我专业成长点亮了一盏心灯，指引我走向广袤的天地，照亮我成长的心路历程，留下了我成长的印记。

团队是成长的营地。"要想在专业上不断成长，要想让自己优秀，让自己比别人优秀，首先，在心里要对自己有美好的愿望，对自己的专业成长有长远的规划设想；其次，要把美好的愿望、长远的规划和宏伟的设想变成实际行动。因为，唯有行动，才会有收获；唯有行动，才能锻炼成长。"这是我拜读了首席导师宋玉玲老师的《心在哪里，风景就在哪里》一书后我的感悟。带着这样的思考，期待自己有一个更美好的未来，于是我很快融入这里，和工作室同伴有了更多的学习交流，特别是《工作简报》《教苑经纬》的创办给我们搭建了探索、成长的平台。

严谨的作风感染了我。第一次接受工作室分配的任务是做工作室《工作简报》，我竭尽全力做好后让宋老师审核，结果被宋老师密密麻麻地改了个遍，大到整体布局，小到标点符号，无一"幸免"。拿到这样的稿件，我感到非常震惊，但我对宋老师这种严谨认真的工作作风肃然起敬，被她的这种执着的工作热情所打动。从那以后，我就以首席导师为榜样，严格要求自己，凡经过我手的稿件资料都是要经过无数遍修改，自认为是没有问题的精品，才能提供给工作室。长此以往，严谨认真便成了一种工作习惯。

工作室引领我们成长。进入工作室，我们的成长愿景得到重新规划。通过名师工作室培训、研修平台、网上交流、自主学习、研读教材，阅读《简报》和优秀教学案例等不同形式的学习，"魅力语文"的教育新理念在我们心间萌发明晰，为我们的教学注入了新的活力，使我们对语文教学的目标逐渐清晰化。特别是在习作教学领域里，我带头在学校上习作指导示范课、点评课，引领其他老师齐身投入习作教学的实践和创新中。在我的带领下，学校的习作教学成长显著。在省、市级作文比赛中，郑老师的学生都取得了较好名次，并荣获优秀指导老师奖。撰写的 4 篇论文均被刊登在省市级报纸杂志上。在甘肃省教科所举办的优秀论文评选活动中，有2篇论文都荣获省级一等奖。在玉门市教育局举办的汉字听写大赛、防震减灾征文中，我辅导的学生有两名荣获二、三等奖，我的征文荣获三等奖，学生习作荣获三等奖，我2次荣获优秀指导老师奖。孙老师代表学科教研团队参加了2016年第2期整体课堂管理"我思我辨他的课"（走进山东淄博）研修活动，在此次活动中，我担任"同课异构"的语文公开课教学，赢得了整体课堂管理课题组专家的一致好评。在酒泉市举行的小学教师教学技能大赛中，我的课获敦煌市一等奖、酒泉市三等奖；我主持的甘肃省"陇原名师"专项课题——《小学古诗词吟唱教学研究》顺利通过省级立项。乔老师的三节语文课获得部级、省级奖励；1项作文教学课题省教科所立项。

目睹"陇原名师"的风采，聆听名师的教育之道，接受名师的谆谆教诲，参与工作室的工作，我们感受到了名师成长之路充满着艰辛和汗水，至此，我们在团队找到了一种前所未有的归属感，找到了自己努力的方向，我们不但要为小语学科教学改革而忙碌，而且要为教育事业来求索，从此我们喜欢研究，喜欢琢磨，每当踏上语文课讲台，面对学生时，我们就会变得激情满怀。我们开始在语文教学实践中，追求唯美与诗意，寻找创作与感动，这都得益于名师的引导。现在的我们因梦而改变，因引领而坚强，因收获而喜悦，我们定会循着名师的足迹，行走在教育探索的路上，心在梦就在，哪怕风雨兼程！

《酒泉教育》：工作室成员作为我市小学语文教学的领跑者和实践者，需要引领和辐射更多的教育人照亮教育的星空，你认为怎样做才能较好地起到示范和引领作用？

工作室成员（酒泉市南苑小学马丽芬、玉门市第二小学景丽萍综合整理意见）：

作为"陇原名师"工作室的一名成员，首先要在小学语文这块热土上扎好根，立好足，育好苗，才有资本示范引领。工作室的每位成员要像点点繁星照亮更广的教育星空，我认为应该从以下几方面做起：

第一，抓住"课堂"，以课堂研究助推教学高效。

课堂是所有教学问题的发生和矫正地。作为课堂教学的领跑者，一定要善于发现问题，捕捉生成，记录变化，用自己的教育思想指引课堂教学转变的方向和性质，用教育智慧与专业才能提升课堂教学的质量和深度，用敬业精神促进课堂教学的真实转变，用人格魅力支撑课堂教学变革的情感主线。把教学与科研结合起来，在教育教学改革中不断学习、坚持研究，及时更新自己的知识结构和教育观念，提高自身的专业素养和专业技能，努力使自己成为本地区课堂教学的引路人、"金钥匙"。

第二，当好"纽带"，引领本校的小学语文教学研究。

我们工作室成员犹如教育花坛播撒的"金种子"，遍布四面八方，无论播撒在哪里，都应该自觉地承担起带动本校语文教学的任务。所以，我们积极参与学校语文教研活动的策划与实施，将团队中学到的新思想、新方法、新经验适时地传递渗透到学校语文教学教研中，为学校的语文教学教研不断注入"源头活水"。日常教学中，我们认真钻研，刻苦磨炼，不断提高语文课堂教学基本功，确定研究方向，大胆进行课程整合和资源开发，举办专题讲座，推进课题研究，创新工作方法，在研究中发现问题，在实践中改进做法，使语文教学更加灵动有趣。同时我们还树立了无私奉献的意识，既要参与工作室各项活动，更要忙学校工作，把学校工作当作工作室的实践"基地"，用工作室的研究成果引领学校教学工作，两者相辅相成，相互促进，相得益彰，带动和引领本校的语文老师坚持走好语文教研之路。

第三，做好"传递"，及时对本校语文老师进行二次培训。

工作室成员外出培训的机会要多一些，因此，我们本着虚心、吃苦、上进的态度，扎实、认真地做好培训笔记，写好研修心得，带足各类设备，充分利用各种学习机会有效酣畅吸收，生怕学不到学不好。培训结束后，我们还精心撰写培训报告，制作培训课件，在学校进行二级培训，将自己的收获分享给大家，即使不能做到详尽全面，也应有春雨点点的播撒。

工作室成员始终相信：教育是一棵树摇动另一棵树，一朵云推动另一片云，一个灵魂唤醒另一个灵魂。就在我们用真诚与付出不停地作用于"另一棵树""另一片云"的时候，不觉间，我们已经引领更多的教育人照亮了我们的星空。

《酒泉教育》：作为工作室比较年轻的成员，在年轻教师的专业发展方面，你认为应该侧重于哪些方面进行培养提高？

工作室成员：（酒泉市北关小学马天武，肃州区屯升中心小学贾宏智综合整理意见）：

工作室是成员们温暖的港湾；是成员们汲取营养的"沃土"，是成员们前行时不竭的动力；是小语人交流提升的平台；是引领奋楫者航向的灯塔；是点亮教育跋涉者的心灯……尤其是对于年轻教师更是意义非凡，我认为工作室在年轻教师的专业培养上应该侧重于以下几个方面提高。

1. 育人能力的提升。年轻教师有想法，敢于实践，但经验缺乏。因此，工作室应该着重于教学技能的培训，及时更新和改进团队成员的教育理念，给年轻教师搭建平台，提供更多的展示机会，让他们尽快成长，以便引领和带动更多的年轻人成熟、成长、成才。

2. 教育理念的更新。年轻教师富有朝气和活力，更容易接受新鲜事物。因此工作室应该给年轻教师更多走出去的机会，让他们学习最新的理念，以便用于自己的实践与探索，形成好的经验，带动工作室的老教师前行，做新时代的"四有"好老师的表率。

3. 信息技术水平的提升。工作室成员都是学科骨干，更是学科教学的佼佼者，当然也应该成为学科创新、改革的领跑者，要熟练掌握各类现代教学手段和教育技术，要紧跟教育现代化的步伐，率先运用信息技术，走在前列，尤其是现在的慕课、创客、教客、微课等新教育技术层出不穷，作为领跑者必须掌握班班通、一体机、多媒体、音乐教室、心理咨询室、卫生室等先进的教育教学设施设备和功能室的应用技术，应用于自己的教育变革，以此改变传统的教育生态环境。

4. 教研能力的淬炼。新的教育教学要求教师要成为科研型、学习型的教师，作为年轻教师有闯劲，但缺少方法、理论的指导、引领。因此工作室应该在教研、教改上进行培训，教会成员们教研的方法、技巧，使教与研能有效结合，让年轻老师在教中研，研中教；在教学中提升教研能力，从教研中淬炼教育技能，尽快成为学习型、研究型的教师，进而成为专家型教师，引领和带动更多的教育人点亮教育的星空。

5. 坚守教育的信念。近年来，政府部门对学校特别是农村学校资金投入在不断地增加，农村学校校容校貌、教师办公、住宿、交通等条件得到了极大的改善，为广大农村教师解决了后顾之忧，作为农村年轻教师要肩负起做好启梦人和领路人的伟大使命，要有扎根农村教育，服务农村教育的坚定信念，为农村的教育事业做出自己应有的贡献。

《酒泉教育》：工作室的成员来自不同学校、不同县区，成员之间认识不同，能力和水平不同，是什么让大家心智相通，齐头并进，实现个体发展和成长的？

赵永生（肃州区西峰中心小学）：工作室成员来自七县市区，是小语学科的骨干教师，工作责任心强，专业素质高，大家都有想做事的心愿和做成事的潜力，是工作室的丰厚资源。经过一年多的相融共进，各自的专业素质得到了很大提升。我的感受有几个：

一是用理念醒脑。工作室专人负责维护中国教研网、省"陇原名师"工作室、双向工作室网络研修和资源库建设，导师让我们加入各网络研修平台，工作室成员均到赴山东、河北、北京、江苏实地研修学习，让我们接触全国著名教育家、知名工作室，了解教育最新动态、最新理念、最新方法，引导我们思辨，拉近了我们与名师的距离，重新审视自己，产生了应该做些事的想法和愿望。

二是用网络研修。工作室创建团队 QQ 群、微信平台，开展网上研讨活动，集思广益，拓展交流，随即解决教育教学中存在的问题，开展线上答疑，实现高效优质。比如对练习题中破折号的用法有疑惑，就把句子发布出去，听百家之言，问题很快迎刃而解，打破了时间、空间和地域的限制，使学习沟通便捷高效。利用"陇原名师"工作室平台、教研网创建个人信息资源库，工作室双向资源库，实现了资源共享，凝聚了成员的合力，提升了成员研修的质量。

三是用体例解难。针对小学作文难教、学生难写的现状，团队潜心研究，攻坚克难，开创了三至六年级《作文教材编写体例》先河，体例包含小学语文各个学段阅读与写作要求、作文指导课教学设计、作文讲评课教学设计、推荐阅读书目、习作锦囊、范文赏析、精彩点评、趣味语文等精彩纷呈的内容，整套教材编写内容完整，形式新颖，很有创意，实用性强。

《酒泉教育》：作为教育的守望者，作为工作室的一员，你对未来的工作有什么样的期盼和守望？

工作室成员（阿克塞县小学聂先莉）：我在二十多年的教学生涯中，长期担任着语文教学兼班主任工作，送走了一批又一批学生，每一批学生中都有为数不少的哈萨克族学生。从分别时的泪珠纷飞到偶遇时的热烈拥抱，这些哈萨克族学生总是会带给我莫大的感动与安慰，尤其是来自他们家长的肯定与赞誉，更让我无悔于教育职业的抉择，是学生与家长成就了我。特别是成为一名"名师工作室"成员后，让我更加体会到了作为教师的幸福感。于是，当又一个新学年来临时，我选择了民族班的教学工作，陪伴20名哈萨克族孩子度过他们最为美好的学习时光，选择了守望民族孩子、民族教育。我想：一个真正的教育者应该有老农的步调，诚如叶圣陶先生所言："教育就是农业"，就像农业一样，不紧不慢、一张一弛，春种、夏长、秋收、冬藏，是节气的守候者，恣意地听取生命拔节的声响；是温润的浇灌者，静看着发芽、开花、结果、收获。不轻言悲喜，不随意慨叹，从不刻意"阳春白雪"，也不乱入"下里巴人"。用朝夕做好"一个令学生喜欢，让家长满意的好老师"的标准鞭策自己前进，守望我们的教育，期待我们的事业蒸蒸日上。

工作室成员刘霞（瓜州县渊泉第三小学）：加入工作室，我践行着"八个一"工程。一是我享受到阅读的幸福。就好比一棵树，日日汲取阳光和雨露，逐渐枝繁叶茂，高耸云天。要练就好的嗅觉、好的视觉，及时嗅出教育新鲜的气味，捕捉崭新的教育信息点，再实践到自己的教学中。二是享受书写教育生活的幸福。多读方知书中味，勤写始觉笔有神。我们在工作之余加强教育理论学习，常与大师对话，多与名师交流，全方面、多角度感受大师的风采，反思自己的教学，这样才能走出自己的特色之路。三是享受与学生同乐的幸福。课堂中的"意外"很多，"预约"的精彩也很多，在这样一个动态变化的课堂中和孩子们一起感悟语言的魅力，一起成长，是多么幸福的事。工作室是我语文教学的家，我每天能从团队姐妹身上获得满满的正能量，分享着她们的收获，见证着自己的成长，我期盼做一个幸福的教育守望者！

（此文刊登在《酒泉教育》2017年第三期，访谈组成员：潘建军、焦素颖）

第三章

追梦——教育未来之思

教育的诗和远方

——在教学联盟教改试验项目启动培训会上的致辞

暑假前夕，也就是 2016 年 7 月 6 日，我们曾在这里召开过一次"教学改革与创新研讨会"，那次会议我们邀请了三位专家，北京师范大学副教授张生，省教科所教育决策与发展研究室主任秦志功和省教科所科研处主任漆治文三位专家，就"互联网＋课堂深度融合"的主题和与会代表分享了他们的认识和观点。在此之前还由玉门市教育局主办组织了翻转课堂培训班。

8 月 19 日至 21 日，应瓜州县教育局和敦煌市教育局委托，我们再次邀请张生博士等专家赴瓜州、敦煌开展培训讲座。同时，我们从去年开始就邀请专家组织调研组深入各县（市、区）、各学校对教学质量、学校管理、课程建设、教研工作等开展了广泛调研，通过这一系列活动，我们和各位校长、广大老师以及各县（市、区）教育局领导取得了一个共识：教育教学必须改革。但怎么改是我们面临的一个难题。

在 2016 年度教育工作会议上，市教育局局长江学录同志在报告中提出"实施教研带动计划，探索建立跨区域、跨校际教研联盟、教学联盟"的教学改革新思路。为了真正把市教育局这一重大决策落实到位，市教研室在深入调查、广泛咨询和认真研究的基础上，提出并设计了"探索教学联盟构建新型课堂实践研究"课题实验项目。经请示市教育局研究同意，此课题已上报省教科所立项。

这个课题的初衷是：打破校际、区域壁垒，建立学校联盟，实现强强联合，以城带乡（以强带弱），资源共享，共促成长。它的根本意义在于：借助互联网促进城区教育资源向农村辐射，优质学校带动薄弱学校，实现区域内教育优势互补、资源共享，提升教育质量，进一步推进全市教育优质均衡发展、内涵科学发展，推进教育城乡一体化。这个实验项目得到了省教科所、市教育局和各县市区教育局的支持。这给予我们极大的动力。当然，改革是需要创新，是需要投入的。为此，我们前期做了大量工作，面对教育发展的前景，我们觉得这个方向是对的，所以信心十足，但落到实处，困难巨大，这主要表现在三个方面：

一、资源平台问题

借助互联网推进教学改革，说起来容易，做起来真是难。为此我们找了很多单位，甚至找过网络开发商，耗时之长、投资之巨，都是我们无法承担的。好在借酒泉市北关小学先行实验的机会，我和张生博士认识了，我请他为我们的实验项目把脉问诊，同时也学习了解了他的实验项目。我们一拍即合，决定合作。因为他有平台，还有现成的实验模式。而我们有改革创新的热情和完整的实施计划。8月21日在敦煌讲座完之后，我们又进行了深入探讨，最后达成合作意向，利用张生博士实验项目的网络平台开展我市"教学联盟"教改实验项目。

二、认识问题

当前，在教育理论界基本有两大派别，传统经典派和技术改革派。前者认为教育要追问原点，要坚守传统。后者认为必须要改革，要利用信息技术实现教育现代化。大家知道，改革是有风险的，2016年河北省涿鹿县教育改革风波为教育改革者提供了一个经典案例。通过分析，我觉得涿鹿的教训主要有三个方面：

一是教育改革不可太激进。教育是一项静待花开的事业，容不得折腾。教育改革，牵一发动全身，社会关注度之高超乎寻常。所以，教改必须是渐进式的，稳妥推进，不可急功冒进。涿鹿县教育局的教训是在没有试点、试验的情况下一刀切搞改革，家长、教师观念都没有转变，从而引起风波。我们推行教改，必须在先行先试总结经验的基础上，稳步推进。

二是在改革中没有找准传统与创新的结合点。涿鹿教改模式，所谓"三疑三探"，最初起于河南省西峡县，是指将课堂教学分解为设疑自探、解疑合探、质疑再探、运用拓展的教学方法。其核心是"让学生发现问题，提出问题，探究问题，最后由学生解决问题"。而传统教学老师台上讲，学生下面听，这种课堂形态从有学校开始就已经存在了，长期以来，我们的教师也已经习惯于这种形态模式，突然间不让老师讲了，要让学生自己去讲，在老师看来不但动摇了其课堂的权威地位，同时也认为是白白浪费时间。这充分说明一点：传统和创新之间必须有效衔接，自然过渡，否则就会出现利益冲突，改革自然举步维艰。

三是没有处理好眼前与长远的关系，即升学与改革的关系。涿鹿教改失败还有一个原因是没有处理好理想与现实的关系，这个理想就是学生全面发展，现实就是高考。在中国，当前乃至今后很长一段时间，高考是注定不会被取消的，那么在高考这根指挥棒下，教改有一项主要任务是提高高考成绩，这一点无论如何是不能忽视的，否则，改革失败是必然的。

这一次教改实验，我们的目标就是要促进教学质量的提升。曾经有一段时间，为了推行素质教育，大家对质量指标都有点儿禁忌，好像质量是应试的代名词。这是一个误区，我们必须厘清。没有质量何谈改革，没有质量何谈创新？质量中最重要的一点就是高考、中考成绩和小学毕业生的综合素质。涿鹿教改失败，带给我们很多启示，是不是教改就不能搞了？可以负责任地讲，绝对不是，而且教改是必须的。在当前发展日新月异、知识更新加速的背景下，这种"用过去的知识教育现在的孩子，去面对未来的社会"的教育必将被扔进历史，教育必须顺应潮流。改革有风险，但不改革，结果只有一个：惨遭淘汰。我们需要研究的就是要结合实际，将风险降到最低，渐进式推行改革。

三、切入点问题

当初提出教学联盟概念后，我们一直在思考如何切入。如果单纯地将学校联起来，没有合适的教学模式或者说切合实际的课堂教学范式做支撑，很难有所建树，只不过是穿新鞋走老路罢了。初期的设计中，主要考虑的模式是翻转课堂和同步课堂。但是翻转课堂需要我们的老师们有很强的微课制作技能，在初始阶段，那是一项很费力费时的工作，直接推可能有困难。直播课堂的概念是名师或者说优秀老师远程授课，实现城乡同步课堂，这主要取决于强大的网络后台和畅通的网络支撑，而且这两种模式也需要有一个网络平台。这两个条件我们都不具备。

基于以上多方面的考虑，我们进行了大量的调研和探讨，我们采取谨慎稳妥、先点后面、渐次推进的策略，在实施步骤上，经与张生博士研究，决定先从小学一年级开始，因为对学校教育的渴望和对孩子未来的憧憬，起始班家长容易接受新事物，改革阻力相对较小。当然，在前期准备中，我们也收到个别学校几个年级同步实施的计划，我们不反对，只要大家有积极性，这是好事。总体上，我们的计划是先在小学试点，取得成功经验后向初中延伸，最后促进高中。目前，张生博士和他的团队正在研究其他学科和初中的思维发展型课堂模式，预计明年会有结果，届时我们会考虑在初中开展实验。

今天培训，我们主要任务有三个：

一是在北关小学老师的帮助和张生博士的远程支持下，大家开通平台账户。

二是学习掌握"思维发展型课堂"的教学模式。这个模式很简单，大家一看就会，很容易上手。这个模式是张生博士和他的团队历时近十年的研究成果，目前在全国有41所学校200个班开展实验，这还不算我们今天在座的学校和即将申请的成都、湖北、广东新开的学校，大连甘井子华西小学已经实验四年了，他们最早从二年级开始的班已经升到五年级了。

去年以来，我对这个思维发展型课堂模式进行了深入学习和思考，我觉得这个模式最让人称道之处在于把评价落实到学生学习和作业的每一个环节。

大家知道，教学评价在当前是一个很热的研究论题，而恰恰也是教学中最难把握和落实的。目前，我们的老师在课堂当中，对学生的学习评价还停留在"你真棒""真不错""鼓鼓掌"的模糊评价阶段，既不精准，也没有长效激励作用，而张博士的这个模式突破了这一瓶颈。

我简单地谈一下我对这个教学模式的认识，即每堂课的时间分为20+10+10三段，20分钟以课文为载体，利用思维工具开展思维教学；第一个10分钟由老师通过网络平台给学生推送8篇与课文同类型的短文，学生自行阅读；第二个10分钟由老师提出与课文及阅读文章相关的题目，学生开展写作。

学生的写作过程是用键盘操作的，而且必须要用拼音打字方式。也许有老师会有疑问，10分钟内一年级的学生能写些什么呢？可能学生写不完，写不了多少，但是不要紧，可以留到课后，由学生自己或与家长共同去完成。在这个过程中，老师、学生、家长可以互动，去相互阅读，相互评论点赞，这是最重要的。这个评论点赞过程，就是我前面提到的把评价运用到学生学习过程中的关键之处。请别小看这个点赞，从心理学角度是有深层意蕴的。正如大家刷微信发微博有人点赞评论你会有一点儿小惊喜一样，同伴和老师、家长的点赞可以激发学生写作学习的兴趣。大家想，成人尚且如此，何况孩子呢？

前两天我看到《基础教育参考》杂志2016年第15期有一篇文章介绍：美国加州大学洛杉矶分校脑映射中心的科学家进行一项新研究发现，看见发布在社交媒体上的那些赞对于发育中的大脑来说可能尤为快乐。科学家发现，当青少年看到他们放到社交媒体的照片被别人关注并获得大量点赞时，其与社会活动和视觉相关的几个脑区就会被激活，其中，名为伏隔核的区域尤为明显，而这一区域与奖赏有关。也就是说，被赞的经历是有奖赏意义的。而且他们还发现，青少年在自己照片得到一定数量点赞后，会给已经得到很多赞的照片点赞。这项研究，充分说明张生博士把社交媒体引入教学模式的这一开创性做法是正确的。

三是实地观摩北关小学的思维发展型课堂。这次北关小学安排了两种媒介的班级。一种是通过计算机教室授课的班级，一种是通过电子书包授课的班级。关于这两种媒介方式，我们不做统一要求。教学改革是一种理念指引下的行动，硬件是必须的，但我们不能因为教改而一味追求硬件的"高大上"，更不能被硬件绑架，成为"硬件控"。我们要充分利用目前已经建成的硬件设施，把它用好、用活，充分发挥作用。所以大家回去以后，要因地制宜，从本地本校实际出发渐进推行。

在实验开始的阶段要注意处理好几个问题。首先要做好家长动员工作，做好学校老师的培训工作，还要争取教育行政部门的支持。总的原则是谨慎稳妥，渐进推进；其次，请大家在实验实施过程中，要注意资料积累，尤其是实验班与普通班参照对比的数据资料要实时收集，为今后的研究做好准备；同时还要及时收集反馈问题，一旦有了困难要随时找我或者找我们教研室的同志，也可求助北关小学老师，甚至可以直接通过微信请张生教授帮助大家。我们会千方百计为大家服务，请相信，改革路上，我们并不孤单，我们是同伴，我们有全国四十多所实验校的同行者，更有北师大张生教授和他的研究团队做强大的理论支撑。

今天开会前会务组已经建立了微信群和 QQ 群，请在座的每一位都加入进来，让我们组成一个团队，让我们今天参加会议的 60 名老师结为同伴，我们是这次教改实验的先行者，相信在大家的共同努力下，我们一定会走得更远，也一定会让我们热爱的教育事业走向更远的远方。

结语

高晓松在他的《高晓松 184 天监狱生活实录：人生还有诗和远方》里记述，他很小的时候，他的母亲告诉他：生活不只是眼前的苟且，还有诗和远方。

受这句话的启发，我觉得教育也是一样，它不只是眼前的苟且，还有诗和远方。教育是诗的事业，教育是把人们引向远方的事业，教育是理想主义者的事业，所以我们为人师者要有理想主义情怀，除了埋头苦干，我们还应抬头看路，要看到诗和远方。

[本文系作者在甘肃省"十三五"规划课题《探索教学联盟构建新型课堂实践研究》课题实验项目启动仪式上所做的主题报告，获甘肃省 2016 年优秀

教育教学论文评选一等奖。本课题是经酒泉市教育局批准、省教育科研规划领导小组办公室审批立项（立项号：GS〔2016〕GHB0383）的实验项目。项目实施主要由酒泉市教育局教育研究室教研员团队领衔，在全市范围招募部分学校（目前有21所）和部分老师（先后报名108人）参与研究实验。2016年8月31日，酒泉市教育局教育研究室在酒泉市北关小学召集了先期参与实验的21所学校60名教师举行了项目启动培训会。培训会历时二天，与会教师分别在网上完成了实验班级开课注册，观摩了北关小学6位老师的互联网融通课堂。〕

未来的教育

我们所处的这个互联网时代，社会瞬息万变，一切都在改变。也许，不久的将来，我们学校的职能、教师和学生的角色关系都会发生巨大的变化。有人断言，未来学校会消亡，教师这个职业也会消失。未来无法预料，但趋势可以预测。在可预见的未来，教育会发生巨大的改变，学校的职能可能会演变为向学生提供互助学习、互动交流、体育活动、综合实践的场所和平台，教师的任务则可能会是整合课程资源，为学生提供个别化指导服务。

著名教育家顾明远先生于 2016 年 8 月 11 日在《中国教育报》发表文章指出，未来，教育生态、教育观念和教育方式将会发生巨大改变。他认为：

改变之一，学习的渠道拓宽了。以往的教育主要在学校里进行，现在可以在网上学习，在虚拟世界学习。学习已经不限于学校，而是处处可以学习、时时可以学习。

改变之二，教育培养的目标转变了。以往的教育只是传授书本知识，而且是只重结果不重过程。现在是创新时代，科学技术日新月异，只有培养学生的批判性、创造性的思维能力，才能适应时代要求。

改变之三，课程内容要变化。课程不仅要增加新的知识内容，而且要把课程加以整合。人们观察事物的角度是综合的，新的科学发现和技术发明往往是在交叉学科上发生的。以往课程是分科的，不利于培养学生的综合思维能力，因此未来课程将重视学科内容的整合。国外开始流行的名为"STEAM"的课程，就是把科学、技术、工程、美学和数学整合起来，培养学生的综合性创造思维。

改变之四，学习方式发生着根本性变化。如果说，工业革命使机器代替了个人的部分体力，那么信息革命使电脑代替了个人的部分脑力，而互联网则把个人的脑力联系起来，变成人类共有的大脑。学生可以通过互联网获取各种知识。联合国教科文组织《反思教育：向"人类的共同利益"观念的转变？》（以下简称《反思教育》）中所说，知识是人类共同财富，可以人人共享。

改变之五，互联网为个性化学习、个别化学习提供了条件。信息技术在教学中的应用，可以使教师更好地根据学生的学习兴趣和爱好，为每个学生设计个性化的学习计划。这将促进课程和学习方式的多样化，增加学生选择的机会。

改变之六，改变了师生关系。互联网时代，教师不再是知识的唯一传递者，更不是知识的权威。教师主要职责是：帮助学生的学习设计目标、任务和实施方案；帮助学生设计个性化学习计划；为学生的学习营造适合的环境；指导学生在信息海洋中正确选择信息、处理信息，使他们不至于迷失方向；帮助学生解决一些学习的疑难问题。因此，教师的角色必须由传统教育的知识传授者转变为学习的设计者、指导者和帮助者，成为与学生共同学习的伙伴。

面对如此巨大的变革，我们将如何应对呢？

只有不断学习，充分认识教育的本质和科学技术进步带来的变化，提高自身专业水平，顺应潮流，主动变革，适应时代要求，培养未来社会的公民。所以，课堂教学也要改革，这是今后我们面临的一项重要任务。

有人说，在互联网时代，没有网络解决不了的问题。当然这个论断太绝对，但"互联网＋"，确实是教育发展的巨大机遇。我们知道，2015年酒泉是全省第一个全面实现县域义务教育均衡发展的市州。这里有一个重要指标就是教育信息化，"班班通"要全覆盖。可以说，我们的教育信息化已经在全省处于领先的位置。十二五期间，教育事业突飞猛进，取得了前所未有的巨大成就，义务教育实现了县域均衡，下一个目标是什么？下一步该怎么办？2015年10月下旬，中国教科院在重庆召开了全国义务教育均衡发展研讨会，甘肃省去了8个人，除省厅和省教科所领导外，还有我和平凉教科所的朱所长。会上，教育部基教一司王定华司长作了"关于新型城镇化背景下统筹城乡义务教育一体化发展"主题报告，他提出今后几年要抓好我国义务教育发展的"十件事"：即科学确立指导思想；合理确定基本原则；同步建设城镇学校，扩大城镇义务教育学位供给与容量；努力办好乡村教育；推动城乡义务教育一体化发展，加快学校标准化建设；统筹城乡师资配置；健全教育治理体系；保障随迁子女入学；加强留守儿童关爱；落实各项责任，把城乡教育一体化发展纳入政府政绩考核标准。另外，王定华司长在讲话中指出，我国义务教育发展正处于"承前启后"的关键时期，要抓住机遇，迎接挑战。十三五期间要做到："一消除"，消除城镇大班额现象；"两合理"，合理布局城乡学校，合理配置师资资源；"三拓展"，使我国义务教育从基本均衡到优质均衡、从县域均衡到市域均衡、从质量提高到品质提升；"四统一"，城乡义务教育学校建设标准统一、教师编制标准统一、生均公用经费标准统一、装备配置标准统一。同时，指出了下一步的方向，那就是教育现代化，而教育现代化的基础是义务教育优质均衡。如何实现义务教育优质均衡呢？就目前国家的战略布局和世界科技发展的趋势，主要路径就是教育信息化。

近年来，虽然我们在信息化方面有了一些长足发展，但我们还应清醒地看到，那是数字上的领先，也可能是硬件上的领先。真正的信息化，绝不仅仅是架网络、上硬件，信息化的关键在于应用。当前，教育信息化首要解决的一个问题就是信息技术与课堂教学的融合。这种"融合"不是一般的多媒体技术应用，而是信息技术与教育教学的深度融合。

这种尝试整合有两个方面，一方面，信息技术要进入教育教学过程，改变教育教学模式，形成新的教学方法和模式，推动教育教学改革；另一方面，新的教育教学理念和模式，将催生新的技术和新的应用。信息技术融入课堂后，会促使教育发生结构性变革，改变传统的"以教师为中心"的课堂结构，构建出新型的"主导——主体相结合"甚至以"学生主体为中心""学生第一"的课堂结构模式。

翻转课堂、"慕课"等在线学习，可以统称为数字化学习。在可预见的将来，或者说，我们已经在进入数字化学习时代，这个时代的主要特征就是学习资源网络化、学生学习个性化、学校组织无边际化。有人断言，"'慕课'是教育史上的一场数字海啸"，慕课"呈现'未来教育'的曙光""慕课是继个别教学、班级授课制以来教育界最大的一次革命""随着今后科学技术的不断进步和科技产品的进一步普及，传统教育迟早要被在线教育颠覆，甚至传统的学校将会消失，老师和校长也会失业""慕课将全面颠覆传统课堂教学模式，成为撬动教育变革的支点""慕课：班级授课制的终结者"；这些论断虽然有些偏颇，但细究之下，数字化学习对传统课堂教学的挑战是毫无疑问的。教育部在全国范围内开展的"一师一优课、一课一名师"正是基于慕课理念之下的一种举措。当然，目前的优课名师活动也遭到一些专家的质疑，原因是这些课堂实录，占用大量网络空间后，使用效率却很低。而正是这种挑战，推进了信息技术与课堂教学的深度融合。基于慕课的课堂"翻转"是指将基于慕课的在线学习与面对面的课堂教学进行有机整合，创造一种新型的课下学习慕课与课上知识内化的新型课堂文化，旨在融合慕课学习与课堂教学的优势，以实现真实的、复杂性的学习，促进知识的创新。这种新的尝试，已经有好多学校在搞了，在外地，天津十九中学起步较早，已经取得了比较成功的经验，实验班学生成绩大幅提高，学生和家长都难以置信。据我所知，咱们瓜州一中也有老师在尝试翻转课堂。敦煌二中有一个网络课堂试验班，我看过他们的考试成绩表，试验班学生各科总成绩的班均分比普通班高出了40多分，可以说这个试验取得了初步成效。当然这个成绩，还需要进一步分析，就是要考虑学生背景因素，找到相同背景的对照组，才能得出科学结论。

当前，教育信息化已经成为一项国家战略，2017年8月在青岛召开的国际教育信息化大会今年还要召开，最近，教育部有关部门主办了"教育信息化国家战略、政策和领导力"高层对话，旨在通过主题演讲、高层研讨、国际合作的方式，在参考国际经验和国内实践的基础上，对教育信息化的国家战略、政策发展和教育信息化领导力等主题进行深入探讨。有专家表示，当前中国的教育信息化仍存在很多问题，例如一些教育管理者仍然没有充分认识到信息技术对教育的革命性影响，信息化与教育教学"两张皮"的现象仍然存在，推进教育信息化的积极性有待提高，力度有待加大等。我认为，出现这些问题的原因是没有有效的抓手，所以我们应该从平台建设方面入手，找到信息化与教学融合的抓手。这里面，有很多问题要解决。敦煌二中这种试验也算一种模式，但不具备大规模复制性，因为这是在家长高额费用支撑下才能开展的试验。如果试验证明这种方式是成功的，下一步，我们如何去推广这种经验呢？政府需要建设公益性公众网络学习平台，建立平民化、网络化、数字化、个性化、终身化的教育体系，实现"人人皆学、处处能学、时时可学"。

去年全市七县市区整体率先在全省通过义务教育均衡发展验收后，很多领导和专家都考虑过下一步的努力方向，国家和省政府提出了以区域高位均衡为主要特征的教育现代化目标，而区域高位均衡一个很关键的问题在于城乡、县际之间的质量、师资不均衡。如何解决这一问题是摆在各级政府和教育行政部门面前的一个大课题。在这些方面，教育发达地区有过成功探索，比如成都的集团化办学，他们抓住灾后重建机遇，依托优质学校建立了许多教育集团，我们2016年考察过的成都七中，就有14个成员校。红极一时的山东昌乐二中271集团，在全国好多地方都有分校。但这种集团化办学的缺点也是显而易见的，要么有名无实，要么把集团母校优质师资稀释后造成质量下降。当前的网络时代，我们如何去顺应趋势改革呢？今年全市教育工作会议上，酒泉市教育局提出了"建立教学联盟"的思路。基于这一思路，酒泉教研室通过深入调研，设计申报了一个《建立教学联盟》的省级课题试验项目，这个项目就是要基于网络去实施，我把它称为教育集团的2.0版本。这项工作，我们正在做有关的前期准备工作，欢迎有兴趣的学校和教师加入我们的联盟。建议各县教育局可依托你们的优质学校，分别建立初中、小学两个教学联盟，这种联盟最重要的价值在于强强联合，共享资源，实现以强带弱，以城带乡，城乡共进。

（本文根据作者本人在2018年全市教研工作研讨会上的演讲整理）

以"五四"精神激励教育创新

——在质量监测评价培训班开班仪式上的致辞

（2018 年 5 月 4 日）

今天是五四青年节，我们在座各位大多都已经告别了青年时代，但我们仍然奋斗在教学一线，我们从事的青少年人才培养是面向未来、塑造未来的伟大事业，我们内心深处涌动的是奉献教育的激情，肩上扛着的是开创未来的责任。从这个角度来说，我们教育人永远是年轻。发轫于新文化运动、开启于五四运动的中国新民主主义革命以来的一百年来，中国知识分子一直把振兴中华、创新自强的大旗扛在肩上，以强国复兴为己任，在中国共产党的领导下，为中国强大做出了重要贡献，今天，五四运动倡导的科学、民主精神仍然是指引我们前进的方向。而科学精神，最重要的就是探索创新，这也是我们教育改革发展的灵魂。

教学质量监测与评价是一项全新业务，是促进教育质量提升和学校内涵发展的重要推进器，是适应高考、中考改革的重大举措，对于我们这些人都是一项极其具挑战性的新领域，所以，在这个繁花似锦年轻人的节日里，酒泉市教育局高瞻远瞩，在古都南京举办这次教育质量监测评价研修培训班，意义重大，影响深远。在此，我受局领导委托，向各位勇于进取的同道表示热烈欢迎，也向为这次培训提供服务保障和技术支持的华叶跨域教育研究院表示衷心感谢。

教育质量检测评价，对于教育内涵发展和促进质量提升具有很强的导向和促进作用，尤其是基于大数据的学习诊断与学业评估，对学生学业发展、个性学习和教学改革具有深远的指导意义。为此，市教育局制定下发了《全市中小学质量监测评价改革指导意见》，决定启动质量监测评价改革工作。进入 2018 年，市教育局又下发了《2018 年教育质量监测评价工作安排意见》，制定了具体的行动路线图，这次培训就是计划中的一部分。为了这次培训，市教育局办公会专题研究过至少两次，上个月的 21 号，市政协副主席、教育局局长杜志学同志在出差间隙抽空前来考察，与华叶集团领导商谈培训课程设置、食宿安排等细节，今天这个开班仪式，本来程棠元副局长要来亲自主持开班并讲话，但他参加杭州的党建培训班，时间没有错开，无法亲临现场，过两天他会从杭州赶过来看望大家。同时，这次培训各县市区和油田分局，市直学校都积极选派骨干人员参加，油田分局陶英江副局长、玉门教育局相忠副局长、肃北教育局孙忠元副局长，还有几个县教研室主任和部分学校校长亲自带队参加，人数超过了我们的预期，所有这些，足见市教育局和基层各单位对这项工作重视程度之高。为了圆满完成这次学习任务，受局领导委托，下面我们谈几点要求：

一是潜心学习。教育监测与评价，是目前教育领域最复杂、最精尖的一项教育技术，涉及学校教学的多个环节，包括教学管理、教学环节、教师、学生等因素，尤其当前信息技术与大数据技术的发展，为教育精准测评提供了可能。我们这次培训，主办方为我们提供了专家讲座，也设计了实操观摩，尤其是几位校长，从学校操作层面会为我们提供成功范例与经验。希望大家认真听讲，扎实学习，要把新理念、新思想、新方法带回去。

二是学思结合。大家要紧密结合我们的实际，要认真领会市教育局《教育质量监测评价改革指导意见》精神，带着问题去学习。要将学到的先进经验和理念融合到我们的工作思路中，思考制订贯彻落实的措施。在学习期间，我们将会根据大家的工作性质和所在学段，打乱分成若干研修小组，适时开展研讨，拿出各自的具体监测评价设计方案，作为这次培训的作业。同时，按照市教育局要求，分组拿出学习报告。真正做到知行合一，学思结合。

三是遵守纪律。这次培训，主办方华叶跨域教育科技股份有限公司选择这家相对比较偏僻但文化味浓厚、适于学习的环境，大家要珍惜机会，严格遵守八项规定和各项纪律，严格遵守学习班制度要求，不随意旷课，不迟到早退，认认真真完成学习任务。同时，为了便于管理和服务，按照局领导要求，这次培训团长由油田教育分局陶英江副局长担任，组成各县市区、油田分局和市直学校等九个小组，各县市区和油田分局带队人员就是组长，市直学校和教研室人员编一个市直组，组长由陈燕担任，请各组长做好培训期间的生活学习管理服务。

最后，感谢各位，祝大家在南京学习期间愉快，身体健康。

学习变革，为未来的卓越者奠基

人类社会自产生以来，教育就是推动社会进步的巨大力量，但从来没有像今天这样成为社会进步发展的决定性力量。今天的社会进步基础是二十年前的教育奠定的，今天我们培养的学生，是未来十年后的建设者和接班人。站在历史的长河里，审视今天我们所做的一切，都是为未来十年乃至二十年后家乡和国家经济社会发展而奠基的。所以教育是塑造未来的事业，教师是未来的塑造者，重视教育就是重视未来社会的进步发展。

未来十年，将是这个世界突飞猛进快速发展的十年，我们现在正在经历的第四次工业革命，是以人工智能、机器人和大数据为主的革命。未来，万物互联、人工智能将在当前互联网的基础上，继续改变我们的生产、生活状态和方式，届时，将有大量的重复性劳动被人工智能和机器人取代，大量职业和工作岗位将会消失。2018 年，世界发达国家的很多银行已经开始裁员，过去的一些劳动力密集型产业都在用机器人和全自动化作业取代工人。在德国，规模超过 100 公顷的高水平机械化农场只需要 2 名员工。我国的一些大型现代化工厂里，在生产车间也看不到工人，所有生产流程都由工业机器人完成。在这样一个崭新的时代，我们的下一代将如何适应？什么样的教育才能让我们的下一代在未来不被淘汰？我们该怎样面向未来培养我们的孩子？这是当前每一个教育者都必须思考的问题。可能这些问题，会有很多种答案，但有一点毋庸置疑，那就是在任何时代、任何领域，卓越者都是不会被淘汰的，包括卓越的教师。所以，面向未来的教育就是培养卓越者，教育就是为未来的卓越者奠基。

未来是一个没有时间界限的不确定概念，但未来不再遥远，未来是从当下开始的。所以面向未来的教育必须从当下的教育变革开始。那么，在未来，什么样的人才算卓越呢？基于对未来时代特征的认识，我们基本可以梳理出，未来的卓越人才应该具备以下三种最重要的品格。一是创新和创造能力。最近十年是人类历史上经济发展最快的时期，可以预见，未来十到二十年社会发展和变化还会加快，在大量人工劳动被人工智能、机器人取代后，人类的工作就会从过去的产业化工人执行者、被动者角色转换为指挥者、创造者。因为人工智能也罢，机器人也罢，它们的出现和行动都是人类意图的表现。可以想见，随着人工智能的发展，未来创新和创造型卓越人才除语言文字表达能力之外还需要人工智能指令表达能力，这就是编程能力。未来，人工智能将成为科技创新和创造的源头，所以，世界发达国家都把儿童编程能力培养课程提升到国家未来战略的高度。在我国，人工智能教育也已经上升为国家战略，国务院于 2017 年发布《新一代人工智能发展规划》，提出"实施全民智能教育项目，在中小学阶段设置人工智能相关课程，逐步推广编程教育，鼓励社会力量参与寓教于乐的编程教学软件、游戏的开发和推广"。由此看来，指导学生编程学习是学校的一项重要任务，学校必须为学生开设编程课程，为学生走向未来人工智能时代做好准备。二是自适应学习能力。工业化时代，以班级授课制为组织形式的学校教育是为培养大批具备一定技能的合格产业劳动者，这种教育的特点是起点整齐划一，政府提供给人的是最基本的生存知识，对个体人的个性化发展并不具有优势。这种教育背景之下，产业工人们在学校教育阶段受到的文化知识教育和职业技能训练可能会让他终身受益，只需要将自身技术不断熟练，无须再学习也可适应职业要求。但在未来，不断加快的产业升级、产品更新、社会变革将淘汰以人工操作为主要方式的劳动岗位，人们只有不断地学习才能得到谋生岗位，所以，这种随社会变化、职业变换、创新创造而不断适应的应变能力将成为未来人才最重要的基本能力，这种能力就是自适应学习能力。自适应学习概念源自人工智能领域，比如语音识别技术，今后，人工智能机器可以根据不断变化的场景和语言运用环境，自动记住并重组产生新的语句，这就是自适应学习技术。阿尔法围棋机器人 AlphaGo 依靠人类经验大数据和深度学习赢了围棋世界冠军，阿尔法围棋（AlphaGo）的主要工作原理是"深度学习"，"深度学习"指多层的人工神经网络和训练它的方法。第二代 AlphaGo Master 摈弃了人类棋谱，只靠深度学习的方式成长起来，挑战围棋的极限，战胜了中国围棋顶尖棋手。第三代阿尔法零（AlphaGo Zero）完全不依赖于人类数据，从零开始自学三天围棋，对阵阿尔法李世石（AlphaGo Lee）竟然能取得 100 比 0 的战绩，从而战胜了它的两个"哥哥"。这就是人工智能的自适应学习。自适应学习能力是人类与生俱来的能力，但是随着长期的被动知识灌输教育，人类的这种能力有所退化。现在西方国家和发达地区教育已经将培养学生的自适应学习能力作为教学改革的重要方向。三是合作和领导能力。合作和领导能力是相辅相成的，合作是领导的基础，领导是合作协同的结果，没有合作的领导没有凝聚力，没有领导的合作没有向心力和战斗力。换句话说，不会合作的人就无法成为一个领导者，从这个角度上讲，合作力和领导力是一种能力。当前乃至未来，一些重大科研项目研究攻关、现实社会问题的解决、新产品的设计创造等都不可能由一个人单独完成，需要多人合作、人机合作，所以人与人之间、人与人工智能之间的理解、沟通、协调、协同、创新互补的能力就至关重要，这些就是合作的能力。2017 年 12 月 12 日，世界经合组织（OECD）发布了《PISA 全球素养框架》，提出的全球素养是指青少年能够分析当地、全球和跨文化的问题，理解和欣赏他人的观点和世界观，与不同文化背景的人进行开放、得体和有效的互动，以及为集体福祉和可持续发展采取行动的能力。深入研究其内涵的逻辑，合作是重要的本质特征。这是经合组织专门为决策者、领导者和教师设计的全新指导框架。

基于以上认识，我们当前做教育，需要从下几个方面变革我们的学校和教学。

一是要为学生能力形成、素养发展创造适合的环境。这种环境应该包括：提供学生能够充分、自主、个性学习的硬软件环境，创造利于学生民主、合作、探究的人文环境，创设基于国家课程、富于学校特色、支持学生发展的课程环境。学校不仅仅是提供知识的学习地，更应该是发展学生能力的训练场，环境不仅指外显的物质环境，更重要的是内在的文化环境，学校环境建设必须指向学生。

二是要建立学生知识学习、能力形成、素养发展的行动机制。当前我们的教学方式仍然更多地停留在工业化时代，以教为主，教师为中心，教师教什么，学生学什么，这种模式的特点是为学生设置了统一的起跑线，保证了所有人的学习内容和起点的公平，但无形中限定了学生自主成长、个性发展的空间。但我们必须认识到，学生个体具有差异性，每一个人发展的起点是不一样的，让每一个人在各自的起点上得到充分发展才是真正的教育公平。网络时代，信息化、大数据、人工智能为学生自主学习、个性成长提供了可能。因此，今天和未来学校的任务应该是建立学生为中心、学习为核心、发展为目标的教学指导、学习支持机制，让每一个孩子身心都得到充分成长。

这是我们今后学校管理和教育教学改革遵循的基本原则。

三是教师要成为理解学生、遵循规律、顺应时代的引领者。教育的本质是唤醒，教师的职责是育人，人民教育家于漪说"什么是教育，作为教师，就是育人，就是引领孩子走一条健康、正确的人生之路"。我们经常讲教师的天职是"教书育人"，书是死的，人是活的，教书是手段，育人才是目的。信息化时代，网络取代纸质媒介，"书"已经不是知识和信息的唯一来源，所以教师教书的职能将逐渐淡化，真正回归到"育人"这一根本任务上来。如何育好人呢？作为育人者的教师，就必须对教育对象"人"有深刻的认识，而对"人"的认识其实就是对人脑认知的认识，所以教师要学习和掌握认知科学的基本原理和规律。未来人工智能的发展，人类认知模式也一定会随着时代发展而发展，教师这一角色，势必要顺应时代，成为学生发展的引领者。从这个意义上讲，教师要成为儿童和认知科学的研究者。

四是学校课程应为学生综合素质发展服务。未来，解决复杂社会、科技问题需要的高阶能力单靠目前课程体系中的学科课程已经无法适应，新高考改革的方向也是要考查学生解决实际问题的能力。高考考到哪里，教育教学就要指向哪里。所以，为了更好地适应新高考，培养适应未来的卓越人才，我们的学校课程必须改革，方向就是课程综合化。目前，综合性学习课程包括 STEAM 课程、项目式学习课程、研究性学习课程、研学旅行课程等，国内综合性学习课程发展最好的是上海的研究性学习，深圳、珠海、香港、澳门的 STEAM 课程。未来，我们的各级教育部门和中小学在新一轮基础教育改革和课程改革中要把握时代前沿脉搏，开创具有本土实践创新价值的新路径，为未来培养大量卓越人才。

（本文由作者署名发表在中共酒泉市委机关刊物《酒泉工作》2019.3—4）

群文阅读与未来语文教学

群文阅读是近年来在全国异军突起的一种多文本阅读、多元形式结合的语文教学模式，以提升学生阅读力和思维力见长并具有独特的核心素养培养价值，在全国很多地方大面积推广。酒泉市从 2018 年开始在部分学校和县市区实验研究，2019 年开始在中小学大面积推广。笔者试图从《边塞诗里的家国情怀》这一节群文阅读课例切入，谈谈对未来语文学习的看法。

一、从思维发展角度看群文阅读课例《边塞诗里的家国情怀》

在重庆市人民大礼堂举行的"全国第四届初中群文阅读教学观摩研讨系列活动暨基于思辨读写的整本书阅读教学研讨会"上，酒泉市第一中学初中语文教师李珂作为甘肃省唯一代表参赛的《边塞诗里的家国情怀》获得了特等奖，博得了现场 3000 多名观摩教师的满堂彩。

李珂老师的这堂课是典型的"1+X"群文阅读课，以"家国情怀"为议题，内容以初中语文八年级上册第三单元 12 课《唐诗五首·使至塞上》为"1"，选取《从军行》(其四，王昌龄)、《陇西行》(其二)、《春怨》三首具有边塞风格的古诗作为"X"篇文本。边塞诗是中国诗文化里一颗瑰丽的明珠，展现了中国古代文人高尚的人格，饱含丰富的家国情怀，是千百年来激励中国无数仁人志士兴家报国的动力源泉。今年高考作文，全国一卷、全国二卷的题目都把"家国情怀"作为主题，这是立德树人根本任务的体现，也是语文学科核心素养人文价值引领的关键，教师如何在教学中落实呢？

群文阅读课，议题的选择至关重要，是文本单元和课程组织、课堂学习的灵魂，教师在确定议题时必须抓住文本群组的共同特点，以议题为核心统领文本，指向群文阅读的学习任务，这也是统编版语文教材"大单元"教学理念的精髓所在。李珂老师以"家国情怀"这一议题作为统领文本组元的灵魂,巧妙而准确,形成了议题与文本完美的统一,可以说是语文学科核心素养人文价值引领的一次成功实践。

这堂课例共分为四个环节:首先,在课前的预热环节,李珂老师展示了由她本人创作并编创的《我的家在酒泉》学生诵读视频,将能够代表酒泉地域特点的敦煌艺术、航天科技、玉门石油"铁人精神"、边塞风光、酒泉传说和一些脍炙人口的边塞诗句等文化元素集中在不足千字的诗歌里,充分展示了酒泉的独特魅力,一下将上课学生和现场观摩老师的热情调动了起来。随后她以李白"朝辞白帝彩云间,千里江陵一日还""天若不爱酒,酒星不在天,地若不爱酒,地应无酒泉"经典诗句把重庆和酒泉联系起来,引出"师生相约在诗歌的一场盛宴中"的话题。接着又展示了一张中国地图,让学生从地图上标出的边塞地名中寻找经典诗句,在学生精彩纷呈的诗句背诵中,顺利将学生导入边塞诗的情境中。这个环节中,诵读视频与地图阅读、教师呈现的经典诗句构成了一组跨媒介阅读的学习单元,既解决了课堂导入问题,又成功创设了学生学习的真实情境,巧妙勾连起了学习内容与学生认识的建构。第二个环节是研读文本,教师组织学生根据出示的问题研读四首诗,通过小组合作交流、教师指导诵读等方式让学生理解战争给"大国"和"小家"带来的灾难,引导学生进入了当时的时代背景,进而帮助学生了解了当时人们的生活状况,为学生建立认知支架,扶持学生理解议题中的"家国情怀"。第三个环节是以前面的学习为基础,引发学生对新时代"家国情怀"的思考并书写几句感想,表达自己的家国之思。这个环节巧妙地将"厚植家国情怀"的目标自然而然体现了出来。第四环节,师生在共同分享创作中结束本节课的学习。值得一提的是,在课堂的最后一刻,李珂老师朗诵了她本人创作的一首小诗作为总结,结束了学习,学生和在场观众报以热烈掌声,语文教师的语文素养对学生的影响可见一斑。诗文如下:

边塞情

李珂

大河东去浪淘尽,边塞遗风贯古今。

我辈当思皆不易,继往开来铸太平!

纵观整堂课,模块设置精巧合理,环节过渡巧妙自然,师生活动趣味横生，课堂生成深广适恰，课堂气氛高潮迭起。

从学生思维发展的维度分析，本堂课主要由文本解读、学生创作、作品分享、互评反馈四个模块组成，完整呈现了读写融合共生的课堂模式。从学生的课堂生成反应我们可以看出，学生在"边塞诗里的家国情怀"这一议题的牵引下，通过对一组诗歌的学习，了解到了边塞题材和风格的多样，感悟到了古代人民渴望和平、保家卫国的情感，从而唤醒了学生热爱中国诗词和珍爱和平的意识。从学生认知过程的角度分析，学生对文本解读、理解就是知识建构、理解、运用的过程，学生对诗词中蕴含的家国之思的提取就是分析、综合的过程，学生分享、互评就是评价乃至上升到元认知的过程。这堂课的结构清晰地展示了学生认知和思维从低阶到高阶的发展脉络。我们把这种引导学生思维上升发展的课堂学习称为思维发展型课程。

需要强调的是，这堂课上，因时间有限，分享和互评的学生只有4位，很有限，只占到整班学生的不足10%，这就让教师对学生学习效果的测量评价效果打了折扣，这种传统形式的教学，无法照顾到每一个学生的生成发展，不能不说是一个遗憾，更是当前教学现状的一个常态。

二、基于互联网背景下的"思维发展型课程"

今天是信息化时代，明天或者说从当下开始这个世界将毫无悬念地进入人工智能时代，我们的语文课堂将会演变成一种什么样态呢？

要探讨这个问题，我们得先来探讨语文这门学科的功能。

长久以来，语文学科的工具性和人文性就是大家争论的焦点。2017版《普通高中课程标准》颁布后，国家正式将语文"工具性与人文性相结合"的特质第一次以国家文件形式确定下来，终结了这一场旷日持久的世纪大辩论，语文的任务被具化为"语言建构与运用、思维发展与提升、审美鉴赏与创造、文化传承与理解"四个方面的核心素养。这四种核心素养的"根"还是语言能力与思维能力。

语言与思维是外壳与内核的关系，语言是思维的外壳，思维是语言的内核，因此也就决定了语文的具体任务：一是语言输入，二是语言输出，三是思维发展，也就是思维能力的培养。这三个任务中，思维发展是核心目标，语言输入、输出是两极路径，形成了三位一体的人类认知结构。语言输入就是阅读，输出是表达，阅读是思维发展的主要路径，表达是思维发展结果的呈现。为此，在语文教学中，核心就是引导学生发展思维，而发展思维能力的主要途径有两个：阅读与表达。布鲁姆认知六层次理论依次为知识（联合国教科文组织教育报告《反思教育：向"全球共同利益"的理念转变?》中将认知最低层次定义为"知识"，布鲁姆《目标分类学》中译本为"识记"）、理解、运用、分析、综合、评价，阅读是为了建构和形成知识体系，并对知识在原有认知结构基础上，在大脑中理解加工后运用到我们对世界的认识当中去，这个过程就是阅读。当我们的知识积累达到一定程度时，我们要解决一些问题，就要通过语言在大脑里开展内观思考，必要时交流沟通就需要语言的输出，这就是表达。表达分两种，口头和书面，而这种表达就是对思维过程和结果的呈现，这就是我们喜欢阅读好文章的原因，因为这些好文章清晰地反映了作者精彩的思维过程和精彩的思维结果。在理清楚阅读、思维、表达三者之间的关系后我们再回头看我们的语文教学。传统教学将语文分为阅读教学和作文教学，实质上是将语言输入输出分割开来。这种将阅读、写作分割教学的后果就是效率不高，效果不好，阅读无味，写作无物。为此，读写融合共生教学模式应运而生。

传统课堂中，教师传授知识，组织学生学习活动，因为单位时间有限，教师对学生学习效果的监测反馈只能通过提问、作业等手段实现，但只能照顾到部分学生，无法全覆盖。而且传统课堂以传授知识为主，对学生思维发展的训练不足。为了解决这个问题，从 2016 年开始，酒泉市教研室组建了一个教研团队开始了语文教学与信息化深度融合创新的研究与实践。在北京师范大学张生教授的支持下，研究团队引入张生团队开发的"教客"平台以及"思维发展型课堂"教学模式，并发起成立了"新课堂教学联盟"，招募了部分学校和教师开始试验研究。

互联网背景下的"思维发展型课程"，课堂基本架构分三个模块，第一个模块与传统教学的精读讲练基本一致，一般掌握在 20 分钟左右，高年级可以缩短，也可根据课文情况和教学实际调整；第二个模块是阅读模块，老师通过教客平台推送 8 篇与课文主题一致或同一特质的文本供学生阅读，用时 10 分钟；第三个模块是写作练习，由老师提出一个与本期课文及阅读主题有关联的主题，学生利用键盘打字输入开始写作，用时也是 10 分钟。同时，学生要在第二个模块和第三个模块中对阅读的短文和同学习作在平台上进行评论或展开讨论。

通过一段时间的试验我们发现，学生对这种课堂特别感兴趣，学生的学习潜能得到了充分开发，家长积极性也空前高涨。因为"教客"平台是开放的，老师为自己的班级开设的课程，除了学生之外，任何人都可以加入，家长也与孩子同时注册加入课程，平台内互动，发表对自己孩子或其他孩子作品的评论，帮助孩子理解课文、修改作文，提出鼓励性赞语，让家长成为课程的参与者，也成为教学的促进者。我们课题组教研团队的成员、联盟学校的老师，也都加入课程，随时与任何一个试验班级的孩子、老师互动。张生教授也经常和我们的老师、学生在平台上互动。有的学生还加入了其他班级或平台内其他学校的课程，甚至与大连、河北、成都的孩子在平台内互动交流。这种学习方式，通过阅读、交流、习作，拓展了学生的知识面，使学生感知到更多思维结构和思维内容。积累了思维材料，为学生进一步提升思维深度和广度提供了基础。大量的交流、习作、解答问题大大增加了学生思考问题的时间，提高了思辨能力。在 2018 年开展的中文分级阅读监测中，这一部分试验班学生与其他学生对比分析数据显示，试验班学生的平均阅读能力水平高于对比班学生阅读能力水平，也高于全国监测样本学生的阅读水平。

通过三年的试验，我们发现，建立基于互联网的学习共同体，易于操作，效果显著，而且可以极大地促进学生阅读写作的效率。这种教学模式，充分实现了信息技术与课堂教学的深度融合，使信息技术和网络成为教学的载体，结成了师生家长学习发展、学校共同发展、大学教师与教研员和中小学教师协同共进三个层面的"共同体"。实验成功构建了读、写、评融合的"思维发展型"语文课堂，引导试验学校形成了"学为中心""为学而教""不教而学"的学习新样态，促进了学生思维能力提升，推动了教师专业成长，为落实核心素养创造了条件。2018 年，酒泉市教研室系统总结试验成果，获得了甘肃省基础教育教学成果一等奖，为项目进一步推进实施增强了信心。

下一步，酒泉市教研室将进一步结合甘肃省群文阅读推广与实验研究项目，充分吸收借鉴高校先进理论研究成果和重庆树人教育研究院等国内科研机构的实践应用先进成果，进一步完善理论架构、实践路径、实施策略，坚持继承传统优势、顺应未来趋势、开放理念体系、多元推进实验的原则，建立学段贯通、聚合素养、综合多元的特色课程体系。

三、未来语文教学发展的趋势

2018年6月8日下午高考刚结束，《中国考试》杂志微信公众号就公开发布了各科《试题评析》，今年的高考语文试题有以下特点：

一是坚持立德树人导向，包括厚植家国情怀、加强品德修养、激励接棒青年；二是持续深化高考语文考试内容改革，包括重视基础、凸显应用、聚焦学科素养；三是强化体美劳教育、引导贯彻全面发展理念，包括彰显美育化人功能、落实劳动育人理念、引领分体励志风尚。高考语文命题预示了今后基础教育课程改革将进一步突出体现：全面贯彻新时代教育方针和全国教育大会精神，鲜明体现"培养德智体美劳全面发展的社会主义建设者和接班人"的教育目标，健全高考立德树人落实机制，探索高考德智体美劳全面育人方法，持续推进高考语文内容改革，积极服务高校科学选才，积极引导基础教育改革方向。

高考命题改革就是课程教学改革的指挥棒，今后，语文教学改革将何去何从？我认为，将有以下五种趋势：

一是从单篇阅读教学到多文本探究学习。当前语文教学多以教材单篇课文教学为主，把"教材是课程的内容之一"属性片面化为"课程即教材"，这种教学以教为主，教师是中心，教师讲授为主导，学生的学习是被动的、死板的、低效甚至无效的。统编语文教材编排为了纠正这种错误倾向，采取大单元教学理念按照主题统领原则编排课文，跳出了单篇分散式、碎片式教学的窠臼。群文阅读教学模式的理念是符合这种教学思想的。这也是我们推广实验的理由。

二是从单一模式到多元路径。世界已经由互联网时代进入以大数据、人工智能为代表的智能时代了，学生获取知识已经早就打破传统的书本、教师传授单一模式，实现了信息来源多元路径，我们每天被包围在海量的数据和信息当中，人们提取和筛选信息就成为关键能力，在这种情况下，以教师传授为主要方式的单向传输式教学就会成为制约学生素养和能力发展的瓶颈。实施以真实生活情境下的体验、参与、探究、综合活动为主的教学改革势在必行。

三是从纸媒阅读到跨媒介学习。纸媒独霸天下的时代注定会一去不返，信息、知识储存、传输的多元化已经打破了纸媒阅读为主的格局，语文阅读教学必须顺应时代，开展跨媒介阅读学习指导，培养学生多元信息处理能力，这是未来语文的重要任务。新版《普通高中语文课程标准》设计的十八个学习任务群，"跨媒介学习与交流"是其中之一，这是语文教学与时俱进的颠覆性变革，将推动语文学习的多元化进程。

四是从知识分散式教学到综合性学习。从今年秋季开校起，义务教育阶段将统一使用部编语文、历史、道德与法治三科教材。部编语文教材按照整合的思想组织单元教学内容，试图引导教师摒弃"课时主义"，从关注单一的知识点课时，转变为重视核心素养培养的大单元教学。这就要求语文教学主体从以教师为绝对主导变革为以学生学习为中心、学生素养发展为核心，教师的课堂角色将转变为学生学习的设计者、组织者和指导者，学习内容要由知识分散式、单向传输式课堂教学变革为读写评融合、多元共生的综合性学习，课堂组织从以教师教为主变革为以学生素养培养、能力发展为重的真实情境下的大任务学习的课程组织方式，从而把学习者引向课程实施和评价的主体，改变学科知识点的碎片化教学，真正实现教学与素养培养的有效对接。这种变革的要求，归根结底是从知识分散式教学到综合性学习。

五是从识记理解型传授到参与体验式学习。传统的语文教学，主要以培养学生的知识、识记、理解能力为主要方法，忽视了学生综合能力和素养的培养，这是停留在低阶思维层面的训练方式。在知识为纲、信息渠道单一的教育时代，这种教学方式和模式，能够帮助儿童有效获取基础知识和基本技能。但是在未来的人工智能社会中，仅仅以知识传授为目的的教育已经无法培养出适应未来社会的创新人才。因此语文教学必须基于素养为纲的基础教育课程标准，以核心素养培养为设计主轴，通过联结儿童生活、学校教育与未来社会的育人目标要求，创设整合素养发展、生活逻辑和学科内容的课程体系，转变认识论和知识观，从关注认知和去情境化知识，向生态化、实践性的学习方式转型，让学习者在以真实问题和现实情境为载体、彼此关联的经验活动和学习共同体中进行意义建构、主动学习和团队互动①。教师必须摒弃知识理解型传授，用活动体验问题项目的组织方式，把教材文本内容作为学习资源，设计在真实情境下以学习者为中心的有趣的学习任务，引导学生参与、体验，促进学习的真正发生，实现语文素养和综合能力的形成。

（本文由作者署名全文发表在《酒泉教育》2019.3，后被重庆教育学会期刊《全视界教育》刊载）

---

① 戴晓娥.情境　任务　活动——指向语文素养的大单元教学探索 [J].基础教育课程，2019（05）：7—11.

结构化阅读教学微探

——以《祖国啊，我亲爱的祖国》线上教学为例

在阅读教学中，从一篇带多篇到单元整组、海量阅读、班级读书会，到群文阅读、整本书阅读……结构化起到了统领文本的重要作用。结构化阅读需求所带来的结构化教学革命，使阅读教学的视野更加开阔，探索方式更为多元。

统编版九年级语文下册第一单元为诗歌单元，酒泉市第一中学教师雷震域以"大单元"理念为指导，将第一篇课文《祖国啊，我亲爱的祖国》（教读）作为核心文本，将第二篇课文《梅岭三章》（自读）作为补给延伸，统整重组，完成了"'意象'中的情怀——'我'和'祖国'"线上直播课。本文以此课为例，浅谈对结构化阅读教学的认识。

结构化阅读的意义

1. 建构方式由平面走向立体

以立体图形呈现这堂课的设计，是一个非常饱满的"圆锥体"，这与语文学习的"金字塔"式特点极其吻合。就整个课堂而言，除教材提供的主要文本，执教者以精选的7篇（段）文本为辅助，如讲到《祖国啊，我亲爱的祖国》第一小节时，及时将《梅岭三章》第一小节并入，由舒婷的家国情怀串联到陈毅的革命情怀，这种大无畏的精神与《祖国啊，我亲爱的祖国》中的"我"处在国家建设艰难时期，回想过去的沧桑与巨变，勇敢发出"把纤绳深深／勒进你的肩膊／祖国啊——"的呼声，是并立的存在。

紧接着同时并入艾青《我爱这土地》"然后我死了／连羽毛也腐烂在土地里面"，戴望舒《我用残损的手掌》"无形的手掌略过无限的江山／手指沾了血和灰，手掌沾了阴暗"，加大加深"金字塔"的基底，小节学习建构完毕。

此类方法在本堂课上多次使用，每一次小小的建构都紧密相嵌，清晰明确，形成一层又一层细致的铺垫；侧面又分别以"意象"为语文要素，以"家国情怀"为人文要素，"双线"并行，牢牢地将内容设置"箍紧"在学习目标之下。

2. 思维发展从单线走向多线

授课教师大胆取舍，抓住关键意象群，通过对现实和想象、过去和未来等多角度的对比，将战争年代军事元帅陈毅的革命情怀、理想信念和新时代朦胧诗人对家国的眷恋放置在同一个天平上，对两首诗歌内容分节重组，深度解读；又联系同主题作品《我爱这土地》(艾青)、《我用残损的手掌》(戴望舒)、《炉中煤》(郭沫若)相关片段，加深、加厚阅读的基础。由此，打破了单线灌入的思维模式，思维发展的路径自然由单线增加至多线。

3. 审美品质从低级走向高级

品味诗歌语言美的方法有很多，除了从形式上解释、分析，最重要的应该就是品读。本堂课抓住这一关键，范读、听读，开篇读、高潮读、升华读，整体读、分节读……充分发挥了读的作用。

其次是结构化的解读。将不同作家的同一种情愫组合在一起，对比衬托，带领学生走进文本所表现的情境深处，改变了低层次的信息输入方式，将历史性的一些意象"破旧的老水车""熏黑的矿灯"等进行情境迁移，从个体走向群体，从个人得失走向家国情怀，从借助意象把握情感到在情感中把握意象，穿插在精神层次的、语言文字的多重审美体验带动着学生审美品质的提升，整个课堂呈现出艺术之美。

4. 文化传承从模糊走向清晰

许多学生在学习时，会因接收到的信息不够清晰，理解不到位，产生"文化传承与我关系不大"的感受。本堂课上，授课教师在单元授课一开始便将单元导读和设计理念直接呈现，让学生知道本单元主题为"土地情思"，三节课分别以"意象"为重点抓手来解决不同的课时内容：

第一节为"意象"中的情怀——"我"和"祖国"，旨在强化家国情怀；

第二节为"意象"中的情思——"我"和"你"，主要解读历史背景下的哲思理趣；第三节为"意象"中的情感——"海燕"和"暴风雨"，是为了引导学生在社会变革与时代风云中升华自我。单元主题"土地情思"正是由这三个内容提炼而成。

从意象的角度分别去把握情怀、情思和情感，这种以工具性统率人文性的学习方法，加深了学生对文化传承的理解，也帮助学生建立起学习此类文本的思维认知。

结构化阅读的常见形式

1. "大单元""大概念"

有人说："教材就是以章节单元为编排体例的。"多少年来，我们就是以单元呈现、章节篇目为框架来安排教学的。这的确是比较容易也比较常见的一种单元理念授课法。但是这种单元理念和我们今天探讨的"大单元""大概念"还是有区别的。这种教材编写的"单元"体例考虑的因素比较多，如果不加取舍，就不一定能将所有的素材安排到合理的位置，也达不到预期的效果，相反精选重组过的"单元"就不存在这个问题。

"大概念"也是一样的。不单是语文学科和阅读教学。所有的学科都需要教师通过文本阅读，再将个人经验加工处理，传递给学生，这中间都需要解决文本（教材）与读者（师生）、教师与学生之间的经验矛盾，打通渠道，道理是一致的。

2. 群文阅读

群文阅读既是一种项目式学习，也是一种结构化阅读和教学的方式。其根本内核在于通过信息筛选和整合达到结构化、探究性和创新性的阅读目的。所谓"群文"，简单来说，就是围绕一个议题所选择的一组文本的整体，关键在于选定一组文本并强调文本的整体性、确立一个议题，这都是结构化的表现。

3. 学习任务群

《普通高中语文课程标准（2017年版）》提出"学习任务群"概念。对语文教师而言，学习任务群既揭示了学习的本质特征，也明确了结构化特征——"群"，它比"群文阅读"更具体，又更开放，是群文阅读的升华——它的"群"是"大群"，群文阅读的"群"是"小群"。如果从小学、初中阶段用群文阅读来铺垫学习，到高中阶段，学生对"任务群"的学习就会水到渠成。

4. 整本书阅读

整本书阅读的前提也是结构化。它强调批判性思维或基于思辨，批判和思辨的前提是类比，有类比就有结构化。另外，整本书阅读首先对读者（师生）的阅读量要求很高，但经过取舍重组后的文本内容，读起来就要轻松有趣一些，收获也更多。

如《唐诗三百首》，可以按作者分类去读，按历史时期划分去读，按政治事件去读，也可以按作品分类去读。每种读法都有它的好处，最关键的是，即便是孩童时代比较模糊的结构化摸索，也能起到建构思维的作用。再如《西游记》，可以按主要人物（包括妖、仙）主要经历和事件去读，也可以按环境描写去读，无论哪种方法，最终都会发现八戒的"哭"、悟空的"笑"等很多内容都有其独特的含义。

结构化的读法扩大了阅读空间，引导读者（师生）运用合理方法去读书学习，提高了阅读质量，最重要的是锻炼了思维品质和能力，培养了高阶思维。如果能够经常运用"高级"经验去指导个体的写作，个体思维的输入与输出将更加清晰、迅速和丰满。这种读写一体的结构化探究，将会更加广泛和深刻地影响到个体的学习、应试、工作和生活。

结构化阅读的要点

1. 明确学习目标

传统教学中确立目标时常存在课堂客体不转变、不能将学生放在主体位置的问题，只确定自己的"教学目标"、不提炼以学生为出发点的"学习目标"。这样做要么不符合实际学情，要么不能让目标清晰具体，学生不知如何做，甚至教师自己也不清楚，含混随意。

2. 明确学习任务

学习任务是为学习目标而设计，本堂课的学习任务采取"导学案＋课堂实际任务＋课后作业"的形式呈现，导学案设计放置于课下，和教学设计理念一致而内容不重复；核心任务展示在课堂上，师生共同学习完成。作为初中毕业年级来说，集体备课、磨课的功夫就应该展示在这里。

3. 明确学习方法

虽然线上教学的教师采用的主要授课方式只能是讲授法，但在讲授过程中教师通过朗读并充分借助单元导读、"阅读提示"、"思考探究"等示范，为学生提供了多种多样的学习方法。在分节解读诗歌的过程中，教会学生运用解读上一节诗歌的方法去分析理解下一节，层层迁移，最后升华小结，教师"用教材教"的同时教会学生"用教材学"。这些都离不开教师结构化备课理念的运用。

这堂展示课结束了，但真正在线下落实的方式方法还需要深究。结构化学习不只是语文学科发展与建构的需求，它有利于教师深度教学和学生的深度学习，也是其他学科应当探索的方向。

（本文由作者与赵颖共同完成，发表在《全视界教育》2020 年第 10 期）

行走在丽娃河畔

按：本文系 2016 年 10 月在华东师范大学甘肃省教研员高端研修班上本人作为学员代表的发言。接到在开班仪式上要代表学员发言的任务后，我兴奋异常，能在全国教育学术圣殿聆听大师的讲座，已经很幸运了，还要当着大师和领导、同仁的面发言，不能不让人紧张，同时也夹杂了不安。二十八年职业生涯，虽然从来没有脱离过教育，但毕竟我只是一个去年 6 月才从教育局机关到教研部门任职的教研新兵，讲不好可是要让人笑话的。但我坚信，无知不可怕，可怕的是没有勇气。正如帕克·帕尔默所说"教师的内心不是良心的呼唤，而是自身认同和自身完整的呐喊"（《教学勇气——漫步教师心灵》），作为教研员，我们必须也要保持那种"自身认同和自身完整的呐喊"的勇气。于是，我开始研读宾馆提供的画册《聆听丽娃河》和会务组发给的崔允漷教授几本著作的序言。于是，丽娃河所承载的华东师大的精神脉络跃入我的脑海，对崔允漷教授的教育思想也有了一个大致的了解。作为一个教育人，不忘初心，守望理想，不正是教育情怀的根源所在吗？丽娃河水那宁静、宽阔的意象不正是大师们执着坚守、胸怀天下的写照吗？顿时，我感觉才思泉涌，一气呵成完成了讲稿。为了纪念那次培训发言，特将讲稿收录如下：

尊敬的崔允漷教授，尊敬的靳建设书记，各位领导，各位教研同仁：

恰逢天高气爽的金秋季节，甘肃省教科所精心组织，在美丽的丽娃河畔，华东师大课程研究所为我们提供了这次难得的学习机会。我们参训的所有学员都深感荣幸，为此，我们要感谢崔教授和他的团队，感谢省教科所领导。

对于我们教育人来说，华东师大是一个实现梦想的地方，也是一个新梦想开始的地方。在这里，思想如丽娃河水般丰盈流淌，精神如校园的参天大树一样枝繁叶茂。许多大师从此起步，许多精英在此成长。尤其我国第八轮基础教育课程改革以来，华东师大已然成为先进的教育思想和理念的发祥地，这种先进的思想和理念必须传播到最需要的地方才有价值，而从这个意义上讲，建立"大学—教研部门—学校"伙伴关系对课改推进至关重要，我们今天的行动正是把华东师大与甘肃学校连接起来的先锋之旅。也就是说，只有建设一支理念超前、能创新的教研员队伍，才能将大学生产的课程知识和思想理念有效地、更广泛地传播到中小学校，以达到引领课程改革的作用，所以，这次研修对甘肃课改来说是一个重要的里程碑。

华东师大校友、著名诗人宋琳在她的诗作《丽娃河》中曾写道："这里，我学会了赞成，或许更重要的，学会了不赞成"这次集中研修虽然只有短短六天，但相信，我们一定能学会赞成，把丽娃河所承载的这种精神魂魄的种子带回去，我们的家乡虽然尚不发达，但我们有勇于追赶的决心。同样，我们也会学会不赞成，我们将在仰望中寻找方向，在守望中选择道路。我们一定珍惜这次机会，勤奋学习，深入思考，把华东师大先进的思想和理念带回去，落地生根，开花结果，为甘肃课程改革注入新的活力，实现我们振兴教育、振兴甘肃的梦想。

谢谢大家。

推进教研新转型　服务教育现代化

——在 2017 年全市教研工作会议上的发言

按：2017 年 3 月，酒泉市教育研究室召开教研工作会议，这是本人担任教研室主任后的第一次会议。会上各县市区教研室主任和市直学校教科研室主任分别交流了工作，我代表酒泉市教研室做了工作报告，系统总结了过去的工作，又从面向未来的角度对今后的教研工作进行了安排。应该说，这个发言能够代表我和我的团队近几年来在教研工作的探索与实践方面的一些思考，特予以收录。

各位领导、各位同仁：

今天的会议，是 2017 年全市教研工作例会，也是近七八年来第一次召开的专题教研工作会议。今天会议有三大任务，一是学习贯彻全市年度教育工作会议和全国教研工作会议精神，深入学习市委主要领导在调研教育工作时的讲话精神，希望大家深入领会，用新要求指导我们的教研工作；二是总结交流 2016 年教研工作，前面大家都交流了各自的特色工作，我们的三位教研员还汇报了培训学习成果，可以说精彩纷呈、亮点突出，认识到位。因时间关系，我就不一一点评了；三是安排 2017 年工作任务，研判当前教育发展面临的新形势，研究深化全市教研系统协同创新有效举措。这三项任务指向一个目标，推进教学改革，提升教育质量，不断提高教研服务教育现代化的水平。

一、2016 年工作回顾

近年来，全市教研战线在市教育局党组正确领导下，在各县市区教育局的大力支持下，紧紧围绕市教育局中心工作和省教科所工作安排，以课程建设为切入口，以转变教学方式为突破口，以促进教师专业发展为着力点，以学校特色建设为落脚点，认真落实核心素养教育，为全市教育发展做出了应有的贡献。突出表现在以下几个方面：

1. 协同创新，教改试验有序推进。为促进学生健康、持续、有个性地成长，在深入调查、广泛咨询和认真研究的基础上，市教研室按照市教育局部署，提出并设计了"探索教学联盟构建新型课堂实践研究"课题试验项目，并通过省教科所立项。为减少阻力，我们先从小学开始，依托北师大张生教授团队的"教客"网络平台，注册建立虚拟班级，以语文课作为实验学科，教师组织开展阅读、作文教学，家长给予配合与帮助，学生通过平台阅读文章、分享习作、相互点评。目前，已有10所学校的45名老师在平台上开课，2000余名学生在线学习。我们把创建"学习共同体"作为教改实验的教育哲学基点，初步收到了四方面的成效。一是形成了大学教授、教科研专家和实验教师的发展共同体。在北师大张生教授团队的学术引领支持下，在省教科所领导和教研员的指导下，我们建立了线上线下培训指导合作机制，并三次在酒泉开展培训，使得大学生产的知识通过教研队伍在中小学教师中快速传递，有效发挥了优质资源的共享转化。二是形成了区域内外学校、教师发展共同体。我们将酒泉市北关小学、育才学校等校作为实验基地，并且招募本市10所学校与全国各地近百所学校结成联盟开展实验，建立起学校同伴。三是形成了跨区域学生发展共同体。"教客"平台吸收了联盟校内外的大批师生，开辟了师生更为广阔的学习空间，丰富了他们的人生体验。2016年11月，首届"教客达人"杯小学生同题异构想象作文大赛由酒泉市教育学会主办、酒泉市育才学校承办组织，共有河北省、大连市和全市七县（市、区）11所学校组织参赛，475名小学语文教师参与辅导，一至六年级5054名学生通过"教客网"报送作品5054篇。同时，发挥"互联网+"优势，示范引领周边学校和教师有效开展小学语文课程改革探索及作文创新教学等实践。四是形成了班级内学生、家长和教师发展的共同体。实验平台为师生和广大家长团队提供了共同分享交流的机会和空间，且三者互通有无、高度融合，被广泛认同。

2. 搭建平台，助力教师借梯登高。2016年，我们主动寻求市总工会的支持，与市总工会联合举办了全市中小学（幼儿园）教师教学大赛暨观摩研讨活动。共有 17 个学科的 208 名优秀教师参赛，2000 多名教师参与研讨观摩。据统计，全市 40% 的中小学、幼儿园教师参与了市、县竞赛，80% 参与了校级竞赛，20% 分获市县级一二三等奖，40% 作为骨干教师担任了市、县级竞赛的指导教师和评委，绝大多数教师分别观摩学习了市县级竞赛研讨活动。在对获奖教师进行表彰奖励的同时，市教研室自费买书赠予参赛教师、指导教师和评委，激活了教师的专业阅读活动。目前，10 多个民间自发的教师读书会自行成立，大量教师积极主动参与到读书活动中，为广大教师搭建了展示和交流的平台，有效促进了教师专业成长。

3. 名师领军，持续推动教学改革。我们一贯加强和指导"陇原名师"工作室建设，支持发挥名师工作室的作用，每年组织其成员深入县（市、区）、学校，通过专题讲座、课例示范、对话交流、经验分享等形式开展多样的教科研活动，研究解决教学重难点问题，发挥培养青年教师的引领、示范、辐射作用。依托"陇原名师"、省级学科带头人、骨干教师组建"教研小分队"，组织开展了"名师送教下基层"活动，重点对农垦团场、移民乡镇等薄弱学校和民族县学校实行教研帮扶。组建教育教学专家团队开展教育教学研究和学术活动，并加强了教研团队的考核，根据考核结果，对团队成员实行动态调整，按程序吸收符合条件、有潜力的新成员进入工作室，促进了教师专业团队的发展。采取请进来的方式，引进发达地区名师资源促进教改。2016 年 11 月下旬，与兰州洪海鹰"陇原名师"工作室联合承办了"京陇名师面对面"教学研讨会；12 月初，邀请深圳王振坤、张小晶、姜巍巍、史冰清四个小学数学名师工作室及团队成员来我市支教送培。由此，我们打开了我市作为西北偏远地区与发达地区教育交流的窗口。

4. 科学规划，提升教研员专业素养。人们把教研员比作区域学科课程教学的"领头雁"。为培养名副其实的"领头雁"，我们组织开展了"我与教研同成长""研课标、读经典、提升专业素养"等活动，面向全市专职教研员实施"五个一"教研员成长计划，促进教研员转型。通过拓展教研视野、强化课程意识、提高信息技术运用能力等措施，敦促教研员在日常教研中及时敏锐地提炼一线学科课程教学的成功经验，为日后开展教研工作打下坚实的基础。

两年来，我市教研工作开拓创新，得到了上级部门的肯定和基层教育部门、学校的大力支持，更收获了广大一线教师的追随。

二、2017 年工作

2017 年，我们将进一步紧紧围绕市教育局的中心任务，深入挖掘总结课程改革、教学创新成果，归纳推广全国先进教育理念和本地成功经验，充分发挥教育科研引领作用，勾勒新的教改蓝图。

近几年来，各级教育行政部门都很重视教研工作，教研工作体系是我国在穷国办教育而使基础教育屹立于世界强国之林最为成功的经验，这是举世公认的。2015、2016 两年的世界经合组织 PISA（国际学生评估项目的缩写）测试中，中国学生表现出色，引起了国际教育界的重视，据多国专家考察研究得出一个结论：中国基础教育成就，中国特色的教研制度功不可没。所以，我们教研人，要有信心有底气，进一步做好我们的工作，为全市基础教育发展做出更加重要的贡献。

今后的教研工作如何做才能有所突破呢？2 月下旬召开的全国教育科研工作会议上，教育部副部长沈晓明在讲话中指出，"教育科研工作在提高决策科学化、提升教师理论素养、优化教育模式和改进教学方法等方面发挥着独特作用"；在全国教研工作会议上，朱之文副部长认为，教研工作对我国的基础教育事业做出了以下几点贡献：第一，为基础教育课程改革提供基础支撑；第二，为教师发展提供专业引领；第三，为提高教育教学质量提供专业指导。今年的全市教育工作例会上，杜志学局长讲话中用了很大的篇幅对教研工作进行安排部署，重点强调了教学改革创新和教研体系建设问题。因此，打造教研张力，提升教育品质是 2017 年乃至今后一个时期全市教研工作的根本任务。目标任务明确了，那么，我们该怎么做？《2017 年全市教研工作计划要点》已经于 2 月中旬经局领导审定后印发了，在要点中，我们确立了三大重点任务，十三项主要措施，要点通过《酒泉教研》公众号发布后，得到了市内外教研同道以及广大教师的关注和认可，我们将持续推进，抓好落实。在这里我就不再照搬重复要点内容，重点谈三个方面的意见。

（一）找准角色定位

今年的教研工作要点中，我们明确提出要坚持"发现、推介、引领"的总体思路，这套教研"连环拳"，就是我们市县教研机构职责定位的三维坐标。发现，即帮助学校和教师寻找发展的方向和成长的途径，总结本土教改经验；推介，即把我们发现的新理念、新思想、新方法、新经验推广介绍给我们的老师和学校，让大家少走弯路；引领，如果上述两个方面做到了，那么我们也就达到引领的目的了。当然了，这是对我们教研工作的一种高度凝练，我们所做的工作的复杂程度远不止于这三个词那么简单。省教科所党委书记、副所长靳建设在谈教研转型的一篇文章中借助陈宝生部长的"四个回归"提出教研也要回归常识、回归本位、回归初心、回归梦想，我觉得我们的"发现、推介、引领"工作思路就是实现这四个回归。

（二）瞄准主攻方向

杜局长在视察教研室时指出，教研工作要创新，教研要成为教育人才的蓄水池，教研要成为提升教育质量的推进器。我觉得这是杜局长指出了今后教研工作的新形势、新任务和新要求。为此，我们要明确主攻方向，精准发力，才能完成这一新任务。通过对国家、省、市教育工作会议精神的梳理，我觉得，今后我们教研工作的主攻方向有三个：服务内涵发展，服务质量提升、服务教育现代化。

服务内涵发展，我们要重点在指导学校课程建设、学校文化建构和中国优秀传统文化传承方面下功夫，这是落实立德树人根本任务的主要途径。习总书记提出的"立德树人"思想，主旨就是要立中国德、树中国人。今年2月中办、国办印发《关于实施中华优秀传统文化传承发展工程的意见》，把传统文化传承提升到了国家战略的高度，作为教书育人的主阵地，学校也是传统文化传承的主阵地。从9月份起，语文、历史和道德与法制都要使用国家统编教材。这些思想、理念都应该贯彻到学校课程开发、学校文化建构中去。作为教研机构，我们的责任是促进、引领，市教研室采取的措施主要有三大项，第一，今年将组织十二五基础教育科研优秀成果奖评选，第二要开展学校精品课程展评活动，第三要通过《酒泉教育》杂志访谈栏目推出一批学校文化建设方面的典型经验，以此来推动学校课程和学校文化建设进程。这些都是经局领导审核同意写入工作要点的。

服务质量提升，在座的各位都是老行家了，自不多言。市委主要领导在调研教育工作座谈讲话中，关于特色办学、完善质量监测评估激励保障机制、教师队伍建设三方面做出了重要指示，为了深入贯彻市委主要领导的指示，作为教研部门，我们应该重点在教育测量评价研究、引领课堂教学改革、薄弱学校教学指导、教研队伍建设等方面下功夫。当前教育测量评价的主流方向是基于数据的教学测评，这方面成功案例比较多，限于时间，我不一一介绍，目前我市已经有酒泉中学和油田一中引入了一套教育测评系统，大家有兴趣可以去了解学习。引领课堂教学改革，目前的总体方向就是在班级授课制模式下、保证教学基本公平的基础上，利用信息化载体，逐步实现学习个性化、自主化，这方面后面我还要讲，不再赘言。但有一点，我们做教研的必须要认识清楚，传统课堂模式下的教学，基本无法再有大的变化了，即使改革，也是老师表演能力的提升，从本质上无法再有大的跨越升华。所以，教学改革的方向就是以信息化为基础的融合式、混合式学习方式的变革，希望大家在这方面多研究研究，让教研走在教育发展前列成为引领者，而不是跟在后面成为时代的追随者。对薄弱学校提供教学的指导，是我们教研部门责无旁贷的首要任务，也是教育高位均衡发展赋予我们的使命。今天我们的会议请来了一些农村校长，我相信你们的学校在农村不是薄弱学校，但相对城市而言，就是薄弱学校，大家肯定清楚，薄弱学校之所以薄弱，主要在于理念和师资。如何走出薄弱的阴影，虽然市县两级教育行政部门做了大量工作，名师送教、送教下乡、城乡教师交流等，取得了一些成效，但这不是从根本上解决问题的办法，要想彻底摆脱薄弱校的帽子，我认为，当前最好的办法就是与强校结成联盟，目前我市信息化程度已经很高了，基于信息化，完全可以实现。我了解到有很多地方现在就在做，比如有 U 来公益学校，利用百度传课实施公益项目"智播计划"，即中国边远地区在线直播课项目，为给边远贫困地区学校学生平等的学习机会，解决学校老师数量严重缺乏、没有英语和音体美专业老师的问题，组织城市优秀老师在线直播给学生上课，这种思路我们就可以借鉴。前面我们介绍过的教学联盟教改实验也是基于这一理念的。教研队伍建设，我们各县市区都有较成功的经验，肃州区的联片教研和学科教研团队、金塔的学校责任区、玉门的教研联盟等，都是比较好的尝试而且取得了很好的效果。下一步，我们的主要措施有四个，第一个是完善教研队伍体系，聘任兼职教研专家，要依托名师工作室等现有团队建立专业学科教研团队，这是局里定下的一项教研战略，这是一个重要抓手，这个抓手的最大意义在于可以充分调动教师协同创新的积极性。酒泉除了名师工作室团队外，据我所知还有一个由小学语文教师组织的民间组织"精彩一群"，他们开年会已经有两届了，还定期开展研讨活动、读书会，活跃在这个团队里的老师来自酒嘉乃至河西地区。第二个是继续实施教研员成长"五个一计划"，也就是我们在要点里提出的"一年三个一""三年两个一"，即：每位教研员每年做一场有质量的学术报告、推出一堂好课例、呈现一篇高质量的调研报告；三年内做好一个课题、带好一支团队。请各位主任重视各自的团队建设，要为教研员成长搭台子、架梯子，还要压担子。一个团队有没有成就，关键看团队负责人有没有情怀，我们把这支专兼职教研团队带好，那就是为教师队伍专业成长种下去一批金种子，花开就指日可待了。第三个是开展优秀教研团队和优秀教研员评选，这项工作文件已经拟好报到局里审签了，领导已经同意，这就是我说的"架梯子"，为专兼职教研人员提供专业发展的渠道。第四个是做好教研员培训。今后，我们要设计一些针对教研员的培训，上级部门安排的赴外培训我们要首先考虑教研员，而且要形成教研培训成果报告制度。这次会上我们安排的市教研室三位教研员对去年赴华东师大培训成果进行简要汇报，这是一次尝试，我建议咱们市县两级教研部门形成一个制度。以后各县各校有这样的汇报会，可以邀请我们的同志去参加学习，而且可以通过网络直播实现共享。

服务教育现代化，是今后很长时期内教研系统的一个主要职责。要服务好教育现代化，我们要做好三个方面的工作，第一要研究教育现代化的深刻内涵，做好参谋咨询，发挥好智库作用。教育现代化有其深刻的内涵，既有硬件设施的指标，也有软件系统的目标，发达地区教育现代化过程表明，理论指导实践是最为成功的经验。我们市县两级教研部门在科研方面力量薄弱，无法生产先进理论，但我们有职责站在时代理论创新发展前沿的制高点去学习、吸收、引进新的理念，从而提出教育现代化的本土方案建议。第二要研究教育发展走向。如果教育是一艘航行在大海上的巨轮，那么它既需要埋头苦干的实干家，也需要研究方向的领航员，我觉得教研部门要有这两方面的担当，所以，研究教育发展走向是我们一项很重要的职责。立足酒泉市情，教育事业发展已经走过了以硬件建设和校舍改造为主要任务的阶段，基本实现了义务教育均衡，下一个目标是城乡教育一体化，这是教育现代化的必由之路。10天前，市委、市政府主要领导、分管领导调研了教育工作，市委主要领导在座谈时的讲话中指出："要促进均衡发展，加快推进县域内城乡教育一体化改革，加快缩小城乡教育的差距，促进义务教育高位优质均衡发展。"作为教研部门，我们应该首当其冲深入研究并勇于实践，为改革创造经验。第三要研究未来学校样态。今年全国教育科研工作会上，我参加了中国教科院组织的未来学校论坛，中国教育科学研究院未来学校实验室发布了《中国未来学校白皮书》，我带回来了一份材料，回头我安排扫描后给大家发些图片，大家研究一下。目前，未来学校实验室已经在全国形成了一个未来学校联盟，由30多所学校参与实验，这份白皮书里，展望了他们的实验研究成果。从这些成果又可以了解到，未来学校一定会在学习空间、学习方式、课程体系、组织系统等方面有很大的变革。未来学校的学习空间是符合面向未来的教育理念的、以学生为中心、充分促进学生成长和满足多样化学习方式的需求的空间组织模式，而从学习方式的变革来看，我们已经可以感受到一些未来学习方式的气息了。学习方式是未来学校的关键，未来实验室归纳了四种特征：其一，基于项目的主动学习，目前全国有很多地方和学校在尝试这种教学改革。如清华附小的主题学习，山西省教育厅在全省推行的项目学习等，我们也有一些老师在做这些方面的探索。这个很好理解，其实它与新课程里提出的综合实践性学习是一脉相承的。但项目式学习的定义更精准，任务性更明确。其二，面向真实的深度学习，未来学校通过主题式教学设计，面向真实问题重组教学内容，采用主动的、探究式的、理解性的学习方式，培养学生接受复杂情境和解决真实问题的能力，彻底打破"一言堂"现象。其三，基于证据的智慧学习，技术支持下的学习将不再基于老师的主观经验，而是基于丰富的客观数据。目前，已经有学校开始尝试使用学习分析技术改进教学，针对学生发言、老师发言、师生对话等信息，分析课堂讨论模式和师生互动风格，以可视化图表形式呈现分析结果，帮助老师进行教学反思和改进课堂教学实践。未来，基于大数据的学习分析技术将成为推动教育深层变革的主动力。其四，突破校园的无边界学习。互联网将彻底打破学校封闭的办学体系，学校将变成汇聚优质教育资源的"淘宝平台""信息中心"或者"课程超市"，学校会成为一个开放的组织系统，学校可以利用信息技术挖掘外部社会一切有利的教育资源，与社区、家庭形成良性互动，构建开放多元的办学格局。学生的学习场所不再固定，随着课程的不同，既可以在教室，也可以在社区、图书馆、科技馆和企业，甚至可以去不同城市研学。而学校本部则主要提供学习环境、成长导师以及富有特色的校本课程。最终学校将突破校园的界限，任何可以实现高质量学习的场所都是学校。希望大家有一个超前的意识，不断去研究，因为，未来社会充满了不确定性，教育也是一样，我们不研究未来教育，未来就会淘汰我们。我们再也不能用过去的教育方式教育现在的孩子适应未来社会了。实现教育现代化，必须面向未来。

（三）聚焦核心素养

2016 年 9 月 13 日，中国学生发展核心素养框架发布，成为教育界的一件大事。当然，这中间也不乏批评声音，虽然如此，但中国教育的理念认识从知识教育到素质教育再到目前提出的核心素养教育，从重视"双基"到三维目标再到核心素养，体现了中国教育对"育人"目标的不断逼近，要求不断提升，这是质的飞跃，可以说是对教育本质认识的一次蜕变。为什么这样说？因为过去我们提素质教育，大家也争论，素质如何能教育，对素质的内涵把握也不精准，没有统一的标准，也就没有衡量的评判体系，只好再回到应试的老路上。那么，今天，核心素养来敲门了，学校如何应对呢？作为教研机构，我们有责任与学校一同去研究，重构基于核心素养的课程领导力，通过课程建设、课堂改革和评价研究加以转化，使核心素养可教、可学和可测。

一是课程建设：让核心素养可教

说实话，说起课程建设，咱们的学校在这方面其实是比较滞后的，客观上与咱们地处西北偏远欠发达地区有关，主观上是因为我们没有先进发达的思想体系，因为我们一直在追着别人的步子走，没有原创的东西，同时也是因为老师的课程意识还没有完全建立起来。有些学校课程建设比较好，但也还存在零散、随意、碎片化的问题，缺乏整体的设计。我们还有的学校也开发了一些学校课程，但没有与国家课程有效衔接，落实不好，以至于沦为供人参观、装门面的摆设。这些问题的根源在于课程设计没有整体规划，也没有以核心素养为指向。去年以来，国家组织专家对高中课程标准进行修订，要彻底将过去的"考查知识"扭转为"考查素养"，引导学生多样化、个性化发展，具体表现在课程的实施上，就是走班选课制，那就要求学校要重新建设课程体系。作为为高中输送人才的初中、小学，该如何应对呢？也得在课程上下功夫。因为只有多样化的课程才能教出多样化的人才。所以，下一步，我们教研部门应该把重点放在指导学校建立课程体系方面。如何指导一线中小学教师以学科核心素养为基础，综合考虑课程目标、课程内容、课程实施和课程评价等因素来建构选修课程，把先进的课程理念落实为教师的自觉行动，于教研员而言显然是一大挑战。

就目前各地基于核心素养的课程建构实践来看，"素养"导向的课程建设，其着眼点在于目标与现实的平衡、知识与能力的融合。具体而言，需要综合考虑课程需求、整体设计、内容选择、内容组织和习题设计等关键因素。首先，基于对课程需求的分析，调整选修与必修课程的结构，使其互为支撑以形成富有生命力的有机课程群。其次，在整体设计上，将学科核心素养与课程目标、课程内容、课程实施和课程评价等要素有效联结，提供多样化的课程，满足学生的选择性需求。第三，在内容选择上，精选指向学科核心素养的核心概念与原理，依据学科核心素养的水平层次确定核心概念的深度与广度、素材的选择与设计。第四，在内容组织上，需要将核心概念与情境化素材加以融合，并体现学科知识的逻辑顺序，符合学生的心理特征和认知发展规律，有利于学生的学与教师的教。最后，在习题设计上，真实问题情境应体现层次性，有利于促进学生对核心概念的建构、运用知识解决问题能力的形成和多种思维能力的发展。

二是课堂改革：让核心素养可学

这几年学科教学对学生联系实际、解决问题能力的培养不够，确实离"素养"导向的教学存在一定距离。将核心素养分解为学科素养，是促使学生发展核心素养的间接途径。学科核心素养一般呈现学科知识或观念、学科学习方法、学科思维和价值观等四个层面自下而上的金字塔结构。那作为教研部门，如何指导基于学科素养导向的课堂教学改革呢？

首先，要加强价值取向的指导。在指导具体的教学实践过程中，不但要针对现存问题进行改进性指导，更需要加强观念性、策略性、程序性和操作性等层面的价值取向指导。课堂改革必须坚持以学科核心素养为纲，实施基于课程标准的教学，重视学生原有经验或前置知识的作用。课程实施过程中还需要尊重学生的个体差异，因为学生家庭背景不一，成长基础不同，认知方式也会有所不同。在课堂中存在"学生与群体，教师与群体，学科课程与所有课程"三个要素组合，因此，课堂教学中也要重视"教师与课程、教师与学生、学生与课程"三者的不断互动，促使学生新的成长、课程不断完善和教师专业发展。

其次，做好课堂观察与诊断。研究课堂教学的内容、活动、情境、评价和目标的匹配性，从内容、活动、情景、评价四个维度来诊断课堂教学是否体现出"素养"导向。在目标制订上，关注能否深刻领会课程标准或省里教学指导意见要求，观察其科学性；在教学内容选择和组织上，关注是否准确把握学业水平层次，观察其合理性；在活动设计上，关注是否精心设计实验探究活动，从实验价值上观察其独特性；在问题解决的过程中，关注能否促进学生思维能力的提升和学习方式的转变，观察其真实问题设计的情境性；在学习评价方面，关注是否实施教、学、评一体化教学，考察其有效性。

其三，推进"教学联盟"教改试验项目。"科学的成就是由一点一滴积累起来的，唯有长期的积聚才能由点滴汇成大海"（华罗庚）。从一学期多的试验效果和试验老师、学生、家长反映看，我们做的这项教改试验是基于当前学情、教情而提出的、旨在革新课堂教学、实现课堂有效教学的一项试验。而且，在当前推进城乡教育一体化的大背景下，"教学联盟"形成的"以强带弱、以城带乡"帮扶共同体运行机制，是探索义务教育高位优质均衡的新途径。今后，我们将重点在三个方面力求突破。一要在深化试验的实证研究上有突破。要从学生出发，从课堂模式建构出发，从家校合作、师生合作、生生合作取得的成果出发，挖掘出这种教学模式的优势基因，形成完整的课堂结构理论体系，为进一步推广打好基础。二要在扩大试验成果上有突破。总结前期项目实施经验，促进试验项目点上的深化和面上的推广。按照小步走、分学段、分学科的原则扩大联盟校、试验学科的范围，吸引更多学校、更多老师参与试验，尤其要吸收更多农村学校加盟，让先进的教学生产力率先使农村孩子受益，以教学改革促进城乡教育一体化进程。三要在联盟校师生和家长共同成长上有突破。采取"请进来、走出去"等办法，加强联盟校教师项目研修和培训，筹备并举办教改实验项目交流研讨会，开展教师、学生、家长经验交流研讨和优质课评选展示等活动，促进联盟校交流共享与协同创新。我们的这项改革实验受到了省教科所的关注和重视，今年下半年，省教科所可能要在酒泉召开一个教学改革现场会，而且省教科所的领导要求我们把这个实验打造为一个精品项目，参加全国教育创新博览会，同时这个项目也被市教育局确定为教学改革的一个突破口，我们后续还有专门针对教改实验的支持性措施，比如实验校老师课赛、课题支持等。希望大家回去后确定专人对实验校进行指导督促。力争把这个项目做成一个具有酒泉特色的、领先全省的教改实验。

同时，还要重视体育、艺术和心理健康教育。"健康生活"是六大核心素养之一，而体育、艺术教育和心理健康教育是健康生活的重要基础。所以，我们要加以重视。关于体育教育，当前我们的重点是加强足球教学研究，今年省教育厅给我们立了一个"小学到大学足球教学的有效衔接"项目，将在上半年合适的时机筹办足球教学研讨评选交流活动，具体如何做我们还在研制方案，如果各位有好的建议请给我们多提一提。关于艺术教育，上次省厅体艺处张处长给我一个任务，让我们在全省率先搞一下"艺术援教联盟"，思路是集合城市优质艺术专业师资组成援教联盟，定期为乡村学校学生上有质量的专业课，这个我们也在拿方案，届时我们可以和各县市区合作来搞。心理健康教育方面，我们正式成立了心理健康教育指导中心，各县都有聘请的兼职成员。这三件事是指导学生快乐成长的法宝，也是开辟教研新领域的一种途径。

三是评价研究：让核心素养可测

评价改革是决定课改与教改成败与否的关键。如何发挥评价的"牛鼻子"作用，推进课堂评价机制的转型，我们认为需要重点做好以下两方面工作：

第一，建立课程与教学"规准"。关注"规准"的建立、实施及其激发课堂教学效益的产生，促使"以评促教"良性循环的形成。我们要以大数据分析手段为工具开展研究，并借助兄弟省市的经验，围绕课程与教学的内容和流程，建立若干"规准"：一要以学科核心素养整合内容结构、学习方式、评价要点和资源环境，重新建构课程建设规准；二要基于课程标准（或省里学科教学指导意见），明确目标导向、活动落实、过程评价、精准指导的课堂教学要素，重新建立课堂教学规准；三要强调备课研课、作业管理、评价分析等工作，重新建立适应核心素养培养的教学管理规范。

第二，进行基于真实情境的命题研究。通过命题导向的改变，引导评价工作诊断与反馈功能的正常发挥，促进学生"学"与教师"教"的方式的根本转变。我们拟从以下几个方面进行实践探索：一是确立命题原则，围绕命题"三要素"——"素养""情境""知识（包括原理、方法和技能等）"加以确定：以学科核心素养为测试任务；以真实情境为测试载体；以学科知识为测试工具。二是明晰命题程序：明确考试类别与水平，从细化的核心素养中确定具体的测试任务；从学业质量标准水平中找到测试的依据；创设丰富、多样和真实的测试情境；完成测试任务需要运用的知识。三是组织学科考试评价高级研修班等专项培训，进一步加强全市教育评价专业队伍建设。此外，不定期对试卷质量加以评价也是加强命题研究的一种有效方式。

第三，建立评价研究机制。要组建外请专家、专职教研员、学校校长教师共同参与的团队开展教育质量综合评价改革研究，探索教育质量评价体系和学生多元评价新机制，为建设智库型教研机构奠定基础。

"雄关漫道真如铁，而今迈步从头越。"各位领导、各位同仁，"立德树人"是我们教育教研工作者必须始终不渝落实的根本任务，坚持创新工作思路和方法，加快教研成果转化，是我们共同的责任。

习总书记曾勉励广大科技工作者"有多大的担当才能干多大的事业，尽多大的责任才能有多大的成就"，让我们始终保持干事创业的责任感，以锲而不舍的韧劲、求真务实的拼劲，不忘初心，砥砺前行，努力推进教研科学转型，为教育现代化而奋斗。

谢谢大家！

第四章

追日——教育实践之思

按： 市州一级教研部门开展教育研究，必须立足当地实际，坚持从实践中来到实践中去，也只有这样，教研工作才有生命力，否则，只是空谈理论，不接地气，况且我们的科研能力也让我们没有空谈的资本。于是，我们通过摸索，逐步确立了"发现、推介、引领"的工作路径，即发现新思想、新理念、新经验，推介到一线学校和一线教师，以此达到引领的目的。从 2015 年下半年开始，我们选取一些有成功经验和好做法的学校、县市区教育局开展了访谈，试图挖掘本土经验，引领发展。几年来我们分别访谈了时任油田教育分局局长的杨培荣同志（2019 年 1 月任酒泉市教育局局长）、时任肃州区教育局局长的杜建生同志（目前任肃州区人大副主任）、时任敦煌市教育局局长的付虎同志（目前任敦煌市政府办公室主任）、玉门市教育局局长张树德同志（目前任玉门市农业农村局局长）、金塔县教育局局长刘忠英同志、酒泉中学校长邓新源同志、酒泉中学 2015 年高三年级教师团队、玉门油田一中等，这些访谈录在《酒泉教育》上陆续刊登，受到了基层一线校长和教师的欢迎。本书收录了一部分有代表性的访谈，同时，本章还收录了一些笔者带领其团队所做的调研工作形成的报告，一并收录以作为研究资料。

蜕变中的油田教育

——访玉门油田教育分局局长杨培荣

《酒泉教育》：杨局长，近年来，油田教育取得了显著成绩，尤其是油田一中，办学质量大幅提升，在全市高中学校中由排名靠后的位置上升到了第二位。油田一中质量快速提升的现象引起了社会各界的极大关注，成为热议的话题。作为油田教育的"掌门人"，站在您的角度，您认为这两年油田一中取得这样的成绩，主要是得益于哪些有效措施？

杨培荣：要说我们油田一中取得了多好的成绩真不敢说，前两天我们开会还说起，真要提成绩，只能说是和我们前两年低谷的时候比有进步。我们现在的实际情况是，无论小学、初中还是高中的教学水平都正处于爬坡阶段，和邻近的酒泉市区、嘉峪关的优质学校比，还有很大差距；和省内外的名校、发达地区的教育质量比，更是不能相提并论。

《酒泉教育》：与过去相比，近几年油田一中的教学质量有了很明显的进步，这个成绩的取得非常不容易，但也绝不是偶然。一所学校的成长和进步，是外因和内因共同作用的结果，内因是学校管理，外因是外部环境的优化。请您谈谈您的看法。

杨培荣：我们反复说成绩主要是和自己过去比有进步，取得这样的成绩也确实不容易。教育工作是个细活儿，是个慢工活儿，来不得半点儿虚假，我们不奢望一鸣惊人、轰轰烈烈，只求稳扎稳打、稳步推进。我们要保住这个发展的势头，就必须脚踏实地一步一步往前走，我们追求的目标也只是年年有进步。实际上这两年我们在教学管理上，每年都给各学校定教学指标。比如说高中，二本上线率、一本上线率，初中中考600分以上学生的比例和六科合格率等这些要素都要在指标中体现出来。老师们说："我们取得这样的成绩近乎奇迹，以前想都不敢想啊！"实际上我们定这个指标只是一种奋斗目标，好比让老师摘果子，要把果子放到老师跳一跳就能摘到的位置，如果老师们累死也摘不到的话，我们这个指标就没意义了，目标要有价值，评价才有意义。即便是有些老师完不成指标，我们也不会把同志们怎么样，我们要的是大家都尽力。每年下指标时，老师们都有异议，这困难那困难，但每年却都能完成。有人说我们的这个指标下的真是准，每年都是比指标超一点儿完成的。所以说，过去的几年，年年有进步，今后，无论是教学质量还是素质教育，我们都要年年有进步。

《酒泉教育》：我们在油田一中调研发现，无论是教师还是学生，甚至门卫，精神状态都很好，给人一种积极向上、快乐阳光的感觉。座谈时，教师们言谈中出现频率较高的词是：读书、团队、课堂、成长，这些都从多个侧面反映了学校管理措施的到位和有效。

杨培荣：仔细回顾，这几年油田教育有了一些成绩，真是不容易，我们的管理，老师的精神面貌都发生了根本的变化，归结起来我们主要做了以下几项工作：

第一，统一思想，理顺情绪，切实稳定教师队伍。我刚上任时，油田教育给我们的印象是思想混乱，管理也不规范。教师们都知道我来自农村乡镇党委书记岗位，曾经长期在乡镇工作，初期对我不认可，觉得我是外行。面对这样的现状，我没有回避，做的第一件事就是讲清形势，理顺情绪，凝聚人心，回归本真。开校了，准备安排工作，竟出现教师总是以各种理由和借口予以推脱，即使勉强接受也是被动应付的现象。究其原因，是油田移交地方后出现两头不管，教师工资不涨，职称对接不顺，临聘教师的事没人管，到处蔓延着焦虑浮躁的负面情绪。所以我们必须要理顺情绪，问题是现实存在的，我们必须认真面对，只能依靠组织解决，只能在发展和改革的过程中解决。但我们当老师的职责是认认真真地把课上好，把本职工作干好，这是解决好一切问题的前提和基础，老师们的心思如果都不在工作上，没有把教育教学工作搞好，我们当领导的哪有心思，哪有精力，或者说哪有脸面去向上级部门反映、协调解决这些问题呢？我们分别去给中层领导、老师开会，反复给大家讲，当老师的一定把课上好，当学校领导的把学校管好，大家把本职工作搞好了，我们集中精力，汇聚力量，想尽一切办法帮大家协调解决大家的问题。态度决定一切，实践证明，老师认认真真地教，学生认认真真地学，领导认认真真地抓，这就是我们取得进步最牢靠的基础和前提。

第二，紧盯课堂，规范常规，多措并举提升质量。紧盯课堂教学，我们是这样讲的也是这样做的。作为老师，要提高教学质量，实际上没有什么诀窍，也没什么捷径，就是扎扎实实上好课，向课堂要效率，要质量，仅此而已。前些年，老师不备课就上课、随意体罚学生、喝醉酒进课堂、随意在课堂上接打电话等现象比较普遍。更让人无法接受的是一些老师不自觉学习，不主动"充电"，对已过时和落后的教学行为自以为是，领导指出他们的不足，他们还消极抵触不接受，认为局长你一个外行，还对我们指手画脚。诸如此类，负面情绪和课堂乱象比较严重。我花了一个学期时间，掌握了一些真实的具体情况，决定先从课堂入手。通过研究分析外地的先进经验，我们提出了课堂教学改革方案。刚开始老师很抵触，家长也有不同的看法，但我坚信这个方向是对的，从 2012 年 8 月开始，油田学校全面推行"高效课堂"建设，核心是改变"满堂灌"的现象，关键是治理课堂乱象，抓了一段时间后，老师们认可了，但认可了还不行，课堂教学改革这个题目太大，内容宽泛，落实起来问题还是比较多。我们提出了许多操作性的规范，在实践的同时也做了适时的调整，搞了一年以后，2013 年 6 月，我们又根据实际策划了针对性更强的"我与课堂同成长"活动，经过反复调研、讨论、征求意见，历时两个月，开会七八次，终于形成了完整的活动方案。较之课堂建设，"我与课堂同成长"活动内容更加统一、细化、内容丰富，如推门听课、录课展播、公开课、示范课、同课异构等等。这项活动推出后，也遇到压力，比如推门听课，老师们认为听课应该提前通知，不通知就让摄像机进教室、领导进课堂是因为不信任、不尊重老师。对此，我们积极回应老师：如果你是一名合格教师，课堂教学过硬，根本不用紧张，即使不通知，只要按照常规把课备好，你只管认认真真上课，我们只是检查常规的落实而已，又没有什么过高的和脱离实际的要求。另外还有录课的事情，我们配备了很好的设备，要求教研室的同志每周必须按要求把课录好上传到教育分局的网站上，领导们没时间进课堂听课时，可以边处理工作边打开网站看看本周是哪位老师的课，上得怎样，随时了解教育教学情况。大家对课堂实录这件事刚开始也很忐忑，压力很大，我们就又在大会小会上苦口婆心地给老师们做工作，强调这只是教学常规的正常检查，只要大家按规范操做了，就没有任何问题。我们也给教研室的同志讲，发现问题，给老师们要科学反馈，讲求艺术，不要伤了大家的自尊心。录课时，发现有些老师上课时出现一些非有意为之的问题时，会在后期制作时剪辑处理，尽量做到不伤害老师的自尊心，我们工作的初衷和目的就是提高课堂教学效率，而不是整哪个人！现在老师们对"我与课堂同成长"活动已经非常认可了，领导随时进课堂听课，老师们都能泰然处之，我们在老师的课堂教学中发现了许多令人惊喜的变化，老师们都能自觉地备好课，认真设计作业，教学工作按照常规要求有条不紊地进行，课堂乱象彻底绝迹了。今年开校进行工作研讨时，大家一致认为"我与课堂同成长"活动要继续搞，还要更加深入，不断创新。通过课堂建设和"我与课堂同成长"活动的开展，老师们的教学思想、理念、手段，课堂的规范程度，与三年前相比不说是翻天覆地的变化，也是发生了改头换面的深刻变革。由此，我们更加坚定地认为，提高教学质量的保证，就是扎扎实实抓课堂、抓教学，没有捷径，也不可能有奇迹发生。

第三，正视现实，改革创新，努力化解历史矛盾。近几年，我们积极协调，反复沟通，在市委、市政府的关心下，基本解决了遗留问题：从2014年1月开始，市财政把油田学校纳入正常供给范围；采取公开考试招录的办法，彻底解决了原有占比近四分之一临聘教师的入编问题；为140人落实了职称晋升聘任问题；结束了过去油田学校教师十年工资未实际增长的情况，工资增长机制按政策落实到位了。总之我们想尽办法让历史遗留问题得到了解决，让老师们没有了后顾之忧，这也是理顺人心、凝聚力量的前提和基础。

第四，强化培训，典型引领，促进师生共同成长。情绪理顺了，课堂乱象绝迹了，教学工作规范了，接下来就要着力提升教师的专业成长。近十年来老师们放松了学习，无论是学习态度，还是敬业精神都不是很好，分局也没有为老师提供专业的培训，等大家把工作都理顺了，规范了，静下心来想干事时才发现，这也不懂那也不会，落伍了，所以我们及时提出了抓教师专业成长的工作思路。从提出设想到调研、制定方案、出配套措施，前后历时一年。这些年我们花了大量的资金进行教师培训，前年150多人，去年一年送出去160多人，只要教学上能够安排开，就派老师出去，这三年大概选派500人次，人均1.2次。这种培训一方面是让教师们转变思想，认识自己的不足，另一方面是博采众长，学习外地先进经验。通过这些手段，老师的态度有了很大的转变，学术氛围明显浓厚了，现在我们到学校去检查，老师要么在上课，要么在办公室里备课学习。另外，上级安排的研修活动，我们全部都认真参加，学校还自选教材校本培训，抓住一切机会学习提升。每次外出培训，老师们都带着任务，培训结束后要以报告会或示范课的形式，最大限度地分享，让更多的人参与研讨，把学习的成果运用于工作。每年油田公司支持油田教育分局的 80 万资金，我们都用在了教师培训上。为了更进一步提升教师的专业素养，营造良好的学习氛围，我们还组织了教师的读书活动。在买书这方面，我们给学校放权，只要老师在教学、专业提升方面需要的工具书、参考书、资料等等均不打折扣，可以说老师要的书，我们毫不惜钱。去年我们花了 6 万多块钱从北京买了一批教师专业成长方面的书，平均一人两本，配发给老师。只要是有利于提升教师的素质、提高课堂教学效益的事情，我们都愿意去尝试。读书活动在老师中的反响还是很好的，大家碰在一起都在讨论最近看什么书，都在交流心得，这就是一种很好的势头。

除了老师的读书活动，我们还在学生中组织开展了"好书伴我成长"活动，分局每年为学生配书大概投入近二十万元，每种书买两百多本，每月各年级班班之间互换，学校随处可见图书漂流、图书角。可以设想，如果我们的孩子把学校推荐的这些书都读完，那对他们一生的影响该有多大。为了把学生读书活动搞好，我们还要求老师定期到学生中间去翻一翻，看一看，了解学生们到底认真读了没有，并及时给予引导，为他们提出读书的计划和要求，不能让这种活动流于形式。我们要求小学、初中语文老师要把读书活动渗透到学业考试中，卷面上要出现5%—10%本学期课外阅读书目中的相关知识的考查，将读书活动和我们的学业考试相结合，以此来督促学生有效地读书。我们的目的是经过一段时间的要求后，学生能最终把"老师让我读书"变为"我要自己读书"的良好习惯。我们还通过语文课、学生社团，定期策划活动，如演讲比赛、书评会、心得分享等等，效果都非常好。

第五，总体规划，分块布局，梯次推进文化建设。课堂建设、常规落实、教师专业成长、读书活动等工作逐一推开，形成常态后，我们又着力抓了学校文化建设。根据油田的特色，学校文化主要以铁人精神为核心，包括各学校的校歌、校训、办学理念等，内容非常丰富。2014 年 3 月，我们经过充分调研，广泛征求意见，站在更高的起点上，谋划长远发展，要求各学校制定学校五年发展规划。去年底各学校将2014—2020年的发展规划都拿出来了，我们分局也对第一年的工作做了评估验收。我们做这个事是希望工作要一盘棋，防止东一榔头西一棒子，零敲碎打、事倍功半，抓来抓去失了自己的特色，也没有核心竞争力。去年五月，我们又提出了一个如何促进教师专业成长的规划。今年，我们在充分调研论证的基础上出台了四个文件：《酒泉市教育局玉门油田分局关于开展学校领导班子教育教学能力建设"六个一"活动的安排意见》（"六个一"：指导一个教研组和年级组；每周有一天全程"进组进班"开展教育教学活动；每学期主持一次"教学论坛"；每学年策划、指导、参与一门校本课程的开发与实施；每学年跟踪指导一名青年教师；每学年进行不少于30学时的学习研修活动）、《油田教育分局教育教学责任事故认定及处理办法》《油田教育分局中小学名师工作室组建及管理办法》和《油田教育分局年轻教师教育教学能力提升工程实施意见》。我们的整体设想是每过一段时间就根据实际推进一项工作，这样一来，整个学校的教育教学工作和方方面面的管理制度、措施等都就逐步完善起来了。

第六，大胆放权，分级负责，积极做好保障服务。我们充分利用油田特殊的管理体制，为教育教学工作提供了良好的支持和保障。诸如上传下达等一些与教学没有直接关系的事情，我们在分局层面就进行了工作安排，一般不让学校承担，学校只有一个任务：教学。一些事务性的工作，比如采购、维修等，学校只要报计划，我们分局统一做，该是机关做的事一定做好。这样就把学校从事务堆里解放出来了，让校长作为第一责任人大胆创新，静下心来专心办学，我们提供有力的保障，目标任务分级负责，推行精细化管理，教育质量才会不断提升。

《酒泉教育》：杨局长，正如您刚才谈到的，油田教育的发展经历了一个由乱到治、由顺到进的过程，目前虽处在爬坡阶段，但是正在发生蜕变，相信有市委、市政府和油田公司的关心，有市教育局的大力支持，有油田教育分局、学校两级班子以及全体师生的共同努力，油田教育一定会迎来更加灿烂的明天。展望未来的油田教育，您有何规划设想？

杨培荣：今后一段时期，总的来说我们将遵循"夯实基础、深化改革、精细管理、提升内涵、创建品牌"的 20 字发展方针，切实落实好"三个坚持"，"三个创新"工作思路。"三个坚持"是坚持突出教育教学质量为中心，进一步推动油田教育内涵发展；坚持深入推进课程改革，不断深化课堂建设；坚持立德强能，全面提升教师队伍专业素养。"三个创新"是创新德育和艺体教育载体，促进学生全面发展；创新学校文化，塑造油田教育办学品牌；创新教育现代治理理念，建设现代学校制度。

（此文原载于《酒泉教育》2015 年第四期，访谈组成员：潘建军、苏发柱、常海燕，均系酒泉市教研室教研员）

从"管理"到"治理"

——酒泉中学学校文化建设纪实

《酒泉教育》：学校文化是学校教育的重要组成部分，是全面育人不可或缺的重要环节，是校长办学和治校理念的体现，也是全体师生共同精神价值追求的内在表现。良好的学校文化以鲜明正确的导向引导、鼓舞师生，以内在的力量凝聚、激励师生，以独特的氛围影响、规范师生。因此，大力加强学校文化建设对于办好学校起着举足轻重的作用。邓校长，您是怎么认识学校文化的？

邓新源：我对学校文化有一种简单的理解，就是一种集体文化，具有整体特性，是学校发展过程中长期的历史积淀，简单来说，学校文化就是师生形成的制度文化、课程文化、课堂文化、精神文化、德育文化、活动文化的总和，是师生共同的一种价值取向和生活习惯。学校文化是现代学校核心要素之一，决定着学校的品味、层次、方向、培养模式和学校精神的传承，是学校的灵魂。学校文化和精神引领学校发展是学校管理的最高层次，是由管理向治理的嬗变。

《酒泉教育》：时下，文化是个热门话题。在教育领域，"校园文化"与"学校文化"也是两个出现频率很高的词汇，常有人就两者之间的异同展开讨论。请问邓校长，你认为学校文化和校园文化的区别表现在哪里？

邓新源："学校文化"是隐性的、内涵的、哲学层面的概念，是办学过程中稳定地反映学校独特精神的凝练和继承，是渗透于师生言行并体现其精神风貌的元素，其核心是价值观。"校园文化"是显性的、外在的、环境（生态）层面的概念，是对学校办学理念、环境文化、视觉文化、行为文化的识别，是展示学校形象的元素。学校文化中应该包含校园文化，校园文化体现学校文化。

《酒泉教育》：长期以来，酒泉中学坚持文化立校、文化兴校，推进学校文化建设，确立了符合本校实际的办学理念，形成个性化的文化特质和办学特色，学校教育理念在这里得到生动诠释，师生的文化意识得到显著提升。请邓校长和大家共同分享一下酒泉中学是从哪些方面入手建设学校文化的？

邓新源：我校的文化建设总体来说可以概括为"围绕一条主线，建设四大课程板块，构筑六个文化要素，培育'5+5'学生素质体系"。一条主线即把"璞玉成器"作为学校文化的基本符号，赋予"成"之教育内涵贯穿学校教育过程始终。四大课程板块即由国家课程（必修）、校本课程、研究性学习课程、社会实践课程构成的课程体系。六个文化要素即课程文化、教师文化、学生文化、制度文化、环境文化、德育文化组成的学校文化系统。"5+5"学生素质体系即人文素养、科学素养、身心健康素养、人际交往能力、自我认知和生存能力等五项基本素质加独特的智能品质、执着的创新精神、自主的研究能力、卓越的领袖气质和开阔的国际视野等五项特色素质。

《酒泉教育》：现如今，"学校文化"建设春风已刮进了"千校万校"，可谓"百花齐放""万紫千红"。许多学校力求在学校文化建构上有所突破，都在"披新外衣""添新内衣"，学校的每一面墙壁都在说话，到处是名人名言，到处是制度职责，一时间，我们都显得很有"文化"。在这种背景下，酒泉中学也借建校 80 周年纪念活动在校园环境方面做了一些建设，但我们看到，学校格局和主要建筑都基本保持了原有的历史面貌，没有变成一所"新"学校，而是成为一所越看越有"味"的"老"校。同时，你们把"璞玉成器"作为学校文化建设的主线，你和你的团队是如何思考或者说是如何给这句成语赋予深刻内涵和文化特质的？

邓新源：把"璞玉成器"作为学校文化建设的主线，我们主要是从三个方面思考的。

一是符合"玉酒泉"的地域特色。酒泉地处美丽的祁连山北麓，以盛产祁连美玉闻名于世，祁连美玉与新疆和田玉、陕西蓝田玉、河南独山玉、辽宁岫岩玉被列为中国五大玉石。盛唐诗人王翰的《凉州词》名句"葡萄美酒夜光杯，欲饮琵琶马上催"，使得作为夜光杯材质的祁连玉美名流传。清代诗人沈青崖的《嘎巴石歌》更是以"雪山西崎万余里，于阗秀结葱岭起。绿玉白玉分两河，迤逦钟灵酒泉止……嫩黄深碧间松花，性质坚凝莹肌理……"这样美妙的诗句，描述了祁连玉的色泽之美和质地之润。

二是"璞玉成器"具有特殊教育内涵。"璞玉成器"，是指具有天然美质的"璞玉"经过治理琢磨，成为有用且贵重的器物，在此用以比喻一个人借助教育、通过学习成就自己，成为高品质的人才。

"璞玉"即未经雕琢的玉石。"玉，石之美者"，自古有"五德"之说：仁、义、智、勇、洁。学生正如璞玉一般，具有各种天然美质，需要借助教育和学习来开发、提升，使之成长、完善。"器"可以引申为"胸襟、度量""才能、人才"，更赋予"理想、目标、成果"的内涵。

"璞玉成器"意喻立德树人，指每个学生犹如"璞玉"，有着可贵的潜质，在学校教育的帮助和促进下，都能以各自的禀赋成为美器、大器。是"璞玉"，且必"成器"。这应该成为教育的基本信念。成为怎样的"器"？如玉之润，成为"仁"人，心怀大爱，服务社会；如玉之纹，成为"智"者，勤学善思，明理悟道；如玉之廉，成为"义"士，正直端方，宽厚弘毅；如玉之垂，谦恭知"礼"，遵纪守法，律己恕人；如玉之鸣，动静合"乐"，文明优雅，友善和谐；如玉之纯，恪守"诚信"，表里如一，知行合一；如玉之美，道法"天地"，自强不息，成就大器。

"璞玉"要"成器"，必须要经过一个造就的过程，叫"治玉"。"治玉"之法有两种，首先是对"璞玉"顺其纹理做深入了解和剖析，叫"理玉"；其次根据玉质的自然特性和"治玉"的需要，将"璞玉"制成各式之"器"，叫"雕琢"。之于教育则喻为深入了解"学情"，即每一个学生的禀赋性情、志趣抱负、智能水平、习惯方法、优点缺点……这些，是教育教学的起点，如同"理玉"一样深入了解"璞玉"的质地纹理；在这个基础上，才能因材施教，务使其成为所能成就之才，如同玉工进行精心的"雕琢"，造就各式各样的贵重的玉器一样。

"雕琢"之法虽不拘一格，但敬畏心、责任心、精心、耐心都是不可少的，因为"一刀不慎，美器即毁"。教育亦如此。"玉"总是与"珍贵"相连的，因为"珍贵"，所以"珍重"。古往今来，人们以"治玉"来比喻对"育人"的极端重视。《礼记•学记》："玉不琢，不成器；人不学，不知道。"可见，以"治玉"喻"育人"，最能表征中华民族优秀的教育传统。

三是具有重要的现实意义。我校具有深厚的人文底蕴，又位于祁连美玉之乡的酒泉，当地的青年才俊荟萃于此，进德修业，期成大器。以"璞玉成器"作为学校文化建设主线，既能体现中华民族优秀的教育传统，又合于家乡历史悠久的美玉文化，并且因为玉的美质具有丰富的暗示性，可以喻指丰富的道德文化内涵，能够涵盖育人成才的诸多方面，具有鲜明的特色。

《酒泉教育》：党的十八届三中全会明确提出了"推进国家治理体系和治理能力现代化"的目标，在教育领域也提出了"教育治理""学校治理"的思想理念。过去我们更多地讲"管理"，与"治理"虽只一字之差，但主要差别在于理念不同，"管理"重于人治色彩，"治理"处于文化层面，强调多元、系统、公共、沟通、协同等特性，指向公平、正义、和谐和有序。因此，我们应该更要深入地去研究在文化建设层面上的学校治理。学校文化虽是一种文化现象，但学校文化建设可以实现学校由"管理"模式向"治理"模式的嬗变，它涵盖了学校的方方面面，要通过物质文化、制度文化和精神文化要素体现出来。

酒泉中学结合历史发展、办学特色、课程建设等方面提出了学校文化建设的"六个文化要素"，它的内涵是什么？

邓新源：学校文化六个要素指：课程文化、教师文化、学生文化、制度文化、环境文化、德育文化，其内涵是：

课程文化包含正确的价值取向、完整的体系结构、丰富的时代性和浓郁的民族性、关注生命教育等方面，拓延生命的深度、宽度与理想的高度，倡导成长大于成绩，成人大于成才，注重学生发展的多样性与选择性，重视师生人文情怀的培养。

教师文化包含教师品性的四个维度，即职业操守和教育情怀、专业素养和教学艺术、学生意识和质量观点、自我反思和终身学习。

学生文化主要从民族责任感与历史使命感、诚实守信与勇于担当、感恩之心与友善他人、领袖气质与谦逊品质、全面发展与学有特长等五个方面立德树人。

制度文化主要解决学校治理的规范化、科学化、流程化问题，体现教育性、协作性、开放性等特性，将落实进行到底。

环境文化主要就体现统一而丰富、雅致有格调、继承且创新、显性寓内涵、传统含现代等方面。

德育文化主要内涵表现为具有教育性和接受度，达到震撼心灵和洗涤灵魂的目的，突出实效性和梯度，重视趣味性和思想浸润相结合、系统性与文化传承共一脉。

《酒泉教育》：酒泉中学教育价值取向是在健全人格的基础上促进学生全面发展，让生命个体的潜能得到自由、充分、全面、和谐、持续发展，让教育为个体而存在，创建适合个体独特生命的个性化教育。几年来，学校在管理文化、课程文化、环境文化、教学文化、学生文化、学校——家庭体系文化方面做了有益探索，形成了独具特色、促进师生发展、影响带动学生家庭、体现自身办学优势和办学理念的现代学校文化体系，极大地提高了学校的核心竞争力。请您谈一谈您在具体实践中是如何打造学校文化的？

邓新源：我们主要做了四个方面的工作。

一、以校园文化为载体，推进学校文化建设

1. 建立四个文化系统。一是理念系统。学校在立足调研的基础上，广泛征求各方意见，通过职代会认真讨论研究，形成了"璞玉成器"的校训、"为学生的终身学习和可持续发展奠基"的办学宗旨，"事事求好、争创一流"的酒中精神，"创新办学理念、提高办学质量、突出办学特色、提升创新水平、建设和谐校园"的办学思路，"滋育英才俊杰、培养仁慧明师、打造陇上名校"的办学目标（学校发展愿景），"弘德、爱智、崇文、尚美"的校风，"勤学、善思、苦练、高效"的学风和"责任、合作、奉献"的师生共同的价值取向。制定了《酒泉中学章程》和《酒泉中学"十二五"发展规划》，确立了把酒泉中学办成高质量、现代化、有特色的省内一流名校的总目标。二是环境系统。学校占地面积168亩，绿化率达60%，图书馆藏书14万册。建成了计算机网络中心、多媒体教室、多功能报告厅、全塑胶标准田径场及球类运动场等设施。教室均配备投影、视频展台、电子白板等教学设备。学校有理化生实验室14个，有机器人实验室、汽车模拟等通用技术实验室7个。学校拥有酒泉城区唯一保存完整的古建筑群，建成了古典色彩与现代气息和谐融汇，育人设施与观赏嘉木相互辉映的花园式学校。学校对校园内的楼宇、景观、道路、场馆、教室、走廊等赋予文化内涵，构成了学校文化的环境识别系统。三是学校利用校徽、校旗、校歌、标识构成了学校文化的视觉识别系统。四是通过仪表仪容、精神风貌、言谈举止教育，形成了学校文化的行为识别系统。

2. 利用校史编纂、校史陈列室推进学校文化建设。学校以 80 年校庆为契机，组织人员编写校史和建设校史陈列室，回顾酒泉中学辉煌历程，总结学校的优良传统和办学经验，增强了广大师生的自信心和自豪感。总结出了酒中精神的内涵。即顽强拼搏、艰苦奋斗的创业精神；自强不息、奋勇争先的进取精神；投身教育、默默耕耘的奉献精神；发愤图强、刻苦攻读的担当精神；面向未来、迎接挑战的改革精神。

3. 修缮古建筑，开设国学馆、国艺馆，进一步营造学习中华传统文化的环境，培植经典诵读之风气，传承中华千年文明，推动新时代的文化建设。

二、丰富学校课程体系，促进学校文化提升

1. 校本课程。目前，我校在高一高二年级开齐了选修 I 和校本课程。在高一高二年级开选修 II 模块课程 15 门。我校教师已开发校本课程 16 种，正在开发的 10 种。按照学校业已确定的课程规划，今后的校本课程开发主要围绕丝路文化模块（《历代咏酒泉诗歌赏析》《敦煌书法》《酒泉民俗》《酒泉玉文化》等 10 种），逻辑与学科学习模块（《逻辑与语文学习》《逻辑与数学学习》等 8 种），学科延伸模块（《数学与艺术》《化学与环境》《趣味经济学》等 15 种），科学模块（《酒中植物园》《酒中气象站》《酒泉老城区西大街 PM2.5 监测》《水火箭》《高空坠蛋》等 8 种），活动类模块（机器人、汽车模拟驾驶、英语角、模拟联合国、拉丁舞、轮滑等 10 种），选修课程校本化改造模块 8 种。计划到 2016 年底，达到 80 种以上，实现校本选修课程每 45 名学生一门的目标。

2. 研究性学习。走进酒中图书馆大厅，许多人都会被"研究性学习成果展"所吸引。《数学在生活中的运用》《化学与环境保护》《中西方饮食文化差异》等一篇篇研究报告，是学生通过查资料、进工厂、到农村、搞调研完成的，无不凝聚着学生的智慧和汗水。学生每学年上交研究性报告 500 多篇。通过研究性学习的实践，激发了学生自由创新的热情，培养了他们独立思考、探究新事物的科学精神，同时提高了学生协作能力和社会交际能力，填补了他们在课堂上学习的不足。

3. 学生社团。《酒泉中学"十二五"发展规划》制定了"形成20个学生社团并有常规活动内容"的目标，学生社团如雨后春笋般成长起来了。"学生会""还原文学社""起航梦诗社""漫社""起航红学社""起航文艺社""滑轮社""影翼足球社"等十几个学生社团建立了起来。"还原文学社"创办的《课余生活》已办25期，深受师生欢迎；"起航文艺社"举办的校园歌手大赛、学生器乐比赛、迎接新生音乐会等极大地丰富了校园文化生活，"起航红学社""起航梦诗社""诗社"的成立也使图书馆的图书借阅量大幅度提高，出现《红楼梦》一书难求的情景，他们组织的笔会、辩论赛场场精彩。学校政教处和团委制定了《甘肃省酒泉中学学生社团章程》，进一步规范了学生社团活动。学校各个社团组织举办的活动为广大学生增长知识、增进友谊、增强能力创造条件，为学生们提供了展示自我的舞台，推动了学生的全面发展。定期举办的校园歌手大赛、学生器乐比赛、迎接新生音乐会、各种笔会、辩论赛等极大地丰富了校园文化生活，成为学校一道道亮丽的风景线。

三、探索特色德育模式，促进德育文化建设

我们践行"让德育成为学生生命的基石"的教育理念，结合高中新课程理念及学校德育工作的实际情况，坚持继承与创新相结合的原则，以校本研究为手段，逐渐形成了的"五五七四三"德育模式。"五五七四三"德育模式指：即德育工作的五化：德育组织网络化、德育队伍专业化、德育评价科学化、德育资源最优化、德育活动特色化；德育工作的五个基点：以爱国主义教育为重点，以基本道德和行为规范教育为主线，以诚信和感恩教育为切入口，以法制教育和心理健康教育为保障，以生命教育为底线；七种育人途径，全员育人、学科育人、班级育人、实践育人、网络育人、环境育人、家庭育人；德育活动坚持四个一，树立一种理念、强化一种责任、抓好一支队伍、形成一种合力；三种工作机制：即德育科研机制、德育评价机制、德育激励机制。"五五七四三"德育模式在继承和总结酒中七十多年办学经验的基础上，把创新教育作为德育工作的方向，突出社会主义核心价值观教育、民族教育和理想信念教育，积极推动校园人文精神和科学精神的构建。

四、完善学校制度体系，推动制度文化建设

以制度建设为载体，形成学校制度文化，制度文化建设是学校教育有章、有序、有效的根本保证。我校自创建以来就有制度治校的传统，尤其近年来，我们不断完善学校各项规章制度，按照"全""细""严"的总体要求，从2012年开始，学校集中力量采用废、改、立的办法，对2005年修订的《酒泉中学规章制度》进行了系统完善，为了使制度更加直观和具有可操作性，学校设计出了154个工作流程图。通过抓过程管理，抓内化自律，从而形成自我激励、自我约束、自我管理的制度文化。

《酒泉教育》：今年是酒泉中学建校80周年，学校经过不断探索、积淀、创新、完善了学校的文化体系和文化内涵，面对教育发展新形势、新要求，学校提出了新的办学理念，而这新理念、新目标需要在学校文化层面健全完善支撑体系，请您谈谈今后对学校文化建设的设想。

邓新源：今后，我们将以特色校建设和编制学校十三五规划为契机，围绕"璞玉成器"这条学校文化主线，进一步阐释"璞玉成器"的教育内涵，完善业已形成的办学宗旨、学校精神、办学思路、"三风"以及学校发展愿景，建设课程体系，构筑学校文化系统，规划学校文化建设路线图，具体计划是：

2015年，建立团队，全面部署，深化研究，形成学校文化建设的二级指标和子项目方案并启动实施。

2016年，全面展开，攻坚克难，配套跟进，深入实施。完成七项工作。一是构建起适应学生成长需要和全面而有个性发展的重基础、多样化、有层次、综合性的课程结构。二是深化课堂教学改革，创设有利于引导学生主动学习的课程实施环境，提高学生自主学习、合作交流以及分析和解决问题的能力。提高课堂教学的有效性，初步形成富有学校特色、体现教师个性风格的多样化教学模式，让课堂教学成为学生最喜欢的活动之一。三是逐步扩大走班制教学在学校教学活动中的比重，努力形成学生体现个性的课程修习计划。建立学生选课与学分管理的数字化平台。加大学生社团建设管理力度，建成一批有影响力和带动辐射作用、学生参与度高的社团。四是以课题研究和科技活动推动研究性学习。依托基地开展多种社会实践活动。五是建立多维度、发展性的学生学业成绩与成长记录相结合的综合评价体系，促进学生成长与进步。六是基本完成学校文化系统建设。七是经费保障到位。建设天文观测台，科学探究室，数字实验室，科技活动室等教育教学设施。建成多个代表性文化景观。

2017 年，全面完成行动路线图"2015""2016"设定的各项目标任务。系统总结三年实验工作，设计并展开新一轮创建活动，打造升级版的学校文化。

（访谈组成员：潘建军、李海平）

面向未来　追赶跨越
全面实现义务教育均衡发展

——访肃州区教育局局长杜建生

2015 年 9 月，肃州区、金塔县、玉门市、瓜州县、肃北县通过县域义务教育均衡发展国家评估认定，加上去年评估通过的敦煌、阿克塞，全市七县市区全部通过国家评估验收，酒泉成为全省十四个市州率先整体通过国家义务教育均衡发展评估验收的地区，查阅国家教育部发布的信息，截至目前，全国全域通过国家验收的市州也不是太多。酒泉作为西部经济欠发达地区能提前完成义务教育均衡发展任务，实在难能可贵，尤其是肃州区作为全市"教育大区"能顺利通过国家评估验收，意义非凡。为此，《酒泉教育》访谈组对肃州区教育局局长杜建生进行了访谈。

《酒泉教育》：推进县域义务教育均衡发展是"两基"（基本扫除青壮年文盲、基本普及九年义务教育）之后国家确定的又一项教育发展战略。近年来，肃州教育的发展也是紧跟形势，一年一个目标，一步一个台阶快速发展，并在今年 9 月顺利通过了县域义务教育均衡发展国家评估认定。就我们肃州区或者肃州教育而言，您觉得这样一个目标的实现，究竟有着怎样的意义，或者说是一种什么样的突破呢？

杜建生：近些年来，肃州教育确实是在"与时俱进"，快速发展，特别是进入"十二五"的这几年，基本上是一年一个目标，一步一个台阶在前进。2011 年我们代表全省迎接"两基"国检，2012 年区政府接受省政府教育工作督导，2013 年启动均衡发展工作，2014 年通过省政府验收，今年通过国家评估认定，可以说一路走来，步步紧跟，节节向上，丝毫未有松懈。到今天回头看，这些目标都基本实现了，我觉得这一系列目标能够实现的背后，是我们教育发展的基础在夯实，是人民群众的期盼在不断满足，我们的教育公平在不断实现。可以说，今天的教育已经开始整体进入由普及教育，向着更加注重质量、更加注重公平、更加注重内涵、更加注重向优质均衡方向迈进，一句话来概括，就是我们已经实现了从"有学上"到"上好学"这样一个历史性的跨越。

《酒泉教育》：我们肃州区在全市所占的教育比重众所周知，如今在全省率先实现了县域义务教育均衡发展的目标，回首这两年，您觉得肃州区在均衡发展中曾经面临过的最大挑战是什么？

杜建生：我们肃州区学校多，学生多，承担着全市40%的义务教育任务，面临的挑战和困难确实很多，但最关键的是我们在始终面对着一个外部"增量"——随迁学生。根据2014年教育年报统计，在我们肃州区各义务教育学校就读的外省、外县市随迁就读学生人数为7545人，这个比例占到我们肃州区在校学生总数的16.77%，平均到小学和初中的9年，相当于肃州区差不多每年转入学生840人。这意味着区政府每年都要修建一所义务教育学校，才能基本满足本区和随迁学生就读需要。因此，近年来我们每年都在规划修建学校，2013年购买三正世纪学校，2014年扩建酒泉二中和西大街小学，今年又扩建了酒泉一中和东苑学校，明年还要新建北苑学校，但这还是赶不上学生快速增加的趋势，城区一些学校还是存在着"大班额"问题。我觉得这就是我们肃州区面临的最大挑战，也是我们肃州区和其他县市不太一样的地方。

《酒泉教育》：在均衡迎检工作中，咱们肃州区委、区政府高度重视，创造性地提出了"紧盯重点、力补弱点、主攻难点、打造亮点"这样一个"多点突破"的工作思路，很好地指导和推进了各项工作。请您具体介绍一下这个"多点突破"思路的具体内容。

杜建生：这个"多点突破"思路，其实就是我们在分析把握自身条件基础上找到的一种工作推进思路，也是我们因地制宜、避繁就简落实工作的一种策略，具体就四句话，十六个字：

一是紧盯重点，即紧紧盯牢省级标准化学校建设这道"门槛"，推进"城区学校扩容、农村薄弱学校改造、运动场改造、校园环境提升、学校公共饮水安全"等五大工程，打造"升级版"标准化学校，确保全区57所义务教育学校全部高标准建成省级标准化学校。

二是力补弱点，即在我们甘肃教育尚欠发达的情况下，坚定走好教育装备信息化发展之路，重点实施图书达标、计算机更新、专用教室、"班班通"建设和校园网提速等"五大工程"，推进教育信息化建设，最大程度实现优质资源共享，缩小教育差距，助推提升教育发展水平。

三是主攻难点，即坚持以内涵发展和质量提升为核心，不断深化高效课堂、招生考试、联盟办学和评价考核等关键环节和重点领域教育改革，推进县域义务教育优质均衡发展。

四是打造亮点，即坚持以教师为本，重点抓好师德师风建设、队伍结构优化、教师培养培训、教师专业发展以及完善激励关怀机制等各项工作，着力打造师资均衡亮点，持续提升教师队伍整体素质。

《酒泉教育》：推进县域义务教育基本均衡发展，重点是在于发展教育，缩小区域、城乡和校际办学差距，关键在于地方党委和政府。我们知道，"两基"目标实现后，肃州区委、区政府认真贯彻落实教育部和省政府推进义务教育均衡发展"备忘录"精神，把推进义务教育均衡发展作为全区经济社会发展的一项重要内容，纳入总体规划，明确任务目标，强力推进落实，不仅保证了创建目标的实现，而且实现了近年来肃州教育的跨越发展。请您简要谈一谈近年来我们肃州区在推进县域义务教育均衡发展方面所做的主要工作及成效。

杜建生：关于近年来的教育工作，区委杨金泉书记在今年教师节前夕召开的全区教育工作会议上讲话时总结了四句话，即最大决心保证教育投入，最大力度改善办学条件，最大幅度提升教育质量，最大程度促进教育公平，这"四个最"就是近年来区委、区政府抓教育工作的真实概括。我们从六个方面来看：

一、落实"五个优先"，切实强化政府办学责任

区委、区政府始终把教育放在优先发展的战略地位，做到了"五个优先"。一是教育发展优先规划。定期召开区委常委会、政府常务会、全区教育工作会，研究解决教育难题，部署教育发展大计。区政府每年确定1—2件教育惠民实事列入政府为民办的十件实事，重点落实，强力推进。二是教育经

费优先安排。将新增财力的70%用于教育，严格执行义务教育经费保障制度，"三个增长""两个比例"得到全面落实。三是教育项目优先实施。每年12月提前确定安排来年教育建设项目，财政优先保障实施。近三年，共实施教育建设项目79个，新改扩建学校46所，总投资达3.2亿元。四是教师待遇优先落实。落实了以县为主的管理体制，城乡教师工资足额发放，医疗保险、住房公积金、农村教师津贴等足额到位，并每年安排一次教师免费体检。五是校园安全优先保障。建立区政府领导下的学校安全工作"3+1"机制（即学校安全工作联席会议制度、接送学生车辆管理联席会议制度、农村义务教育学生营养餐联席会议制度和校园周边环境综合治理专项组），拨专款为学校安装了监控设施，2014年为全区城乡中小学配备专职保安61名，确保校园和师生安全。

二、实施"五大工程"，强力推进标准化学校建设

我们围绕做实民生，聚焦均衡发展，三年共投资3.2亿元，着力实施了"城区学校扩容、农村薄弱学校改造、运动场改造、校园环境提升、学校公共饮水安全"五大工程，全区新建、改扩建学校46所，新增校舍面积5.43万平方米，增加城区义务教育学位3160个，改造运动场18万平方米，省级标准化学校建成率100%。特别是2013年，市、区两级政府一次性投入5827万元，购买了停办三年的民办学校——酒泉三正世纪学校用于举办义务教育，不仅优化了城区学校布局，而且有效缓解了城区学校"大班额"问题。2015年，在已经完成校舍标准化改造的基础上，区政府又一次性安排资金近2000万元，对19所学校校园环境进行整体改造，维修改造教学楼、公寓楼6.5万平方米，硬化、绿化校园5.8万平方米，为全区中小学安装公共直饮水机328台（套），休闲读书长椅780个，解决了城乡5万余名中小学生安全饮水问题，为学生健康成长创造了有利条件。

三、打造"五优工程"，全面提升教育信息化水平

坚持以教育信息化推进教育现代化，打造优势优质教育资源，努力缩小城乡教育差距。近三年，我们先后投入5918万元，着力实施以图书达标、计算机升级、专用教室配套、"班班通"全覆盖和校园网升级提速为内容的教育信息化"五优工程"。为全区中小学更新计算机4512台，新建"二合一""三合一"液晶触控一体机"班班通"教室980个，计算机网络教室81个，"远程互动同步课堂"28间，小学实验室54个、初中实验室59个，添置图书

43.2万册，音体美专用教室及心理咨询、卫生保健、道德讲堂等功能教室193个；城乡中小学光纤带宽分别升级为100M、50M、40M和10M以上，投资60万新建录播教室4个，依托先进教育资源平台，实现了城乡和校际资源共享，优势互补，共同发展。

四、深化"五项改革"，积极推进教育内涵发展

坚持以内涵发展和质量提升为核心，持续推进教育领域综合改革，促进了教育质量不断提高。一是深化课堂教学改革。依托先进平台和信息化手段，扎实推进新课程实验，持续开展"教学改革推进年"活动，努力提高每一所学校的教育教学质量。二是全面深化素质教育。坚持把立德树人放在首位，定期开展中小学生公祭英烈、慰问军烈属、社区环保以及敬老助残等活动，广泛开展"好人榜"评选活动，胡少杰等4名学生被授予肃州区"见义勇为好青年""见义勇为积极分子"荣誉称号，茹晓燕同学获评第二届"全国十佳自强女孩"、首届甘肃省"孝老爱亲道德模范"、酒泉市第二届"飞天骄子"、甘肃省第六届"陇人骄子"。加强学校体育、艺术和科技教育，每年举办一届青少年科技创新大赛（2015年为第30届），每年举办一届中小学生运动会及校园足球联赛，肃州区学生在省市各类体育比赛中多次取得优异成绩，先后有5名学生获得全省科技创作奖，2所足球项目学校代表酒泉市参加全省比赛。三是深化招生考试制度改革。稳步推进初高中招生制度改革，将50分中考体育成绩计入总成绩，公办优质普通高中50%的招生名额分配到初中学校，促进了素质教育实施和教育均衡发展。四是深化办学模式改革。探索城乡学校联盟办学和农村学区制管理模式，以名优校、特色校为龙头，组建联盟办学共同体，形成了强校带弱校、城区帮农村的发展格局，促进了薄弱学校质量提升、均衡发展。五是深化特色学校创建。坚持内涵发展，注重校园文化，鼓励特色办学，全区建成省级快乐校园5所、省级校园足球特色学校4所、省级德育示范校3所、省级语言文字示范校5所、市级卫生健康学校8所，区级特色项目学校11所。

五、完善"五项措施"，着力保障教育公平公正

在推进义务教育均衡发展过程中，把关爱的目光重点投向特殊群体，让每个孩子享受阳光公平的教育。一是让贫困学生不失学。制定出台了《家庭经济困难学生资助方案》，将城乡低保家庭、低保边缘户家庭、孤儿和军烈

属家庭子女列为保障对象，三年来累计发放家庭经济困难学生生活费、寄宿生生活费及交通费等各类补助资金 5127.6 万元，惠及学生 88095 人次，确保每个学生不因家庭经济困难而失学。二是让残疾儿童不掉队。新建酒泉特殊教育学校，实行全免费教育，全区"三残儿童"入学率达到 92%。三是让留守儿童不孤单。全区建成留守儿童之家 20 个，乡村少年宫 5 个，开通亲情电话 20 部，建成心理咨询室 37 个。2012 年 9 月 5 日，全国农村留守儿童关爱服务体系建设座谈会暨现场推进会在肃州区召开，肃州区留守儿童关爱服务工作得到与会领导和代表高度好评。四是让随迁子女不受歧视。坚持"两个为主"方针，全力保障进城务工人员随迁子女入学"百分百""零障碍"在公办学校入学就读，2014 年全区进城务工人员随迁子女人数为 8184 人，入学率 100%。五是让少数民族生不辍学。在区内回族、东乡族等少数民族聚焦的城郊地带，选择一所农村公立学校接受少数民族适龄儿童就学，保证少数民族学生有学上、不辍学，同时开办"清真食堂"，让回族学生同等享受营养餐。

六、创新"五项机制"，大力提高教师队伍素质

近年来，区委、区政府创新机制，强化管理，着力建设"师德高尚、业务精湛、结构合理、充满活力"的专业化教师队伍。一是师德建设长效机制。坚持师德教育常抓不懈，将每年 9 月定为"师德师风教育月"。二是教师补充机制。每年面向"211""985"重点高校及省内西北师大以上高等院校签约招录 100 名左右的新教师，三年来共招录优秀大学生 321 名。三是培养培训机制。重点抓好全国中小学教师信息技术应用能力提升工程、教育部"一师一优课、一课一名师"活动、"国培计划"等"国字号"培训；甘肃省教师人文素养提升工程、省培计划等省级培训；以北京、江苏为基地开展学校管理人员、优秀骨干教师中短期实岗研修培训（校长挂职一月以上）；依托本地"名师工作室"、教研片区、学科教研团队等平台开展区级、校本培训，教师培训参与率达到 100%。此外，还通过专家讲学、外出听课，组织基本功大赛、班班通、电子白板、微课比赛等活动，加快青年教师培养和名师成长，促进教师专业发展。四是交流轮岗机制。坚持教师资源向农村倾斜、向薄弱学校倾斜，将农村和薄弱学校支教经历作为教师评定高级职称的必备条件，鼓励城市学校教师到农村和薄弱学校支教，近三年共轮岗交流城乡学校校长 36 名，教师 280 名，全区教师交流轮岗人数每年达到教师总量的 10% 左右。五是激

励关爱机制。区委、区政府每两年对优秀教师和优秀教育工作者等进行表彰，每年组织一次教师免费体检，农村教师每月发放 40—175 元不等的乡镇岗位津贴，新建农村教师周转宿舍 244 套，提高了农村教师生活待遇。

《酒泉教育》：在两年的迎评工作中，咱们肃州区不仅承担本区学校的工作，还有统筹协调并指导市直和油田学校的迎评工作，工作量相当大。从均衡迎检这个角度看，您能对我们市直和油田学校的工作给一个基本的评价吗？

杜建生：县域义务教育均衡发展是一项系统工程，需要我们上下联动、协调一致来做好工作。酒泉市直各校和油田学校一直以来都是我们学习的榜样，对我们的引领示范非常明显。在迎评工作中，市直和油田各学校都非常重视，也都做了大量细致的准备工作，不仅确保了我们肃州区顺利通过验收，同时也为我们整个酒泉市争了光、添了彩，检查组抽取到的酒师附小、油田二中就是很好的例子。今后我们还要继续多向他们学习。这里我也要特别感谢各学校对我们工作的理解和支持。

《酒泉教育》：县域义务教育均衡发展目标的实现，是一件具有里程碑纪念意义的大事，也可以说是为我们肃州教育在"十二五"期间的发展画上了一个圆满的句号。站在新的起点，您对"十三五"的肃州教育发展有何规划和设想？

杜建生："十三五"是一个全新的开始，实现教育现代化是新的奋进目标，我们将按照"四个全面"战略布局要求，全面贯彻党的教育方针，坚持立德树人根本任务，把促进教育公平作为基本要求，把优化结构作为主攻方向，把深化改革作为根本动力，紧紧围绕"提高质量"这一主题，努力实现"135"目标，即一个率先（率先基本实现教育现代化）、三个转变（推动义务教育由普及巩固向公平优质转变，区域教育由普及九年义务教育向普及十五年教育转变，高中教育由规模扩张向质量内涵发展转变）、达到五化（学前教育普惠化，义务教育均衡化，高中教育优质化，成人教育终身化，校长教师专业化），努力办好更高水平的普及教育，更加普惠的公平教育，更为丰富的优质教育，更具特色的品牌教育，努力让肃州教育继续在全市树标杆、在全省走在前列。

（原载于《酒泉教育》2015 年第 6 期，访谈人：潘建军）

服务文博盛会　创建特色学校
全力打造敦煌教育品牌

——访敦煌市教育局党委书记、局长付虎

近年来，敦煌市"两基"工作、均衡发展、合作办学、教育质量等方面都取得了可喜成绩，逐步形成了布局合理、资源均衡、保障到位、装备现代、体系完备、多民族融合发展的教育特色。今年，丝绸之路（敦煌）国际文化博览会落户敦煌，面对这一历史机遇，敦煌教育能否再次华丽转身，以新的面貌、"靓"的品牌服务名城建设，迎接文博盛会。为此，本刊对敦煌市教育局党委书记、局长付虎进行了专访。

《酒泉教育》： 敦煌率先在全省实现了县域内义务教育均衡发展，西北师范大学敦煌学院建院招生圆了敦煌人民的大学梦，近几年普通高考成绩连创佳绩，敦煌教育强劲的发展势头，再次吸引了人们的目光。作为敦煌教育的掌门人，请您就我们敦煌教育这几年的发展历程做简要介绍。

付虎： 近年来，我们秉承转型升级、富民强市的发展理念，乘着敦煌建设国际文化旅游名城的有利时机，沐浴着"一带一路"国家战略的愿景春风，砥砺奋进，铿锵前行，敦煌教育可谓是年年都有大动作，一年一个新台阶。2011 年"两基"工作顺利通过国家评估验收；2012 年投资 1.5 亿元，搬迁新建敦煌中学，并对城区义务教育阶段学校布局进行调整；2013 年全面启动义务教育均衡发展工作和敦煌文化教育基地建设；2014 年，义务教育均衡发展在全省首批通过国家评估认定，西北师范大学敦煌学院建院招生，开启了敦煌举办全日制高等教育的先河；2015 年，全面启动实施基本实现教育现代化实验区建设，着力推进教育优质均衡发展。回首"十二五"，我们始终以人民满意为宗旨，以改革创新为动力，以促进公平为目标，以提高质量为核心，办学条件不断夯实，优质均衡有序推进，加快了敦煌教育向现代化迈进的步伐。

《酒泉教育》：付局长，您和您的管理团队见证了敦煌教育的发展历程，这一系列成就的取得，与敦煌市委、市政府高度重视教育工作密不可分，也和我们敦煌教育人的默默奉献、辛勤付出息息相关，请您谈谈敦煌教育发展的成功经验。

付虎：敦煌历届市委、市政府都把教育作为敦煌可持续发展的基础性、全局性和先导性工程，坚持教育优先发展，教育投入保障到位，办学条件持续改善，学校布局全面优化，教育质量稳步提高，队伍建设不断加强，高等教育实现突破，惠民政策全面落实，全市教育工作保持着快速、健康的发展态势。主要体现在四个方面：

一、落实"四个优先"，不断强化政府办学责任

敦煌市委、市政府主动履行担当好责无旁贷的政府办学责任，坚持做到"四个优先"。一是教育发展优先规划。先后制定出台《敦煌市教育事业"十二五"规划》等规范性文件，建立校车管理、学前教育、职业教育等联席会议机制，市政府每年将教育发展项目列入为民办好的实事之一，为教育改革和发展提供了保障。二是学校用地优先保证。市委、市政府在城区和城郊开发区拿出最好的地段建学校、办教育，先后为敦煌中学、西北师大敦煌学院、板桥小学划拨学校建设用地430亩，保障教育建设顺利进行。三是教育经费优先安排。近五年，市财政预算内教育经费累计拨款9.7705亿元，"三个增长""两个比例"全面落实。自2014年起，财政每年拨付专项资金110余万元，解决营养餐从业人员劳务报酬问题，并将7756万元教育债务纳入财政预算予以化解。四是教师队伍优先加强。2011年以来，共招考、招录教师272名，其中引进高层次人才84名。同时，坚持"面向全员、突出骨干、倾斜农村"的原则，通过学习、交流、培训等方式不断提高教师专业素养，坚持教师城乡交流和赴临夏支教活动，开展师德师风专项整治行动，教师队伍素质明显提升。

二、实施"四大工程"，着力改善城乡办学条件

2012年以来，累计投入4.62亿元，实施了四大建设工程。一是实施城区教育结构布局调整工程。针对敦煌城市化进程加快的趋势，投资1.5亿元，搬迁新建敦煌中学，将原敦煌中学和敦煌三中高中部迁至新址，为城区义务教育发展腾出空间，城区新增1所独立初中和1所小学，新增义务教育学位

3000 个，有效解决了城区义务教育规模小、班额大、教育资源紧缺的问题。二是实施薄弱学校改造工程。投资 2.32 亿元，新建农村薄弱学校 5 所，改造农村薄弱学校 24 所，完成 11 所农村幼儿园、3 所农村学校教师周转宿舍、25 所学校食堂建设工程，加快了城乡教育一体化进程。三是实施智慧教育建设工程。投入 5000 余万元，全面完成"宽带网络校校通"提速扩容和"优质资源班班通"升级换代，建成敦煌教育云管理平台和教育资源公共服务平台，并在全省率先进行"一人一机"模式课堂教学改革探索，教育信息化水平全面提升。四是实施文化教育基地建设工程。投资 3000 余万元，建设敦煌文化教育基地建设核心项目——西北师范大学敦煌学院，完成学院校舍改造、设备购置、标准运动场建设和敦煌公园改造提升工程，为敦煌学院师生提供了一流的工作、学习和生活条件。

三、坚持"四个理念"，推进各类教育协调发展

我们始终坚持"学前教育抓普及、义务教育抓均衡、高中阶段抓质量、高等教育求突破"的理念，促进各级各类教育协调发展。一是学前教育普及发展。新建 5 所乡镇中心幼儿园及飞天幼儿园、剑桥幼儿园、春蕾幼儿园、博雅幼儿园等高标准的民办幼儿园，扩大公办园和普惠性民办园覆盖率，全市城乡幼儿毛入园率达到 100%，学前三年教育普及率达到 98% 以上。二是义务教育均衡发展。进一步整合义务教育学校布局，强化优质教育资源均衡配置，全市义务教育阶段学校全部建成酒泉市标准化学校。积极推动学校内涵发展、特色发展，建成国家体育工作和特色心理健康教育示范校各 1 所、省级德育示范校、快乐校园、心理健康教育特色学校、语言文字示范校 14 所，创建"书香校园""科技校园""艺术校园"等各类特色学校 13 所，形成了"一校一特色"的办学格局，有力加快了义务教育优质均衡发展。三是高中阶段优质发展。普通高中教育质量稳步提升，近五年，共有 15 名学生进入甘肃省高考百名榜，有 9 名学生考入清华、北大；累计接收肃北和阿克塞两个民族县 1177 名高中学生到敦煌就读，异地办学成效显著，为酒泉乃至全省民族教育发展做出了积极贡献。四是高等教育突破发展。启动了以创办高等院校为核心的敦煌文化教育基地建设，编制了教育园区建设规划，积极与省内外高校广泛对接洽谈，合作办学取得实质性进展。2014 年，西北师大敦煌学院顺利建院招生，现有舞蹈、动画、美术、旅游管理 4 个本科专业全日制在校

大学生238名。

四、强化"四项措施"，全面促进教育公正公平

进一步强化学校常规、校园安全、惠民政策、教育公平措施，推进教育工作规范有序运行。一是强化学校常规管理。从严落实学籍管理、教学管理、活动开展、职称评定、项目建设、营养早餐等管理制度和工作程序，成立了教育会计核算中学，加强财务管理，严肃财经纪律，全面推进阳光校务。二是强化校园安全管理。市政府每年拿出210余万元，通过政府购买服务的方式，为城乡43所学校（幼儿园）提供和配备专职保安人员63名；投资150余万元，城乡中小学全部建起了安防监控和一键式报警系统；财政每年补助80余万元，通过购买公共交通服务的方式，解决了农村1500余名农村中小学生上下学乘车问题。与此同时，建立学校安全管理"一岗双责"制度，积极开展安全宣传教育、应急演练及校园周边专项整治等活动，确保了学校师生安全。三是强化惠民政策落实。在全面推行义务教育经费保障机制改革和"两免一补"政策的基础上，制定出台了《敦煌市"3+11"教育惠民政策实施细则》和《敦煌市贫困家庭学生结对帮扶资助活动实施方案》，全面落实了学前一年资助、普通高中国家助学金、中职学生免学费、低保家庭大学生补助等各项教育资助政策，健全完善了家庭经济困难学生资助和留守儿童关爱体系。四是强化维护教育公平。坚持"就近入学、阳光分班"政策，从小学到初中，全部实行划片招生，保障了6822名外来务工人员子女全部按时就近入学。敦煌中学高中招生严格按划定分数线招生，招生工作全程在媒体公示。在高中和义务教育阶段起始年级新生中推行"阳光分班"，接受"两代表一委员"、新闻媒体、家长和老师的全程监督，得到了全社会的一致好评。

《酒泉教育》：敦煌教育圆满收官"十二五"，成就让人为之振奋，可以说也为全市教育书写了浓墨重彩的一笔。站在"十三五"的新起点，您对敦煌教育有何规划？

付虎："十三五"对敦煌教育来说是一个由"量变"到"质变"飞跃发展的关键时期，我们将紧紧围绕"135"工作体系，加快教育事业健康协调发展。"1"是紧盯一个目标，即教育发展质量、效益走在全省前列，率先实现教育现代化，为建设敦煌国际文化旅游名城提供人才支撑和智力保障。"3"

是着力推进"三大工程"，开拓提档升级新局面。一是推进全面改薄建设项目，加强义务教育基础设施薄弱学校改造力度，夯实优质均衡发展根基；二是推进智慧教育建设项目，按照"一系统、两平台、四连通"的工作思路，整合各类优质教育资源，实现校园网络化、信息数字化、管理智能化、应用个性化；三是推进敦煌文化教育基地建设项目，以高等院校建设为核心，打造形成教育园区、基础教育、产教结合等三大教育板块，构建功能完善、结构合理、层次完备的教育体系。"5"是完成"五个全面"工作任务，一是协调发展各类教育，实现较高水平的普及教育，全面提升教育发展水平；二是加快特色学校建设，提升办学品位，全面推动学校内涵发展；三是强化教师职业道德，优化教师队伍结构和专业素养，全面提高教师队伍综合素质；四是探索建立管理体制、课堂教学、人事管理、人才培养、评价体系新模式，全面深化教育领域综合改革；五是加快教育项目建设，提供优质均衡的教育资源，全面改善学校办学条件。

《酒泉教育》：2016 年，对于敦煌教育而言是一个非常特殊的年份，因为敦煌要举办首届丝绸之路（敦煌）国际文化博览会，吸引了全世界的目光，敦煌教育如何围绕文博会做好服务工作，如何从基本均衡向信息化、智慧化、优质均衡化迈进也到了攻坚阶段。享受文博盛会的极大荣誉，站在千载难逢的历史拐点，敦煌教育需要做什么？怎么做？是否做好了接受这样一个高水平、国际化盛会的考验？请您谈谈您的设想。

付虎：文博会永久落户敦煌给教育带来了机遇，同时也给我们带来了责任担当和重大挑战，为此，我们提出了"践行五大发展理念，打造敦煌教育品牌"的工作思路。我具体概括为"五新"：

一是突出创新发展理念，开创教育综合改革新局面。深化课堂教学改革，探索以信息化课堂教学模式为主的现代教育方式；积极探索普通高中选课、分层次教学等改革试点工作，为高考综合改革做好准备。深化质量评价改革，推行教育教学管理分阶段考核奖励机制，设立敦煌教育质量奖，促进学生健康成长、教师专业发展和学校内涵提升。深化人事管理改革，探索校长、教师交流轮岗工作模式，建立校长、教师交流考核激励机制，推进城乡教师交流常态化、规范化。深化特色学校创建，建设以敦煌文化、地域特色、先进理念为内涵的现代学校，逐步培养和打造文化底蕴深厚、办学特色鲜明的敦煌教育品牌。

二是突出协调发展理念，迈上教育优质均衡新台阶。进一步调整和优化七里镇中学等学校布局结构，加快启动市幼儿园建设项目。均衡配置城乡学校教育资源，深入推进素质教育，不断提高义务教育质量。严格落实普通高中均衡定向招生政策，优化敦煌中学分部管理机制，建设特色鲜明的省级实验高中。加快职业教育改革，启动职业教育产教融合工程，打通中高职一体化通道。创办教师培训"飞天课堂"，启动实施"飞天名师"工程，逐步形成教育资源优质、城乡发展均衡、队伍素质精良、要素活力焕发的教育新常态。

三是突出绿色发展理念，引领文明生态和谐新风尚。坚持立德树人，加强德育法治教育，深入推进"爱我敦煌"教育实践活动及提升市民文明素质工程，提升师生文明素养，助力全国文明城市建设。从严依法治校、依法执教，全面推进阳光政务、校务，探索学校章程建设，逐步实现"一校一章程"。加强学生生态环境、低碳环保、心理健康教育，组织开展"绿色小天使"等主题为主的"飞天阳光"志愿服务活动，不断践行文明和谐发展理念。积极推进太阳能供热、电暖供暖改造等环保建设项目，加快节约型单位创建，逐步形成风清气正、生态文明、绿色环保、和谐发展的教育新气象。

四是突出开放发展理念，拓展对外交流合作新领域。编制教育园区和西北师大敦煌学院建设发展规划，稳步扩大敦煌学院办学规模，提升敦煌学院特色化、精细化办学水平。落实与瑞典奥摩尔市达成的学前教育交流合作项目，深化与福建省德化县教育合作，稳步扩大"敦煌雕塑大师班"办学规模。积极配合省教育厅和相关高校办好文博会"文化传承创新研讨会"等系列活动，协调组织敦煌学院学生开展文博会志愿服务活动，组织编写普通话学习教材，大力开展普通话和英语培训，提高市民语言应用和对外交往能力，全面服务好文博盛会，逐步形成开放包容、兼收并蓄、互利共赢的教育开放新格局。

五是突出共享发展，彰显教育为民惠民新成效。加快全面改薄建设项目进程，完成板桥小学搬迁新建等建设项目，实施学校课桌椅配备等项目，着力改善学校办学条件。加快智慧教育建设，新建高清录播教室、校园数字影院、云终端计算机教室、数字图书馆和虚拟实验室，推进信息化课堂教学改革探索，不断提高教育信息化水平。严格执行义务教育阶段免试就近划片入学、阳光招生、阳光分班等政策，全面落实家庭经济困难学生资助政策，进一步完善保障外来务工人员子女、留守儿童、困难家庭学生就学关爱机制，形成办学基础坚实、教育理念先进、惠民政策落实、公正公平的教育新环境。

《酒泉教育》：付局长，您提出的以五大发展理念为统领的敦煌教育发展新构想、新思路，让人耳目一新。从您的谈话中，我们了解到，今年敦煌教育以"创建特色学校，服务文博盛会"为工作重点，请您谈一谈敦煌是如何打造特色学校的？

付虎：我们一直思考如何借力发展教育，如何助力文博盛会，为此我们多方学习调研，主动借鉴外县市尤其是发达地区的成功经验，最终将"创建特色学校，服务文博盛会"作为提质增效的突破口，突出一个目标，围绕一条主线，坚持五项原则，开展五大行动，铸造国际化、开放化、现代化的敦煌教育品牌。

突出一个目标，即三至五年内100%的学校有自己的特色项目，60%的学校形成学校特色，30%的学校建成特色学校，10%的学校成为品牌学校的"1631"目标，实现"师生文明素养全面提升，校园文化氛围底蕴深厚，特色项目打造效果显著，教师师德业务高尚精湛，学校管理水平科学现代"的建设目标。

围绕一条主线，即紧紧围绕学校内涵发展这一主线，结合学校历史沿革和文化积淀，实施"十个一"内涵提升工程：提炼一条富有内涵的校园文化主题，设计一个构思精巧的学校Logo（标志），建成一个资源丰富的校园网站，制作一部精美的学校形象宣传片，建设一个互动交流的微信公众平台，创办一份内容丰富的文学校刊，研发一套具有地域特色的校本课程，建成一个展示学校风采的校史馆（德育室），打造一项独具优势的特色项目，建立一套体系完备的现代学校管理制度。

坚持五项原则，即坚持以先进思想为引领，体现前瞻性；坚持以敦煌文化为核心，体现地域性；坚持以国际交流为目标，体现开放性；坚持以互动融合为模式，体现参与性；坚持以打造特色为根本，体现长远性。

开展五大行动，即组织开展文明形象大展示、校园环境大整治、特色项目大比拼、岗位技能大练兵、学校管理大提升等五大行动。一是聚焦

"文""礼""德"，开展文明形象大展示行动。围绕讲文明、树新风，讲礼仪、守规矩，讲道德、遵法纪等主题，组织开展敦煌历史文化知识普及教育、"飞天阳光"志愿服务、新版《中小学生守则》学讲演比赛达标、行为习惯和文明礼仪教育、德育法治教育"十个一"等系列活动，营造校园文明新风，引领社会文明风尚，助力全国文明城市建设。二是着眼"净""绿""美"，开展校园环境大整治行动。以"净"为标准，整治环境卫生，做到"六净三无一整齐"，全面保持校园环境及学校周边干净整洁；以"绿"为目标，搞好校园绿化，做到"六有三无一格局"，形成时时有花、处处有绿、四季有景的绿化格局；以"美"为境界，营造校园文化，做到"六要三无一体现"，体现蕴含敦煌文化元素和学校历史沿革的校园文化特色。三是突出"新""特""优"，开展特色项目大比拼行动。围绕前沿科技，打造创意科技馆、3D 创客空间、机器人竞赛等创新项目，让科技创新引领校园文化新风尚；围绕地方资源，打造敦煌乐舞、敦煌写经、敦煌书画、敦煌剪纸、敦煌彩塑、敦煌民俗等具有鲜明敦煌元素的特色项目，着力推进敦煌文化进校园；围绕学校传统，打造校园足球、沙滩排球、经典诵读等优势项目，全面打造人无我有、人有我优、人优我特的学校特色项目。四是体现"高""大""上"，开展岗位技能大练兵行动。坚持开展连片教研、小学科研讨、社团活动研讨、微课录制、精品课件制作、精品课直播等活动，教研活动高频率、常态化；创办教育系统"飞天课堂"，加强教师、校长订单式、精准化培训，教师培训大规模、精准化；以"飞天名师"工程实施为契机，依托各层次"名师工作室"，积极开展学科骨干、教学能手选树工作，名师培养上水平、专业化。五是恪守"细""实""严"，开展学校管理大提升行动。"细"字当头，抓好教学、活动、安全、营养餐、食宿、职称、财务、项目等常规管理，逐步形成科学有效的现代化学校管理体系。"实"字当头，抓好项目谋划、预算编制、报建审批、项目实施、工程质量等项目建设环节，确保每个项目都建成民心工程、精品工程。"严"字当头，扎实开展"两学一做"活动和党风廉政建设"双十"工程，全面加强党的建设，积极营造风清气正的教育环境。

（访谈组成员：潘建军，酒泉市教育研究室主任；王成生，敦煌市教育局办公室主任；焦素颖，酒泉市教育研究室教研员）

办百姓家门口的好学校

——访玉门市教育局局长张树德

近年来，玉门市结合教师队伍中出现的新情况、面临的新问题，按照习总书记提出的争做"四有教师"的要求，广泛开展了以"铸师魂、强师能、比奉献、看业绩"为主题的师德师风教育实践活动，在广大教师中形成了扎根基层、无私奉献、静心教书、潜心育人的良好局面，为全市教育事业健康发展注入了"正能量"，2015年玉门市县域义务教育均衡发展以全省第二名的成绩高位通过国家评估验收，2016年玉门高中办学质量进一步提升，全市各类教育均呈现出健康发展的良好态势。为此，本刊对玉门市教育局局长张树德进行了专访。

《酒泉教育》： 教师队伍建设是教育发展永恒的主题，是提高教育教学质量的根本所在，也是群众关心、社会关注的焦点话题之一，请您简单介绍一下你市开展的"铸师魂、强师能、比奉献、看业绩"主题教育实践活动的相关情况。

张树德： 一名教师一盏灯，一名校长一面旗，教育质量的高低，关键在教师，核心在于教师的奉献精神。近年来，我们以"办百姓家门口的好学校，让玉门人民的孩子不出玉门就能考上理想的大学"为办学目标，持续加大教育事业发展投入，玉门先后克服了城市搬迁、移民迁入、团场移交等重重困难，实现了餐厅新建、操场铺设、水冲厕所建设、危房维修、危墙改建、管网改造、设施更新、班班通、校园监控、净热水设备架设"十个全覆盖"，有效改善了城乡学校的办学条件，实现了"最现代化的建筑在学校、最先进的设施在学校"，把每一所学校都建成了当地最美的风景，为全市各类教育健康发展奠定了坚实的硬件基础。但从软件看，部分教师的职业素养、工作能力、工作态度、教学成绩等与家长、学生的要求之间还存在一定的差距，职业倦怠、奉献精神不足、职业行为不规范的现象在部分教师身上仍然存在，一些青年教师的专业成长慢，无法满足学生全面成长发展的需要，成为制约玉门教育事业发展和质量提高的瓶颈和短板。针对这些问题，我们结合玉门教师队伍的实际，确立了"铸师魂、强师能、比奉献、看业绩"的活动主题，通过强化教职工学习教育，组织开展丰富多彩的教育实践活动，努力激发广大教师的工作热情，唤醒广大教师的工作责任感、荣誉感和使命感，引导全市教育工作者牢固树立为学生服务、为学校服务、为家长服务的观念，筑牢立德树人的思想基础，为推动全市教育事业可持续健康发展贡献自己的力量。

《酒泉教育》：张局长，您刚才所提到的这些现象，不仅仅在玉门的教师队伍中存在，也是摆在所有教育管理者面前的一个重要课题。在具体工作中，你们从哪些方面进行了尝试？着重做了哪些方面的工作？成效如何？

张树德：主题教育实践活动开展以来，我们重点开展了以下四个方面的工作：

一、铸师魂，赢得学生

"师魂"是教师综合素质的体现，是教师的人格风范，更是一种职业操守，它体现在教师的一言一行、一举一动、一点一滴中，既体现了自己的形象，又时时滋润学生的心田，我们重点抓好了以下三项工作。一是立足岗位学，入脑入心。不断强化教职工的学习教育，采取"三会一课"与个人自学相结合、原文研读和宣讲辅导相结合等方式，通过局党委每月一次的中心组学习会，局机关和各学校每周一次的干部职工大会，组织干部职工开展"学习党章党规，学习教育法规，研读教师专业标准，解读教师职业道德规范"活动，坚持以学促做，知行合一，进一步增强广大教师的大局意识、责任意识和看齐意识，通过学习教育，统一了教职工的思想认识，牢固树立了"一切为了孩子、为了一切孩子，一切服务教育教学，一切服务学生成长和发展"的思想和观念，增加了教师的职业责任感和使命感。二是开展大讨论，认清自我。我们在全体教师中开展了"教师职业标准大讨论"活动，围绕新形势下教育工作对广大教师的新要求、新期盼，通过研讨交流，提出了争当人民满意的好教师的"十条标准"，那就是"能出成绩的老师，视课改为生命的老师，有爱心的老师，肯宽容的老师，会赏识的老师，不抱怨的老师，很公正的老师，知行统一的老师，很风趣的老师，会管理的老师"。在具体工作者，我们要求每一名教职员工自觉对照"十条标准"来激励、约束自己，画好"自画像"；时刻用"十条标准"来反思、鞭策自己，补好"专业钙"；处处用"十条标准"来要求自己，练好"基本功"，努力争当学生欢迎、家长认可的好老师。三是制定"十不准"，修己正身。结合玉门教师队伍实际，从大处着眼、细处着手，出台了《玉门市教师十不准》，即"不准无教案上课、不批阅作业、随意停课调课、上课拖堂，不准挤占音、体、美课时；不准体罚、变相体罚、侮辱、歧视学生；不准以任何理由随意开除学生、驱赶或劝说学生转学、退学；不准在考试、考核评价、职称评聘、教研中弄虚作假；不准在校内外进行有偿家教、从事第二职业；不准出入棋牌室、参与任何形式的赌博活动，不准在工作日饮酒；不准在课堂上接打电话玩手机，不准在校园内吸烟、上网购物聊天玩游戏、着奇装异服；不准在学校食堂食材采购、物品订购等方面牟取利益，不准乱定乱发教辅资料或向学生推销商品；不准借婚丧嫁娶大肆宴请单位干部职工；不准接受学生家长宴请和赠送的物品、礼金等财物"，为教师的职业行为订立了基本准则，所有的学校都把"十不准"在学校醒目位置进行公示，组织广大教师逐条对照学习，将"十不准"纳入教师师德师风承诺书，与教师的评优树模和年终考核相挂钩，自觉接受学生、家长和社会的监督。

二、强师能，提升自我

我们将"师能"建设作为提高教育教学水平、增强课堂驾驭能力、学习更新专业知识、处理和谐人际关系、树立自身良好形象的有效抓手，实施"三大工程"，切实解决了青年教师成长慢、部分教师专业素养差、教学能力弱、教学成绩差等瓶颈问题。一是实施"头雁引领群雁飞"工程。回归教育本位，要求所有学校的校长都亲自代课、听课、参加教研活动，一心一意抓教学、全心全意抓质量。在青年教师培养上，提出了"一年站稳讲台、两年胜任工作、五年学科骨干"的发展目标，在全市实行年轻教师"导师制"培养计划，共为305名任教10年以下的青年教师每人配备了一名"导师"，做好"扶志、换脑、造血、夯基"工作。坚持典型引路，利用教师节、党建日等重大节日，隆重表彰教育战线涌现出的师德标兵、优秀教师、优秀班主任和优秀教育工作者。不断强化教师的业务培训，定期选派骨干教师赴江苏、上海、西安等地参加培训，2016 年从北京邀请高中特级教师对玉门一中全体师生进行备考辅导，组织 300 余名教师参加现代教育技术培训，邀请酒泉小白杨艺术学校志愿者团队为我市培训兼职舞蹈教师 120 多人，促进教师一专多能。在城乡学校积极推进"阅读经典、丰富人生——教师读书计划"，让更多的教师在读书中成长，为孩子终生发展打好人生底色。按照"按需设岗、平等竞争、优胜劣汰"原则实行竞聘上岗，初步建立起"人员能进能出、职务能上能下"的用人新机制。二是实施"名师名校培育创建"工程。制定出台了《玉门市名师名校创建工程实施方案》，重视培养骨干教师、学科带头人，打造玉门名师名校梯队，出台优惠政策面向全国公开引进优秀高中骨干教师，进一步增加名师队伍的厚度和影响力、号召力，此外，为 3 名劳模教师、6 名"金钥匙导师团"教师建立工作室，全市共培养全国优秀教师 1 人，特级教师 2 人，省园丁奖优秀教师 4 人，酒泉市级以上骨干教师、学科带头人 131 人。加强名校建设，从办学理念、"三风"建设、教师队伍、办学质量、社会声誉等不同层面提出了名校创建标准和要求，带动学校特色办学品牌化。抓"一校一品"特色创建，将校本课程开发从课内向课外、校内向校外拓展，全市中小学共开发校本课程和教材 8 大类、60 多门，学生根据个人爱好自主选课、走班学习，为学生提供了丰富的课程资源。三是实施农村教师素质提升工程。创新建设队伍建管用机制，落实《玉门市城乡教师轮岗交流办法》，通过城市带农村、大校带小校、强校带弱校，教师轮岗交流、"捆绑式"支教等方式，让城市优秀教师"沉下去"，农村教师"浮上来"。去年以来，我们先后选派 12 名城市学校校长和中层干部到农村支教 6 个月，城乡教师轮岗交流 200 多人次。安排城市学校校长到农村挂职，实行"1+2+2"工作制，即：周一在原校安排一周的工作，剩余四个工作日分别在本校和挂职学校工作两天，其间全程参加挂职学校的教育教学活动和重大决策，受到广泛欢迎。此外，全面改善农村教师工作、生活条件，落实了《玉门市乡村教师支持计划（2015—2020）实施办法》，所有的事业单位和民生实事招考教师全部到农村任教，并实行最低服务期限制度，为农村教师落实了每人每月200—400 元不等的乡镇岗位津贴和每人每月 300—400 元不等的乡村教师生活补助，为农村幼儿园教师每人每月增资 500 元。2015 年，市财政又设立了240 万元的教育质量提升资金，解决了高中教师加班补课和城乡中小学班主任津贴发放问题，高中补课不再收费，班主任津贴由财政保障，不再从教师考核工资中计提，农村学校的145万元暖气费差额由财政全额补助，为179名农村幼儿教师人均月增资500元；整合公租房和教师周转宿舍建设资金，建成偏远乡镇教师周转宿舍48套，改善了生活条件，稳定了教师队伍，要求调动进城的农村教师明显减少，教师中出现了从城市向农村"回流"的新气象。

三、比奉献，潜心育人

教师从事的是平凡而有意义的工作，孩子们因老师的付出获得了成长，教书育人的价值因老师的奉献得到了升华，这就是教师工作的魅力所在。一是在全市教师队伍中积极倡导爱教育、爱学校、爱学生的"三爱情怀"，举办"爱与责任铸师魂"征文大赛，开展"我爱我的职业"教师演讲比赛，组织教师书画才艺展示活动，选拔6名师德标兵分片区为1600多名一线教师做专题报告共9场次，用身边的人和事教育影响教师，引导广大教师用心去感悟教育，用笔墨去描绘教育，不说外行话、不做外行事，不偏袒、不歧视、不放弃、不驱赶任何一名学困生，将满腔热忱化作教书育人的具体行动，用优异的成绩给集体增光添彩，维护教育的尊严和形象。二是积极学习并弘扬"教师苦教、家长苦攻、学生苦学、社会苦帮"的"四苦"精神，广大教师自觉践行"多一些满足感、少一些牢骚话，多一些责任意识、少一些攀比心理，多一些相互谦让、少一些相互排斥，多一些沟通交流、少一些自我封闭，多一些儒雅之风、少一些世俗习气"的"五多五少"要求，用良好的师德和形象去影响、教育学生。对敬业精业、业绩突出、学生欢迎、社会公认的优秀教职工广为宣传，让他们在师生中受尊重、有威信，在学校里有地位、有舞台，在工作上有荣誉感、成就感。实行机关干部"下校周"包校蹲点制度，干部下校全部深入课堂听课，全程参与学校教育教学活动，认真听取学校意见建议，帮助解决实际问题。三是围绕深化教学改革，提高教育质量，办百姓家门口的好学校，开展党员教师"先锋育才"行动，各学校通过设立党员先锋岗、实行党员教师承诺践诺等形式，引导党员带头加强理论学习、带头提高专业造诣、带头创新教学实践、带头服务工作大局，党员教师主动承担学校薄弱学科的教育教学，带头担任薄弱班级的管理工作，带头辅导班级中的学困生，争当教育教学的行家里手。我市中小学现有的479名班主任中有党员278人，占班主任总数的58%，131名地级以上骨干教师中党员教师94

人，占骨干教师总数的72%，党员教师真正成为推动学校发展的骨干和先锋。

四、看业绩，比学赶超

教师的业绩主要通过学生来反映，学生的品德修养、行为习惯、学业成绩、体质健康、艺术修养都是体现教师业绩的重要方面。一是依据教师的课堂教学水平来评价教师。"上好课是最大的师德"，将课堂教学作为评价教师工作的重要标尺，积极推进高效课堂建设，制定了《玉门市课堂教学常规管理办法》，开展以"读一本教育专著，写一份课程标准解读，上一堂高效优质课，上交一份教学反思，展示一项个人特长"为内容的基本功训练，组织青年教师"过关课""常态课"磨课活动，多数教师摒弃了"填鸭式、满堂灌"教学模式，自觉实践"学生主体、教师主导、合作探究、自主学习"的教学理念，更加关注学生的特长培养和全面发展，驾驭新课程、新教材的能力不断提高。二是依据学生的学业成绩来评价教师。坚持以教育教学为中心、质量为核心的评价体系不动摇，旗帜鲜明地抓质量，在教师绩效考核、职务评聘、评优评先中，优先考虑长期担任班主任的教师、全面把握学科知识的教师、在课堂中把学生教会教好的教师、中高考成绩出类拔萃的教师、岗位贡献大的教师、服务质量高的教师，在教师中形成人人"比学赶超"、人人争当第一的良好局面。三是依据学校的办学特色来评价学校。瞄准"培育德才兼备人才，创办一流学校"的目标，深入实施"一校一品"特色创建活动，深化体育艺术教育，积极开发校本课程，带动学校特色办学品牌化。让每名农村学生都参加全市中华经典诵读、艺术展演、广场文化活动和田径球类运动会，城乡孩子同台演出、同台竞技、共同出彩。全面推行新农村少儿舞蹈美育工程，舞蹈代替了课间操，给学校注入了新的生机和活力，孩子们更加阳光、开朗、自信。四是依据群众的口碑来评价教育。将百姓满意不满意、群众认可不认可作为衡量教师和学校工作的唯一指标，认真听取人大代表、政协代表的问题以及各界群众、学生家长对教育的意见建议，组织家长开放日，邀请老教师回访学校，邀请家长志愿者参加学校的大型活动，不断完善"家长评学校、学生评教师、教师评学校"的机制，通过互动交流，赢得广泛支持，形成了全社会关心支持教育发展的良好局面。

《酒泉教育》：除过上述措施外，围绕加强教师队伍建设、办好玉门人民满意的教育，下一步您还有哪些想法，请您谈谈自己的思路和打算。

张树德：教育是一个宏大工程，是一个长效工程，就好比"前人栽树、后人乘凉"一样，今天的努力不一定明天马上就见到成效。我们在教师队伍建设方面所做的一些尝试虽然取得了点滴成效，但效果只是初步的、浅层次的，与兄弟县市相比、与玉门老百姓的期待相比，玉门教育在很多方面都还存在差距。下一步，我们将为围绕"抓管理、提质量"这一核心，重点做好以下几方面的工作：

一是坚持课改提质，全面提高广大教师的课堂教学水平。"上好课是最大的师德"，坚持将课堂教学常规管理作为加强学校管理的重中之重，抓实课堂教学基本环节，抓好教学常规，让每一名教师扎扎实实地上好常态课，努力向课堂教学要质量。积极深化教育教学改革，践行"学生主体、教师主导、合作探究、自主学习"的教学新理念，引导广大教师躬身教学、扎扎实实搞课改，因课型、因学科选择教法、实施教学，使每一堂课都折射出教师独特的教学设计，闪耀智慧的光华，让课改接地气，受欢迎，真正为学生成长发展服务，提高课堂教学水平和质量。二是补齐农村教师队伍短板，推动城乡教育均衡发展。坚持在教师配备上向农村倾斜，多渠道引进补充农村教师缺额，优化农村教师队伍结构，逐步解决农村教师学科性短缺问题，进一步强化农村教师业务培训，满足教育发展需要。创造条件，改善农村教师生活待遇，增强教师的职业认同感、归属感和幸福感，引导他们静心从教。深化城乡结对帮扶，建立城乡骨干教师交流支教长效机制，促进优质师资的合理流动，缓解农村教师数量不足、骨干教师紧缺的矛盾。三是打造优质高中教师队伍，树立玉门教育品牌。按照"河西名校、省内一流"的目标定位，不断加强玉门一中骨干教师队伍建设，采取"内引外联"结合的方式，每年面向全国公开招录一定数量的高中骨干教师，建设名师梯队，夯实高中教育质量基础。进一步加强教师职业道德教育，强化教师的奉献精神，提高高中教师驾驭课堂的能力，不断提升高中教育教学质量，满足人民群众对优质高中教育的需求，推动全市教育发展再上新台阶，用优异的成绩向全市人民交出一份满意的答卷！

《酒泉教育》：奋笔泼墨书壮志，教书育人铸伟业。回顾过去，浸润着玉门全市教育工作者心血和汗水的玉门教育栉风沐雨、硕果累累；展望未来，承载着社会认可、人民满意重任的玉门教育雄关漫道、大有可为。秉持"办高质量教育、培养高素质人才"的理念，在玉门市委、市政府的坚强领导下，在社会各界的大力支持下，在全市 1600 余名教育工作者的辛勤努力下，相信玉门教育一定会迎来更加灿烂的明天！

（本文刊登在《酒泉教育》2016 年 3 期，访谈组成员为潘建军、焦素颖、雷玉生）

天道酬勤　璞玉成器

——酒泉中学 2016 届高三年级教师团队访谈录

　　酒泉中学是一所有着 80 多年建校历史的西部名校，甘肃省教育厅命名的首批示范性普通高中学校，在校学生 3100 人，教职工 238 人。在市委、市政府的关心支持和酒泉市教育局的正确领导下，在历任校领导、全体师生及家长的共同努力下，在社会各界友人的鼎力支持下，酒泉中学坚持文化立校、质量强校、内涵建校、特色兴校，取得了一个又一个可喜的成果。特别是近几年，高考成绩不断攀升，一本上线率先后突破 15%、25%、35%、40% 大关；二本以上上线率先后突破 35%、55%、75%、80% 大关。2016 年更是再创历史新高，参加高考人数 1084 人，本科一批上线 512 人，上线率 47.2%；本科二批以上上线 901 人，上线率 83.1%，比 2015 年提高 14.2 个百分点。上线人数和上线率创历史最高水平。成绩来之不易，值得我们兴奋，而这只是一组数字，背后的"真相"更值得我们反思、总结和挖掘。

　　一座学校的历史，并不仅仅记载着曾经拥有的辉煌，而是这所学校灵魂的收藏，更是学校文化的厚重积淀和独特品质的执着追求。"酒泉中学"的文化和品质正是在岁月累计中形成的，融进了 80 年风雨沧桑，更融进了一代代"酒中人"的精神。近日，本刊访谈组来到这所酒泉学子引以为自豪的学校，专访了校长邓新源和 2016 届高三年级教师团队，为全市高中学校突破重围、更上一层楼寻找答案。

　　《酒泉教育》：一所学校办学如何，质量高低，关键取决于是否具有一支"团结、勤政、务实、高效"，有凝聚力和战斗力的领导团队。邓校长，您作为学校的领头雁，在谋发展、带班子、建团队、提质量方面采取了哪些措施？

　　邓新源：请允许我借此机会首先感谢全体酒中人，特别是 2016 届高三教师团队。我送给我们这个团队一句话：天道酬勤，璞玉成器。这也是我们酒中人坚持的行动追求和理念追求。

我们认为"办人民满意的教育"这一宗旨在酒泉中学最直接、最现实的体现就是在教育学生"学会做人"的基础上输送更多的孩子进入更好的大学，高中阶段作为基础教育的终端，其质量主要表现在高考升学率上，没有升学率的高中过不了今天，当然片面追求升学率的高中会失去明天。基于这一认识，我们确定了"为学生的终身学习和可持续发展奠基"的办学宗旨和"创新办学理念、提高办学质量、突出办学特色、提升创新水平、建设和谐校园"的办学思路以及"围绕一个中心——教育教学质量；抓住四项建设——队伍建设、学校德育建设、特色实验学校建设和学校文化建设；深化两个方向的改革——教学改革和管理机制改革；落实好一个主体责任——党风廉政建设的主体责任；抓住一个关键词——落实"的具体工作思路。我们主要抓了三个方面：

一、培养责任意识，打造责任主体，强化队伍建设

在干部队伍方面，我们主要抓了四个方面：一是以身作则，发挥表率作用。我们的要求：工作勤勉、纪律严明、作风务实；号召：一个干部就是一面旗帜，请广大教职工监督。二是认真研究工作，特别是要研究工作中存在的问题，着力解决薄弱环节，出实招，干实事，见实效。发现问题及时解决问题。三是给干部放权，支持大家大胆工作，敢于负责，创造性地开展工作，敢于管人、管事，甚至碰硬。四是加强团结协作，形成工作合力。廉洁自律，勤奋工作。在教师队伍方面，一是以事业心和责任感为基点，抓职业道德建设。教育是一种体现责任意识、责任理念，弘扬高度责任感的活动，也是一种培养责任主体、生长责任人格的过程，教育需要责任。责任感是支撑师德的基础，是评价师德的尺度，是教师职业良心的体现，也是教师提升教学质量的保证，而责任是要通过教育培养的，要求：敬业，勤业，精业。措施：以教育和制度设计并重，制订了《酒泉中学教师职业道德"十不准"》。二是严明工作纪律。纪律是打胜仗的保证，治校必须守住教师纪律的底线。彻底解决随意调课、缺课、酒后上课、迟到、接听电话等问题，坚持并严肃坐班制。三是加快培养青年教师。制定符合规律和教师成长要求的青年教师培养计划。"八年三步走"：一至三年打好从教基础，站稳讲台；三至五年教育教学一肩挑；五至八年初步形成自己的教学风格，成长为骨干教师。配套措施：

拜师结队、过关考核、评教反馈、诫勉谈话、转岗待岗、限期调离等。四是加强教师的学习。一个经常在阅读和沉思中与古今哲人大家对话的人和一个沉湎于酒桌歌厅麻将桌的人，他们肯定生活在不同的"世界"，有着不同的精神境界。具有一定理论水平的教师，肯定比只在实践单一层面上行走的人教学质量高。酒中人都是学生，包括校长都要学习，教师们读书越多，学校发展的潜能就越大，老师们的精神成长越快，学校产生飞跃的概率就越大。在这中间，我们注意发挥骨干教师、学科带头人和名师的引领带动作用。酒中教师业余搞了很多学术活动，如国学讲堂、心理咨询辅导等。

二、打响"教育质量是学校生存发展永恒主题"的质量提升战役

每个高中校长对质量都有清醒的认识，重要性自不待言。但把学校的目标、校长的质量观和教师的质量意识统一起来，形成学校的价值取向，还是需要认真研究一些措施的。所以，我们通过各种管理框架和目标责任体系，将教师的质量意识清晰为质量指标，以此增强教师的忧患意识、危机感和紧迫感，树立"校兴我荣、校衰我耻"的意识。一是下大气力解决学生中存在的学风不浓、行为失范、迷恋网络等典型问题。高度关注问题学生，每一个班都确定几个问题学生作为班级"研究生"，与之平等对话，真正走进其内心，达到心与心的沟通，重点研究其问题表现、成因，找出帮助其转化的措施。二是牢牢抓住做人和学习两个基点教育学生。做人又以诚信教育为本，以良好行为习惯养成为主线，以学会感恩为重点目标之一，学习以建立目标、激发兴趣、投入精力、掌握学法为主。高一年级注重打牢基础、养成习惯；高二年级突出防止分化、直面高考；高三年级立足励志成才，迎接挑战。三是精心策划组织了"经典诵读""走进高三""十八岁成人礼""高考百日誓师"等系列教育活动，以期达到震撼灵魂、洗涤思想的作用。学生学习方面，教师精讲多练，分类指导、关注细节。改变一讲到底的方法，还时间于学生。引导和严格要求教师要在备课上下功夫，把备课放在教学各环节的首要位置和重点关口来认识。特别是加强集体备课，梳理知识网络，抓住知识网络的关键结点，明确教学目标，引导学生自主学习、学会学习才是最有意义的教学行为。三是教学管理精细化。细节决定成败，管理的关键在于细节。所以，我们对每一个系统都有明确的责任要求。如对于教师，要求忠于职守，严格履行岗位职责；严于律己，模范遵守职业道德；甘于吃苦，全面完成工作任

务；同心同德，共同推动学校发展。对教育教学管理系统的要求是刻苦钻研、严谨治学、关爱学生；总务后勤系统及时服务、高效服务、优质服务；行政系统凝聚人心、政令畅通、科学管理。在所有的这些工作系统里，强调执行力，在落实规范上下功夫，工作过程注重细节，管理时间空间上不留空白。突出规范性，管细，管实，管出效果，加强常规，重在过程。对薄弱学科、薄弱班级、薄弱教师采取诊断分析，对症下药促提升。对于师生关系，要求教师应该接触学生——走近学生——走进学生，应该关注、关心、关爱学生，使自己的教学活动在和谐的气氛中进行，进而提高质量。

三、科学、扎实地组织高三年级复习迎考工作

对于我们而言，高考既是社会关注的焦点、群众议论的热点，也是高三教学的关键点和教学质量的呈现点，还是学校综合实力和辐射影响力的集中展示点。我们提出了"坚定信心，理清思路，精准施策，决战高考"的要求，引导复习备考由"粗放型"向"精细型"转变，针对不同程度存在的学生基础知识有漏洞、过度依赖教辅资料、没有选择的盲目训练、课堂教学指向模糊、学生教育缺乏引领和浸润等问题，我们采取的措施主要有：一是理性、智慧备考。既克服按部就班的思想，又防止盲目急躁的情绪，基础知识复习到位，思维方法训练到位，综合能力培养到位。坚持用好用足教材，夯实基础知识，坚持构建以主干知识为主线延伸至知识点的知识网络体系，力争学生把所学知识连成线、织成网，梳理出知识结构，基础知识的复习力求完整、准确、简洁、多维。不要在海量信息中迷失方向，要善于挖掘和捕捉教材中蕴含的思想方法并能进行适度的延展。二是追求"精品课堂"。复习备考的主阵地是课堂，备考质量系于课堂，备考成败系于课堂，而课堂质量的高低不仅在课中更多的是在课前，我们要求关口前移，把功夫下在课前，提高备课的有效性，突出一个"精"字，精心把握教学内容、精心设计教学过程、精心选择训练题型。课堂教学增强针对性和有效性，核心问题必须讲清楚，思路方法必须讲清楚，疑点问题必须讲清楚。而学生已经会的不再讲，学生自己可以弄懂的不多讲，讲了也不会的坚决不讲（优秀学生例外）。练习要具典型性，一题一类型、一题一收获，且能举一反三。训练学生会题能做对，对题拿满分，难题能做点儿。课后检查反馈必须及时跟进，以查漏补缺。三是采取"盯人战术"。对象上主攻尖子生和临界生，我们倡导"低进中出、中进

高出、高进优出"。尖子生产生的社会影响不容小视，具有显著的放大效应。对这部分学生首先必须克服所谓"天赋、基因"决定论，坚定不移地坚持培养，我们一般采取"导师制"、设置"虚拟班"，进度快，训练强度大、密度高，作业、试卷必须面批面改。明确界定尖子生单科成绩，低于该成绩即视为薄弱学科，必须诊断补弱。临界生是制约高考上线率的主要因素，应该也是复习备考的重点。高考试卷易、中、难的比例大体保持在 3：5：2，这部分学生复习重在基础知识，多练占 70% 中档及以下题型，力求"低档题不失分，中档题多得分，高档题能得分"。同时对临界生还要倾力于弱科弱项的跟进转化，找准通过努力提升空间最大的复习领域。四是高度关注学生。培养良好的班风学风。良好的班风、浓厚的学风应该是高考制胜的重要法宝。我们特别注重学生非智力因素的培养，帮助学生树立信心尤为重要，信心比黄金更宝贵，相信自己、永不言败，有信心就有勇气，有信心就有力量，要有克服一切困难、坚韧不拔的必胜信念。使其明白青春最好的营养就是刻苦，请不要在最能吃苦的时候选择安逸，既然梦想成为那个别人无法企及的自我，就应该付出别人无法企及的努力！不苦不累高三无味；帮助学生调整心态。高考既是知识、能力、速度、心理、体能、规范的竞争，又是实力、智力、毅力的检验和比拼，我们要求学生把每次训练和考试都当作高考认真对待，以严肃、认真、诚恳的态度对待每一次模考或阶段性考试，不去过分关注成绩，注意总结自己的失误之处和薄弱环节，把最后的高考看成平时的训练和考试。同时，我们还特别重视心理健康教育和问题学生的矫治，密切师生关系，关注、关心、关爱学生。五是训练应试技巧和策略。复习中要练规范、练速度。考试时冷静应对，知道从哪些地方下手，如何分配时间，不烦恼、不害怕、不急躁也不骄傲。要克服审题不仔细，基础不扎实，表述不清晰，思路不灵活，实验不重视，书写不规范的问题。通练、月考、模考按高考标准要求。给学生印发各科答题策略，明确答题技巧及规范。六是研究高考动态。"艰苦着、坚持着、全力以赴"是我们高三团队的真实写照。在繁重的教学工作之外，我们还要求老师们把握备考信息，学习课程标准、解读考试说明（大纲）、研究高考真题、搜集整理外省市信息资料，从中提炼高频考点，从中找出变化趋势，从中看到命题新意，以期强化复习的针对性。

《酒泉教育》：殷校长，您作为 2016 届高三年级教师团队的责任领导，是如何建设这个团队，发挥这个团队的优势，实现高考质量的进一步突破的？

殷大文：一个人成不了团队，但一个人可以破坏一个团队，管理者就是要把每一个人团结到团队中来一同前进。我们按照学校提出的"创新办学理念、提高办学质量、突出办学特色、提升创新水平、建设和谐校园"的办学思路着力建设整个年级的管理团队、教师团队、班主任团队和尖子生团队四个核心团队，建立高效、有序、扎实的"扁平化"管理体系，强化工作落实这一关键。一是进一步完善竞争择优、合理流动的用人机制。高三是高中最关键的一年，高三成败，直接关系到学校的声誉和今后的发展，因此，邓校长非常明确提出"举全校之力办好高三"这一关键性思路，打破了高三用人方面能上不能下、能进不能出、干好干坏一个样的弊端，对确实不能胜任高三教学和长期在平行班考试分数垫底且分差较大且没有改进措施的教师进行劝诫、调换工作岗位，对在执行高三教育各环节工作中出现失误者，依据管理办法进行诫勉谈话、共促帮助等相应措施。还加大对教研组、备课组、班主任的细化、量化考核，采取个人自评、随机抽查、专项检查、综合评价相结合的办法，促进教师个人提高和团队良性运转，确保工作高效、有序、规范进行。教师是一个非常独特的职业，教师的人格尊严甚至重于物质支持，所以，作为管理者，在邓校长的带领下，我们的校级管理团队努力做到为教师排忧解难、精神支持、全程陪护。就拿"全程陪护"来说，这是医院对病人才用的词，但我们用在了对老师们的关爱上，高中老师非常辛苦，从早上七点开始到校，晚上十一二点回家，"岁岁年年花相似，年年岁岁人不同"，学生一茬又一茬，老师却一天一天重复着昨天的故事，邓校长几乎每天晚上十点以后才回家，我们的其他副校长们也都一样，老师们在前线奋战，我们管理团队也在一线坚持，这样一来，老师们感到领导与我们同在，所以大家基本没有怨言。二是强化年级管理团队作用。各成员明确职责、分工负责，充分发挥年级党支部的堡垒作用，调动团支部的先锋作用和党员的模范带头作用。年级管理团队是高考成败的关键一环，这一环的主要职责就是落实，学校的每一个决策、每一项措施都需要年级管理团队去抓落实。所以我认为我们最重要的经验就是打造了一支作风过硬、真抓实干的年级管理团队。三是扎实抓好班主任团队。经过高一高二两年的工作，高三年级形成了一支尽职尽责、敬业爱生、能力强、水平高的班主任团队，每个班主任都形成了各自的带班特色和风格，可以毫不夸张地说，我们的班主任团队是一支值得信赖、能干成事、团结务实的队伍。进入高三，我们继续坚持以往好的做法，凝聚智慧，相互学习，取长补短，真抓实干，一是坚持每月一次班主任论坛，班主任交流工作体会，提出困惑和疑虑，共同讨论共性问题，达成年级一致意见，形成集体智慧举措，谋划阶段性工作重点，形成合力，齐头并进。二是加强以班主任为核心的教师团队建设，强化目标意识，责任意识，紧盯全班同学，不放弃每一个学生，工作要细，措施到位，常抓不懈，关心学生身体、心理健康，加强关键时刻到岗到位，来在学生前，走在学生后，全心全意为备考学生服务，为学生排忧解难，为学生鼓励加油。对薄弱班级要定期召开诊断会，发现问题，统一口径，提出措施，狠抓落实。三是狠抓各项措施的落实，把学校制定的高三复习策略落实到班级管理上，把阶段复习任务落实到每一个任课老师上，把学习提升目标落实到学生上。四是促进教师专业发展。完善听、评、说课制度，坚持校长、副校长、年级主任、年级党支部书记、教研组长（备课组长）听评课制度，建立循环听课机制，每个教师每周提供组内公开课一次，听同组教师的讲课一次，并在每周的备课组活动中集中评课，促进以老带新、骨干引领、名师工程。落实《酒泉中学课堂教学常规》，有目的、有计划地组织教研组开展教研活动，在个人备课的基础上坚持每周无课日活动的集体备课、说课、评课活动，克服单打独斗、闭门造车。五是组成尖子生辅导团队。重分层教学，落实因材施教原则，重点是"优秀生培养""中等生（临界生）补弱""困难生转化"三个层次，我们今年把各班的尖子生组成了一个20人的虚拟班，采取差异化指导、拔高性训练的措施，利用双休日、晚自习时间训练、讲解、辅导、面批试卷、心理疏导等工作。在深入调查分析的基础上拟定计划、指点内容、跟进落实，在讲课过程中注重给学生固强补弱，重视学生错题本、典型题集的利用，缩短知识再现周期，错题本内容每个月重现一次，将经典题例收集成册，明确经典题型在双基要求、能力考查、目标指向的功能。加强临界生、困难生转化工作，有针对性地开展师生"一帮一""一助一，一对优"活动，通过家访，跟踪辅导，分层施教、建立联系卡和"致学生的一封信"等措施，深入持久地进行转化工作。对后进生实行"三不四多"教育方法，即情感不冷落，人格上不歧视，身体上不体罚。课内多提问，课外多辅导，作业多检查，生活多关心。真正使每个学生都能体会到我在进步、我能成功的喜悦。改变一讲到底、一练到底的做法，落实课堂互动、互助、高效学习。今年的实践证明，差异化、个别化应该是培养优秀尖子生的一条有效措施。当然，如果要让我讲最成功的做法，就两个字——"落实"。

《酒泉教育》：学校推行"扁平化"管理体系，充分发挥年级组管理职能的作用，你们是如何创造性地落实学校安排和部署的？

魏平义（酒泉中学2016届高三年级主任）：邓校长给整个年级二本70%的任务，分解到每个班是一本40%，二本75%，每个班级定得比学校高一些，再具体到每个学生，我们压力很大啊。为了很好地落实完成学校下达的任务，我们集体研究确定了抓中间、带两头、促上面、带下面的思路，确定优等生、临界生名单，班主任召集任课教师综合分析学科优势和不足，制定精准帮扶措施，对应到每个人、每门学科，这个任务分解就是定针战术。按照邓校长提出的理性、智慧备考要求，我们制定了详尽的高考备考方案和计划，抓实月考、听课、评课和通练几个环节，每天下午两节课后组织实施。年级组、教研组长把关，紧扣考纲，偏难怪题不要，按照高考要求组织考试、评卷，分层组织月考质量分析，学生月考完了，面批分析试卷，分析完了，学生的薄弱点在哪些方面，给学生有针对性地指出来，再一个个落实面批，每次考完试重点学生全部都要面批。另一方面就是落实到位，刚才好几个老师也提到落实。开展班主任论坛，随时商讨解决学生中出现的和班主任管理中存在是疑难问题。比如听评课，这个硬项我们抓得很紧。这方面，我的感悟很深，听课对老中青教师，特别对年轻教师工作还是很有帮助，对老教师也有帮助。而我们所说的落实就是给学生反复纠错，我们建立好题库，还建立错题库，特别是错题库建了后，对学生的错题，教师反复帮助纠错。其实每个学生涨分的秘诀就在这个反复纠错中，抓好了学生真正的错误和有问题的知识点，成绩就自然提高了。再次就是和谐的师生关系，好几个老师都提到了，无论月考还是模拟考，考完以后，你看老师的办公室，不仅是班主任的办公室，任课老师的办公室，学生一拔一拔的，都是谈心的，我觉得这是一道风景，交谈中许多孩子哭的、笑的，感人的场面很多，有些学生谈完心有时还给老师一个拥抱。所以他信任老师了，老师通过谈心就能调动他学习的潜力。在执行和落实的过程中我觉得最重要的是团队精神，团队的引领。团队精神一个是我们管理层面的引领，再一个就是教研组长的引领和班主任对这个团队的引领。大家很苦很累，但是大家都很充实，很齐心。

霍彦春（酒泉中学团委书记、2016届高三化学教研组长）：学校管理催得紧抓得也紧，我们也有一些好的办法和思路，但是，没有学校的督促、催促、提醒，好多事情不可能落到实处，管理上我觉得这一点尤为重要。回顾每一届都是有遗憾的，我现在相信这句话：遗憾本身就是一种完美。有些时候，一届带完总想着这样做可能会更好些。比如有些优秀学生的心理障碍没能及时地发现、疏导，等到最后发现的时候问题已经比较严重了，没有把不良影响降到最低，没有抓住教育娃娃的机会。今年高三有一个女孩子，复习特别紧张那会儿，可能就是"三模"后吧，我发现她特别紧张，在我面前不停地抠手，我觉得可能她心理出了点儿状况，我就用了一个下午自习和她谈话，想办法让她放下包袱。结果就是那次谈话，她变化了，高考成绩提升幅度很大，还考到了四川农业大学，对她来讲是一个非常理想的学校。今年教师节前她给我发了一条短信，让我久久无法平静。（殷大文校长插话："这短信他都给我说了很多次，我觉得有九次了"）殷校长取笑我，呵呵，那是因为我真的在收到短信那一刻，感觉我真的很有成就感。一次谈话，改变一个人的命运，你想想，那是什么感觉，真的是成就感呀。（访谈组：能给我们分享一下这条短信吗？）当然可以分享了。她的短信说："霍老师，今天我能在四川农业大学的校园里领略异乡的风土人情，少不了您的帮助与教导。我真的不知道要怎么感谢您的那次谈话，如果没有那次谈话，我想我不会在这里。真心感谢您，祝您教师节快乐。您的学生。"

在尖子生培养方面，以往抓得没有这么早，没有这么实，其实到高三才抓尖子生就有点儿晚了，我们在这方面也交流了很多次，最近我们这个高一年级拿出了一个尖子生培养的方案，一个月内我们就要开始实施。

《酒泉教育》：这次访谈，我们基本围绕四个主题，第一个，作为高三年级管理团队的成员或者作为班主任，您觉得这三年里头，最成功最有效的措施有哪些？第二个，在过去的三年里最值得回忆的有哪些？比如一段故事，一个场景。第三个，站在个人角度，您觉得管理层、学校采取的措施和办法哪些最有效？第四个，您觉得在哪些方面还需要改进？蒋书记，请您围绕这四个方面谈一谈。

蒋永斌（酒泉中学2016届高三年级党支部书记）：我就根据我个人理解，谈谈我的看法。带班这方面，作为管理这个层面上，我认为我们这个团队已经协作共事有两届高三了，六年中，殷校长一直是我们的包挂领导，他积累了一些抓质量的经验，在高考方面是方向上的把控。尤其邓校长对高三定的指标，对我们是一个很大的促进，一开始，我们都认为太高了，那简直不切实际，哪能那么高，那简直是神话嘛！但就是这个指标，这种压力，变成了动力，产生了很大的促进作用，每位班主任和任课老师都充分调动起了积极性，所以我们校长们说，压力就是动力，只要给压力，让我们每位班主任、每位任课老师都行动，行动起来动力大，积极性高。在校长提出一些理念和方向之后，我们就进行落实，这是关键，光校长们提出来，不落实，那是空的，并且落实得不到位，效果也是不明显的，我是这样认为的。在带班方面，首先是班主任队伍，校长要求班主任团队心往一块儿想，劲往一块儿使，勤跟，紧盯，盯住自己的班，也就是到岗到位。要求我们做好学生的思想工作，包括学生个别点批，自己要有规划，一步一步去做工作，包括一些学困生的思想工作，鼓励疏导，将一些特殊学生重点抓一抓就有成果，你比如霍书记说的他们班的一个学生，心理方面出了问题，他用了一个多小时谈心，做思想疏通，最后这个孩子考到比较理想的学校了。班主任论坛这个事，在2013届校长就支持我们搞，提出来之后我们就进行落实，结果这个班主任论坛还真是效果明显，让每位班主任通过沟通交流，好的一些办法可以吸取，还有一些困惑，就是当场让在这方面有经验的班主任通过交流沟通取长补短，提高自身在班主任管理和建设中的水平，这是我们班主任论坛的一个特色。

这六年中值得回忆的内容确实很多，影响最深的，是我们的校长确实是个实干家，在教育教学方面是走在我们的前面，带领我们，就像霍彦春说的，教师们想跑都不敢跑，因为他在坚守。所以我们和魏主任必须要落实工作，比如说检查自习呀，还有一些我们的特殊活动，如经典诵读、成人仪式，这些都是我们2013届就开始的，一直就是抓落实。再有就是精品课，我是一个体育老师，但是我通过听课，自己也学到了好多内容，包括老师们课堂的氛围，调动学生的积极性，这些方面，把课都听成精品课，这是我们年级的一个特色，影响比较深。包括后面，比如说在期终考试之后，个别班考得不理想，我们还要开会"诊断"，进行薄弱班级的分析诊断，这是很有效的一种方法。

还有一个感悟，就是抓住校生。让班主任尽量抽时间到住校生宿舍，关心住校生的生活、学习，了解他们在住校期间的一些情况，再通过了解宿管老师反馈的一些情况，配合宿管老师把住校生的管理服务做到位，这是一个好的办法和措施。

最后，需要改进的方面。我们这个团队经历了两届提升幅度大的毕业班，2013和2016届，学生成绩虽然大幅上升，但校长对我们说了，我们也明白，遗憾是存在的，做了就有遗憾，不做就没有遗憾，我们在一块儿共同交流的时候，觉得尖子生突破还不是很明显。现在呢，我们还是通过反思总结，早早入手抓尖子生，刚才殷校长也说了这个事情。今年我们这个团队又回到高一开始了新的一轮教学，结合今年高三的经验教训，魏主任已经制定了抓尖子生的方案，我们已经开始实施，我们的经验是抓尖子生要早，必须从高一开始，到高三再抓就晚了。

《酒泉教育》：酒泉中学被誉为大学生的摇篮。在校园里，我们看到同学们的精神状态还是挺不错的，同学们轻松、活泼，洋溢着青春活力。你们在调整学生精神状态和科学备考中采取了哪些行之有效的策略？

教师（访谈组访谈了刘顺庵、李巧春、李世军、李慧珺、白小英、赵文娟、徐宏江、杨作生、田海春等多名2016届高三班主任和课任教师，以下内容为综合整理意见）：

我校教学成绩已连续几年不断攀升，这得益于学校课堂教学改革中追求精品课堂，教师专业发展中强化反思意识的举措，学校还要求学生科学地安排计划，选择合适的方法，同时加强锻炼，保证睡眠。

我们全体高三教师充分认识提高教学质量的关键是课堂教学质量，让"向四十分钟要质量"的口号真正落实到每一堂课。详细研究《课程标准》和《考试说明》，认真钻研教材，做近五年的高考试题，掌握规律。在课堂教学中引导推动学生主动学、乐学、会学、勤学，让学生积极参加教学活动，及时检查、反馈和巩固，在教学过程中要求全体学生完全掌握所学的知识是不现实的，总会有几个学生在学习上有困难，跟不上其他同学，教师不放弃每一个学生，不仅帮助学生解决学习上的疑难问题，而且还帮助学生解决思想问题，学校是这样要求的，我们也是这样做的。精心布置和认真批改学生作业，作业布置要目的明确，统筹兼顾，题量适当，难易适度。并具有层次性、思考性、情境性。教师及时批改作业，获得教学信息，为改进教学和提高质量服务，教务处、年级组织定期检查作业批改情况，并在全年级范围内公布结果。

学校对高考备考提出了具体的思路和要求，作为一线教师我们必须要采取有效的方式方法落实到每节课、每个学生。二轮复习在高三复习的全过程中起到了承上启下的作用，这一阶段是将知识系统化、条理化的关键时期，也是学生能力发展的关键时期。我们发挥团队的作用，研制大小专题，将高中教材内容整合成大专题和若干个小专题（老师先整理）使学生将所学的知识专题化、系统化，对重要知识进行深化、对相似或相近的知识进行归类、整理和比较。把知识点由线组合成面，复习强调知识的纵向引申和横向扩展，从而构建起全面的知识网络，进一步培养学生综合应用知识的能力。

我们充分发挥教师团队的作用，集体研究各种课型，共聚大家智慧，掌握高考形势，把控高三节奏；从学生的实际出发，先由教师完成每个小专题主要的知识线索，顺着这条主线，课堂上再由师生共同完善补充细节和相关联的知识内容，并对重点知识再总结，做到"拿出一点，拎出一串"。习题讲解过程中，训练由学生说出考点，老师再讲解试题，通过各种办法训练学生的思维和表达能力。

从以往备考的情况看，过分依赖教辅资料和贪多现象比较严重，这些做法不仅增加了学生不必要的负担，而且很容易产生备考疲劳。更重要的是，还会使学生养成答题不认真或形成思维定势等不良习惯，特别是那种答题时一看就会、做题时一做就错的问题将严重制约考生真实水平的发挥。针对这个问题，我们对高考真题重新进行限时演练，要求学生将自己写的答案与参考答案进行仔细比对，有意识地模拟高考答题方式，对照评分标准，修正答题过程，逐步达到紧扣采分点、答题到位的目标。同时，在三轮复习中，年级组要求我们每个教师命制两套冲刺试题，确定每位教师的命题范围，既要做到考点全面覆盖、不遗漏，又要保证重点知识重点考查。高考题信息来源广泛，题设障碍巧妙，有的题目解题条件隐蔽，有的故意设置迷惑条件。平时的训练中，我们有意培养学生抗无效信息干扰的能力，逐字逐句看清楚，提取一切有效信息，挖掘一切隐含条件，排除干扰信息和迷惑条件，辨明试题指向，明确试题所要考查的知识范围，排除思维定势的影响。

在平时的测验中教师严格要求，多用教材中的"原词""原句"专业术语等，或精心组织语言，追求答案的准确性、科学性、完整性、简洁性，规范答题得分点。近年来出现了教师和学生淡化教材的现象，这是非常危险的，大家都知道高考试题中大部分直接源于教材或以教材为母本。因此，引导学生认真看课本，能准确无误地将知识点熟记于心。复习指导中，我们还特别注重概念，夯实基础，将教材中的概念进行再次整理，解决"由薄变厚"的问题，认真理解每个概念的内涵，辨析概念间的联系和区别，最后做到能够将有关概念进行系统分类，以点带面，以面带系统。

高考在某种程度上就是心理素质的竞争，我们还通过心理辅导帮助学生降低过度焦虑，排除杂念，减轻患得患失的心理负担，这样做就是要让学生相信自己，有实力拿下高考，从而树立"我要成功""我会成功""我能成功""必胜是我"的信念。

后记：数十载辛勤耕耘，迎来了枝繁叶茂；几代人心血凝聚，换来了硕果满园。酒泉中学在新的起点、新的高度继续诠释酒中人的执着与奋斗、光荣与梦想——我们追求每一天都比昨天有进步，每一天都比昨天更快乐！酒泉中学跨越的不仅仅是历史！

忆往昔，峥嵘岁月；看未来，任重道远。酒泉中学正以昂扬的姿态、求实的作风、与时俱进的精神，迈向更加辉煌的明天。

（本文刊登在《酒泉教育》2016年第5期，访谈组成员潘建军、焦素颖、李海平）

成都昆明等地教育发展的观察与启示

按：按照市委主要领导指示，市教育局组织教育考察团于 11 月中旬赴四川成都、云南昆明等地学习考察了教育工作，经考察团成员认真研讨，形成考察报告，本人作为报告的主要执笔人，特将此收录本书以作为研究资料。

2015 年 11 月 11 日至 18 日，酒泉市教育局根据市委主要领导指示，组成教育考察团赴四川成都、云南昆明等地学习考察。市教育局、油田教育分局、肃州区教育局、部分市直学校主要负责同志及相关人员参加了学习考察。考察团深入昆明呈贡新区大学城、昆明第一中学、昆明第三中学、云南大学附属中学、昆明中华小学、昆明春城小学，成都七中万达学校、成都武侯实验中学、成都草堂小学等学校就特色办学、学校文化建设、素质教育等方面进行了实地考察，瞻仰了教育圣地——西南联大旧址，缅怀了教育先贤追求真理、不畏牺牲的革命精神，在成都比较系统地了解了著名教育家李镇西的教育理念，感受了他的民主教育和平民教育思想。考察期间，我们还分别与昆明市教育局、昆明市呈贡区教育局、成都市教育局以及成都市金牛区、武侯区、青羊区教育局负责同志进行了座谈交流。通过考察学习，我们深感我市在教育发展、特色办学、教育领域综合改革等方面还有较大差距，既有巨大的压力，也受到了深刻的启发教育。

一、基本情况

成都是四川省省会、西部首位城市，总面积 1.24 万平方公里，辖 6 县、4 市、9 区和 2 个直管区，人口约 1500 万。有中小学（幼儿园）3068 所，在校（园）学生（幼儿）197.8 万，教职工 16.2 万。在蓉高校 50 所，学生 64.7 万。成都是教育部、四川省、成都市共建的统筹城乡教育综合改革试验区，也是国务院确定的"探索城乡教育一体化发展有效途径"的教育体制改革试点城市，肩负着教育改革的国家责任。近年来，成都全面推进教育改革，在全国率先构建起了教育均衡化、现代化、国际化三大监测指标体系，荣获"全国推进义务教育均衡发展工作先进地区"称号，2013年成为首个整体实现县域义务教育均衡发展的城市。成都教育发展指数在15个副省级城市中居第1位。2014年，在全市公共服务满意度测评11个方面，城乡居民对基础教育满意度居全市各行业第一位。

昆明是云南省省会城市，总面积2.9万平方公里，辖7县、1市、6区和5个实体化管理的国家级度假开发区，人口639万，其中城镇人口占69%。有中小学（幼儿园）2446所，在校（园）学生（幼儿）117.4万，教职工8.2万。昆明市民办教育较为发达，全市共有民办学校（幼儿园）1026所，学生34.3万，占全市学生总数的27%，其中70%的民办教育机构是幼儿园。近年来，昆明市坚持教育优先发展战略，以促进公平为重点，以立德树人为根本任务，以提高教育质量为中心，以推进教育现代化为抓手，狠抓教师队伍建设，全面推进素质教育，在推进特色学校建设、深化教育领域综合改革方面实现了较大突破。

二、主要经验

成都、昆明和酒泉同处于国家西部大开发的战略前沿，成都和昆明均依托国家教育领域综合改革试点项目，抓住机遇，加快发展，在教育体制机制改革完善、学校特色建设等方面探索实践，成功经验很多，值得我们学习借鉴。

（一）成都市着力构建全方位、立体式、高位均衡的教育现代化发展模式，教育成为"大成都"的一张耀眼名片

从2009年开始，成都市先后承接了教育部和四川省统筹城乡教育综合改革试验区、国务院"深入推进城乡教育一体化，促进'全域成都'教育优质均衡发展"、全国教育信息化试点城市、国家中小学教育质量综合评价改革实验区、国家首批义务教育教师队伍"县管校聘"管理改革示范区、全国职业教育现代学徒制试点地区、全国义务教育基本均衡20个优秀案例城市、全国教育管办评分离改革综合试点等8项国家的改革试点项目平台，确立了

"12346"教育发展总体思路（"一个目标"即 2015 年率先在中西部基本实现教育现代化；"两大主题"即均衡发展、素质教育；"三大着力点"即促进公平、提高质量、深化改革；"四大机制"即城乡一体的公共教育服务机制，吸纳全民的终身教育机制，共创共享的学校、家庭、社会"三结合"育人协调机制，不断增长的财政投入机制；"六条路径"即均衡化、优质化、信息化、国际化、法治化、特色化），从五个方面推进教育全面发展。一是构建起了学前教育"两为主"的办学格局。成都市政府出台了《成都市幼儿园管理办法》，坚持"以公共财政投入为主、以公办和公益性幼儿园为主"的指导方针，以资源配置为核心，充分调动社会力量发展学前教育，目前，成都市共有公办和公益性幼儿园 920 所，学位覆盖率达到了 75%。实施了公益性幼儿园标准化提升工程，预计 2016 年底可以新增幼儿园学位 14 万个，公办和公益性幼儿园学位覆盖率可达到 95% 以上。二是义务教育实现了城乡一体化的基本均衡。投入 175.5 亿元实施了农村中小学标准化提升工程、灾后教育重建工程、校舍安全工程、城乡中小学标准化工程等"四大工程"，于 2013 年全面实现了义务教育基本均衡，在全国率先通过了国家评估验收。目前，成都已经转向城乡一体化为主要特征的义务教育优质均衡发展路径，走在了全国前列。三是充分发挥普通高中优质教育资源优势，辐射带动普通高中教育水平整体提高。成都市教育局按照市委、市政府要求，依托优质高中以自办自主型、领办支持型、指导合作型和对口帮扶型四种方式组建高中名校教育集团 17 个，仅成都石室中学（简称四中）、成都中学（简称七中）、成都树德中学（简称九中）三所市属高中就在成都 6 个中心城区及郊县布局建立自办校区、分校、联盟校 45 所，涵盖学生 24 万，集团化办学很快使成都普通高中教育取得了前所未有的突出成效，形成了高中教育百花齐放、争奇斗艳的局面。考察团实地考察的成都七中万达学校，是由金牛区政府计划、成都七中领办、大连万达集团捐建的七中体系内优质公办中学，由成都七中派出管理团队，并直接派出七中的副校长作为七中万达的校长，同时选派了部分教师骨干引领教学，其教学流程、教学安排、教师活动与七中保持一致，包括传承创设网班、开展竞赛和发展社团等一切教学活动都沿袭七中模式。短短四年，七中万达从荒地里拔地而起，在名校如云的成都教育界谋得了一席之地，在 2014 年首届毕业生高考中首创佳绩，文理合计重本率达到 33.95%，本科率达到了 88.6%，在入口较低的情况下，重本率、本科率跃入全市中学前 5 名，在金牛区理科前 10 独揽 7 席，文科前 10 得 4 席；5 人超过清华、北大调档线 。2015 年，成都七中万达学校高考再创佳绩，重本率 56%，本科率 92.34%，稳坐全市中学第 5 名。成都七中万达学校的成功，有力证明了集团化办学方向是正确的，经验是成功的。四是职业教育增强了服务经济社会能力。为了加快职业教育发展，成都市出台了地方法规《成都市职业教育促进条例》，市政府还制定了《关于加快发展现代职业教育的实施意见》和《成都市现代职教体系建设规划（2014—2020 年）》，建成国家示范性高职学院 3 所、国家骨干高职学院 3 所、国家示范性中职学校 13 所、国家重点中职学校 23 所，共向社会输送中职和高职毕业生 45.2 万，中职毕业生就业率达到 96.5%，高中职 16.6% 的毕业生进入世界五百强企业、69.9% 的毕业生入职规模以上企业，78.8% 的毕业生在成都就业，职业教育成为成都经济社会发展的重要支撑。五是教育国际化进程不断加快。成都市政府出台了《成都市教育国际化发展专项规划（2013—2020 年）》，通过实施"八大行动计划"及"五项工程""两个评价标准"，全面推进办学理念国际化、课程资源国际化、师资生源国际化、教育合作国际化、评价标准国际化"五化"同筹，推动教育国际化进程，计划到 2020 年，把成都建设成为我国中西部教育对外开放与合作中心，达到全国一流水平。

（二）成昆两地实施集团化办学和名校融校战略，切实扩大优质教育资源，带动教育改革纵深发展

通过与成都、昆明两地教育行政部门负责人、学校校长座谈，深入学校走访，考察团所有成员印象最深的是：两地都把集团化办学作为高位推进教育发展的基本战略，优质教育资源辐射、带动形成的集聚效应，使成、昆两地的薄弱学校改造步伐加快，新建学校成长进程加速，甚至由于名校在新开发区域建立分校而带动了周边产业尤其是房地产业的蓬勃发展。

成都集团化办学是从 2009 年灾后重建开始的，为了拉动经济，促进低迷的房地产业，成都市委、市政府要求各行各业都要出实招、见实效。成都教育局围绕成都市委、市政府统筹城乡、"四位一体"科学发展战略提出了名校集团化发展的思路，研究出台了《成都市教育局关于推进名校集团发展的意见》，制定了学前教育、义务教育阶段、普通高中、职业教育等名校（机构）集团发展实施方案，在先行试点的基础上，组建了涵盖各学段的名校集团 40 个（其中学前教育名校集团 5 个、义务教育段名校集团 10 个、普通高中名校集团 17 个和专业职教集团 8 个）。同时还制定了《城乡学校（幼儿园）互动发展联盟工作方案》，推进城乡学校（幼儿园）跨区域建立互动发展联盟。在名校集团建设过程中，新建学校主要采取名校自主自办分校区、领办支持和指导合作办分校、对口帮扶建联盟等方式，既提高了优质教育资源的覆盖率，又有效缩短了新学校和薄弱校的成长、成熟期。

昆明市为了扩大优质教育资源，切实解决人民群众子女"上好学"难的问题，有效缓解"择校热"，近年来实施了"名校融校"战略，制定了《昆明市名校融校管理办法》，从四方面全面铺开。一是鼓励和规范社会力量兴办教育，加快发展民办教育。引入省外知名品牌，开办了度假区衡水实验中学、衡水中学呈贡分校、云南昌乐实验学校、昆明行知中学等 4 所民办高中学校；二是统筹城乡教育发展，着力增加教育资源总量，扩大优质资源占比，充分利用本地名校教育品牌，进行优质学校（幼儿园）创建工作，去今两年内新增省一级示范幼儿园 9 所，一级高完中 2 所，全市省一级示范幼儿园达 141 所，省一级高中达 29 所，省部级以上优质中职学校达到 21 所；三是坚持多样化办学，积极吸引更多的优质学校通过"名校融校"的方法，培育更多优质校点，做大更多学校，做强更多品牌，扩大优质教育资源覆盖面。通过实施名校融校战略，2015 年昆明市幼儿园毛入园率达 97.31%，义务教育巩固率保持在 99% 以上，中等职业学校在校生人数达 9.66 万，高中阶段毛入学率达 92%。全市高考成绩在全省优势地位更加突出，应届毕业生一本、二本上线率分别达到 26.4%、55.3%，高考总分 600 分以上学生所在学校扩大到 32 所，5 所学校高考总分 600 分以上的学生人数超过 100 人。

成昆两地在集团化办学过程中，主要做法是领办校要向分校或联盟校派出校长和管理团队、骨干教师，并依托这个团队将名校的优质资源带过去，同时承担名校赋予的职责，完全将名校文化、理念、管理、教学方式复制到输入校。

（三）文化引领、品牌建设的内涵式发展是成功办学的有效路径

这次在两地中小学考察，他们在学校文化建设方面以及通过学校文化引领学校健康持续发展方面所做的工作，给我们留下了深刻的印象。

1. 精致和谐的校园环境

城市学校，土地紧张，大多中小学校显得相当紧促狭小。可是，我们所见的几所学校，校园面积虽小，在环境布置上却尽显心思，做得非常精致。优美的环境，不仅令人赏心悦目，而且时时处处发挥着育人的功能。

昆明三中的校园里，绿草如茵，小桥碧池，长廊绿荫，现代教学大楼、科技大楼、体育训练场馆、音乐、美术、地理专用教室等教育教学设施一应俱全。优美的育人环境，为师生创造了良好的工作和学习条件。

云南大学附属中学的校园建设，依山就山、依水就水，从不刻意改变原有的地形地貌，整个校园建设布局合理，错落有致，格外典雅。学校以云南大学原校长熊庆来先生所题"诚、正、敏、毅"为办学理念，两个校区教学楼均被命名为"诚苑、正苑、敏苑、毅苑"，体现出浓郁的文化氛围和深厚的文化底蕴。

春城小学仅有1幢L型的教学楼，校园被居民区团团包围。但学校充分利用房屋墙角、教室走廊等空间，设计了各种不同的功能区，如：图书角（学生阅览区）、学习园地（学生作品展示区）、我们的全家福（各班级学生合影展示区）、我们的老师（全校老师宣传展示区）、我的梦想（中国梦、社会主义核心价值观展示区）、雷锋银行（美德少年事迹展示区）、笑脸墙等等。每一处、每一个细节，都做得非常用心、非常精心。

成都市武侯实验中学，完善了"陶园""苏园""新教育园""文化长廊""行知书吧"为载体的以"书香浓郁、大师精神、现代气息、人文关怀"为特色的校园文化。建设有学校食堂和能容纳800名学生住宿的公寓一幢。有现代化图书馆1座，藏书四万余册。有标准的塑胶运动场和现代化的体育馆。有闭路电视网、校园广播网、程控电话网和校园网等现代化信息系统。拥有计算机网络教室、远程教育功能室、多媒体语音室、音体美专用教室、形体训练厅、武术大厅等数字化多功能教室43个。是四川省形象最美、规模最大、功能最全、现代化程度最高的初级中学之一。

2. 以人为本的细节设计

校园环境不仅是"看"的，更是"用"的。两地中小学校充分开发有限的校园空间，努力使学校的环境和设施为学生所用、为教育教学所用。

春城小学为了突破校园面积对学生体育锻炼的制约，为学生编制了富有地方文化特色的海鸥操等 5 套课间操，从周一到周五利用大课间组织学生锻炼，且每天一套，从不重复。除此之外，他们充分利用有限的校园空间，设计了"蛇形跑"，解决了学生没处跑步的困难。一切围绕学生，一切为了学生，在这些细节中展示得淋漓尽致。

在成都草堂小学校园里，你会看到"诗路花雨""好雨轩""一上间""若思城"……每一个角落楼梯、每一面墙壁甚至卫生间都传达着诗的语言。人文校园，以诗为基、以诗为犁，让每一个细节都力求文化与诗意渗透，民主与尊重共生。

昆明一中、昆明三中、云大附中的学生宿舍，每四人一间，上面为床铺，下面为供学生学习的书桌，房内卫生间、洗手池一应俱全，热水、凉水长年不断，真真体现了"以人为本"的教育理念。在我们所考察的 9 所学校，教室、走廊、校园，几乎随处都可以看到开放的阅览室（图书角），学生在课间可随时随地自由阅览。电子阅览室与传统的文献阅览室，中午为走读生开放，周末为托管生开放。这些布置，都是站在方便学生阅读、学习的角度去设计的，无论是谁，置身其中，无不体会到学校真正本着一切为学生着想、一切为学生学习成长考虑的良苦用心。

3. 围绕育人的课程文化

文化若仅停留在表面，无疑流于形式、流于肤浅。成昆两地的中小学校善于把独特的文化更多地体现在校本课程中，形成了"一校一品"的特色校本课程文化。

成都草堂小学拥有一个充满"诗意"的校园。学校被命名为成都市和四川省首批绿色学校，被评为环境教育先进集体。学校深度挖掘"诗圣"杜甫草堂的文化元素，以诗文化为支点，开始了铸造草堂教育新品牌的执着探索，把以诗文化为特色的校园文化建设作为学校高品质发展的价值追求。"校园诗歌节""诗歌义卖会""草堂诗社"让孩子们与经典相伴、与诗歌为友。

成都七中万达学校充分尊重学生的个性发展需求，经过三年的实践探索，形成了国家课程校本化、校本课程特色化、德育活动课程化的独具特色的课程体系。学校开设 60 余门选修课，组建近 40 个学生社团，每周开课、学生全员参与；启动棋艺、国学等校本特色必修课，传承经典、弘扬传统文化；独创"5+15"特色小课堂，欣赏名曲、陶冶性情，收看校园节目、开阔视野；构建德育大课堂，搭起技能学习、体验参观的平台。

成都武侯实验中学，建立了以公共课程（国家规定的基础课程）和选修课程（学校根据学生兴趣与爱好开设的课）相结合的课程体系。该体系分为文化基础类、职业技能类、公民教育类、艺体特长类等四大类。特别值得一提的是：该校针对学校本地农民子弟和外地农民工子弟占学生总数的 82%、学生文化基础差异很大的现状，充分考虑这类学生的特点，并结合将来的职业需要，有针对性地开设了烹饪、理发、汽修、服装设计、礼仪接待等一些生活技能类的选修课，在此基础上，初中毕业前夕开办一些职高衔接班，体现了真正的"因材施教"。

昆明一中注重培养学生的创新精神、实践能力和个性特长，坚持开展丰富多彩的校园文化活动，让校园成为同学们学习成长、张扬个性、发展特长的乐园，努力使学生成为身心健康、基础扎实、思维敏捷、潜质卓越，具有国际视野和国际素养的合格高中生。从各具特色的班级才艺展示到多彩的年级文艺汇演，从"春之声"三独（独唱、独奏、独舞）比赛到"秀自己"个人艺术技能大赛，从课本剧、音乐剧比赛、演讲比赛、辩论赛到"校园之春"艺术节、"五四"系列活动、"昆华讲坛"系列活动，从"春风杯"足球赛、排球赛、篮球赛到冬季运动会等，丰富多彩的校园文化活动，已经形成制度，形成系列，为学生张扬个性、全面发展提供了广阔的舞台。该校特别重视学生社团组织的建设，注重让学生在自己的社团组织中培养能力，自我服务、自我教育，加快成长。学校管乐队、腰鼓队、校园电视台、校园广播站、军事活动小组、记者团、文学社、爱乐社、心乐琴社、经典灵动乐队、暮薇电影社、动漫社等近 30 多个学生社团组织朝气蓬勃，成为校园中一道亮丽的风景线。

4. 渗入言行的日常管理

文化建设的根本目的是"文化化人"，就是用文化教育人、熏陶人、感染人，让文化以潜移默化的方式影响人的思想意识和言行举止，从而促进人的全面发展。文化也只有内化到人的言行上，才能真正得以传承和弘扬。我们注意到，成昆两地中小学校在把文化外化为环境、固化为课程的同时，更加注重内化为学生的言行，在日常管理和行为习惯中渗透教育内涵。

春城小学教学楼的每一根横梁上都张贴有《弟子规》的图片和文字，大楼的 10 根柱子上张贴有"10 件了不起的事"，时时处处告诉孩子们，学会做人，学会做事。成都市武侯实验中学在校园文化建设中，把现代化与人文环境高度整合，其中以 24 孝图以及推动中华文明进步的典型人物、事件和成果为主要内容的"中华文明艺术长廊"，使学校人文校园内涵更为丰富。成都七中万达学校，每年组织师生参加祭孔拜师活动，除了向孔子献花、师生朗诵《孔子赋》、向孔子行三鞠躬礼等仪式外，还要对上学年度优秀师傅和优秀徒弟颁发奖状，宣布新学年度师徒结对名单，并为指导教师颁发聘书，结对徒弟，向师傅行感谢鞠躬礼，并献花、赠送卡片。中国传统文化在有意无意中得到了传承、发扬和光大。

成都市武侯实验中学把学校管理体制改革作为教育改革成功的重要保障。他们的基本思路是把学校交给全体教职工，让学校每一位教师或员工都能以不同的方式参与学校决策与管理。他们提出："最好的教育莫过于感染，最好的管理莫过于示范。"他们倡导，在学校管理中要"以人为本""与人为善""以身作则""以规治校""情感管理""民主决策""群众监督"。倡导把人放在首位，尊重人性，满足人的合理需要，维护人的尊严，尽可能让每一个老师看到自己的精神发展的空间与前途。倡导最大限度地相信老师，以宽广的胸襟善待每一位老师。要求管理者以自己的行动为全校师生做出表率，并树立标准，做善良、宽容、勤奋、智慧、廉洁的管理者。学校通过教师们的参与制定出一整套互相监督、彼此制约的规范和制度，以形成大家都必须遵守的公共规则。同时增加管理中的人文情怀，开展不同层面的团队活动，以此增进教师之间的情感交流。加强、改善"教代会"和"学术委员会"的建设，畅通谏言渠道，让一切积极而富有建设性的建议能够成为学校发展的智慧资源，让每一个人都感到自己很重要。同时，接受教师监督，通过一定的程序和制度，让教师们对干部进行考核和评价。

5. 付诸行动的素质教育

成昆两地各学校都非常重视学生综合素质的培养，重视学生的思想道德素质、能力培养、个性发展、身体健康和心理健康教育。

成都草堂小学将健康作为生命最基本的素质，重视激发学生对体育的热爱与兴趣，全面提高学生身体素质。国家二、三级运动员常年保持在20~30人左右，被教育部命令为贯彻《学校体育工作条例》优秀学校，为全省唯一。校篮球队、羽毛球队、乒乓球队、艺术体操队在省、市、区的体育比赛中均名列前茅。

昆明一中特别注重学生体育教育和艺术教育。学校足球队、游泳队、武术队、田径队、网球队等在省市比赛中经常捧金摘银；学校传统的铜管乐队、腰鼓队、艺术团、舞蹈队、合唱队、美术兴趣小组等成绩喜人，成为艺术教育中一道亮丽的风景线。

成都市武侯实验学校为了使农村孩子也享受到与城市学校一样优质的素质培养环境，学校秉承武侯深厚的文化艺术底蕴，立足社区实际，走艺术特色之路，形成了艺术教育办学特色。学校有师生书画摄影作品展厅，有专业标准的武术大厅和演艺大厅。学校创建了以民族舞为主要特色，以准专业化为标准的"飞翔艺术团"。

成都七中万达学校将心理健康教育工作和学校德育工作有机结合，成立了"学生发展指导中心"。该中心倡导"学生成长不烦恼"的理念，坚持"尊重、信任、理解、保密"的宗旨，为学生发展服务。中心设有"音乐放松室""家庭辅导室""团体辅导室"，其温馨的陈设和氛围，集专业性、互动性、实用性为一体，硬件建设、软件配套、人力资源和信息平台全方位支持，为该校心理健康教育、学生学业发展规划、学生职业发展规划、家长学校等工作翻开新的篇章。

昆明市春城小学在素质教育的体系上做到了四个"落实"：从课程改革上落实，从运行机制上落实，从实践模式上落实，从教学技术上落实。正如一位专家所评价："春城小学不是在说素质教育，而是实实在在地做素质教育。春城小学的学生不是带着分数去找中学，而是带着素质去找中学。"

6. 科学有效的教育评价

评价往往引领着教育发展的方向。成昆两地对于学校、校长、学生的评价改革，在推进教育均衡、提升办学质量方面发挥了重要的作用。

成都市武侯实验中学，在推进课程改革与教学改革的同时，着力推进学校评价改革。对学生的评价，他们采取了"三个结合"的原则，即：定性与定量相结合，技能测试与"学分"累加相结合，学业水平考核与综合素质评估相结合。对教师的评价，他们将过程考核与阶段评价相结合。前者是依据相关制度，展开合理、客观的评价；后者是对教师进行"学生喜欢，家长满意，同事佩服，自我认同，领导称心"的五维评价。

除了学校对学生和老师的评价改革，当地教育行政部门也在悄悄推行着对学校的评价改革。昆明市教育局副局长方宁介绍说：他们在教学督导时最关注的是校长的课程领导力、教研员的课程指导力、教师的课程执行力，要求校长"静得下心、沉得住气、提得起神"，克服功利思想、浮躁情绪，把学校发展引领到教育本源上来。

成昆两地均实施"新优质学校项目"，即让一批"不挑选生源、不争抢排名、不集聚资源"的普通学校，在较短时间内实现科学有效的持续发展。这些"新优质学校"的共同特点：一是有鲜明的"平民教育"意识，让教育关怀公平地惠及来自不同社群的所有学生，坚持快乐成长远比考试分数重要；二是不抱怨客观上的不利条件，以适应社会、教育、学生长远发展的需求为目标；三是大力发展校本课程改革，提高教育效能，培育办学特色。正如成都市教育局统筹城乡教育发展处处长戴晖所说：通过对学校开展绿色指标评价、对学生开展综合素质评价，全面的教育质量观逐步得到了确立。

三、几点启示和建议

学习考察成都、昆明经验，切实推进酒泉教育现代化发展进程，是我们这次考察的主要目的。在考察团成员座谈讨论的基础上，现提出以下建议：

（一）进一步解放思想，转变观念

我们与成都、昆明虽然在城市区位优势方面无法相比，在教育发展上有很多差距，但最主要的差距是在思想观念上。成都市克服地震带来的困难，抢抓灾后重建的机遇，从发展大成都，打造"成功之都""财富之城""开放之都"大局出发，整体布局教育，在新开发的城区内首先将名校分校建起来，使教育成为增强发展动力、拉动经济尤其是房地产业的一台强大的发动机。而我们，在思想认识上没有把教育放到经济社会发展的大格局中考虑规划，没有充分认识到教育在经济发展中的强大拉动力，把办教育当作负担产业，没有足够地重视起来。在城市化进程中，我们没有把教育优先发展的理念充分运用好，所以教育一直是滞后的，造成了一方面农村学校学生逐步减少，另一方面城市学校大班额、择校热无法缓解的窘境，甚至在新城区二期的规划建设过程中没有认识到应该先建学校，使得大片房产空置闲置。

昆明在全国省会城市中，底子是比较薄弱的，但他们积极思变，着眼未来，以创新的精神办教育，把教育置于经济社会发展重中之重的位置，市政府主要领导亲自挂帅，全市各级各部门综合发力，从教育治理、队伍建设、办学体制等方面整体推进教育改革。而我们还没有把市委、市政府重视教育、优先发展教育的决策部署很好地落实到位，各部门齐心协力办大教育、办强教育的意识还没有建立起来，全社会关心教育、支持教育的氛围还不浓厚，各级教育部门追赶发展、创新改革的责任感还不强。当前，我市各级各部门要深入贯彻十八届五中全会精神，在城市化进程加快的背景下，把发展教育和深化教育改革放到经济社会发展大势中考虑布局，优先考虑统筹发展教育，在当前基本实现县域义务教育均衡的基础上，从高起点、高标准、高品位着眼，规划教育，全面推进教育城乡一体化和现代化。

（二）深化教育领域改革，不断加快教育现代化进程

成都和昆明近年来教育加快发展最重要的经验都是依托国家教育领域综合改革试点任务，全面深化教育领域改革，以改革为动力，推动教育事业取得了大发展。2014 年，成都以市委、市政府两办名义下发了《关于深化教育领域综合改革的实施意见（2014—2020 年）》，与教育部批复的《成都市建设统筹城乡教育综合改革试验第二阶段总体方案（2013—2017）》形成了一个有机结合、与时俱进的完整教育改革体系，着重从区域教育均衡化、现代化、国际化"三化"联动发展，构建和完善四大体系（城乡一体、机会均等的基本教育公共服务体系，服务成都、国际水准的现代职业教育体系，资源整合、服务区域的高等教育服务体系，覆盖城乡、吸纳全民的终身教育体系）建设，实施"十大计划"（拔尖创新人才早期培养计划、新市民大学管理干部计划、

教师专业成长平台建设计划、教育家办学计划、未来学校建设计划、特色职业院校建设计划、地方教育标准体系建设计划、优质教育资源满覆盖计划、教育改革协同创新计划、教育对外开放计划）三方面促进教育改革向纵深推进，加快实现"学有所教"向"学有良教"发展的目标，努力为全体人民提供更好的教育，更好地为打造西部核心增长极、建设现代国际大都市提供了强大的人才支撑和智力支持。昆明着重在推进改革的相关配套政策和工作措施上下功夫，下决心解决优质教育资源短缺和"择校热"问题。为此，昆明成立了全市教育改革领导小组，由市长亲自担任组长，抽调专业人员充实了教改办，聘请了省内外咨询专家 20 人，市财政每年专门安排专项经费 100 万支持教改。今年已经制定下发了《教育领域改革方案》《中小学教师素质提升三年行动计划（2015—2017）》《全面深化课程改革落实立德树人根本任务的实施方案》《加强教师队伍建设的意见》《大力发展现代职业教育的意见》《贯彻落实各级各类教育学分衔接论证转换工作的方案》等配套文件，还有些改革配套措施文件正在研究制定，预计到今年底将完成全部 17 项改革措施的制定完善工作。

　　从成都、昆明两地经验的启示，结合我市义务教育已在全省率先全部实现县域内基本均衡、教育发展在全省位次靠前的基本情况，教育要进一步优质发展，必须坚持高起点、高标准、高品位的原则进行改革。改革要从四个方面入手。一要改革教育发展方式。要统筹城乡教育一体化发展，逐步从义务教育县域内基本均衡向区域内优质均衡迈进，实现高水平的教育公平；探索建立教师"县管校用"机制，盘活教师资源，在试点基础上以县为主成立教师管理服务中心，试点授权教师管理服务中心管理教师编制职能；扩大城区优质教育资源对近郊、远郊学校的覆盖面，打破校际、县际界限，充分发挥区域内优质学校高水平教师优势，以城市优质学校为核心建立教学联盟，在边远学校建设全日制远程教学学校，实现城乡学生同步接受同等教育。二要改革人才培养方式。加强学生素质教育，推动中华优秀传统文化进入常规课堂，评选传统文化传承基地学校，建设以"丝绸之路文化"为核心的地方课程，评估命名"阳光体育学校"，支持农村学校建设科普活动室；健全完善《中小学教育质量综合评价指标》，多维监测中小学生学业发展水平、品德发展水平等指标；以酒泉职业技术学院为龙头，组建全市中等职业教育集团（联盟），全面托管全市中等职业教育学校，实现统一人才培养方案、统一学生职业素质考核、统一招生就业工作、统一考核标准，逐步建立中职学生直升高职院校的机制。三要改革资源配置方式。实施公办幼儿园标准化建设提升工程，研究制定民办普惠性幼儿园标准，扩大普惠性学前教育资源和公办幼儿园规模，创新学前教育公共服务供给模式；建立公办幼儿园生均公用经费拨款标准和普惠性民办幼儿园经费补助机制，基本建立优先发展公办、公益性幼儿园的财政投入机制；探索开展学区制试点，采取"以初带小""以优带弱""以城带乡"等模式组建学区或学校集团（联盟），整合融合现有教师、教学和管理资源，打造优质教育联合体。四要改革教育管理方式。探索建立现代学校治理体系，研究制定《酒泉市中小学依法治校评价标准》，评估建立"依法治校示范学校"，推动依法治校进程；加强教育改革研究，与省内外教育研究机构合作建立教育改革研究项目组，寻求智力支持，开展教育综合改革等重大项目协同研究，提高我市教育改革决策水平；开展县（市、区）教育投入情况、义务教育校际均衡、教育现代化水平等监测评价改革，引入教育公众督导、第三方评价等机制，促进评价主体社会多元化。

（三）实施集团化办学战略，辐射扩大优质教育资源

成都、昆明两地的经验启示我们，在城市化进程中，城区教育资源存量不断扩大、新学校不断规划建设的背景下，集团化办学是解决优质教育资源不足、缩小城乡教育差距的最好途径，是一条非常成功的教育发展经验。我们应该汲取、学习，实施集团化办学战略。一要加大优质学校（幼儿园）培植力度。在现有较好学校的基础上，通过加强学校内涵特色建设，提高教师素质水平，提升教育质量，使其成为能够承担辐射带动职责的引领校，与薄弱校建立联盟共同体，同步发展。二要充分发挥市属优质学校的优势作用，采取隶属不变、资源共享、品牌输出、联动发展、协作共赢的原则，根据学校的类别，组建跨区域、跨体制的名校集团（联盟）。一是在城区新增的教育资源，要以现有优质学校建分校的方式进行。二是以酒泉职业技术学院为龙头统筹规划各县市现有中职学校专业布局，整合现有资源，组建职教集团。三是分别以酒泉中学、油田一中等市直高中为牵头校，联合各县（市、区）

高中组建两个普通高中联盟集团。以油田二中、油田小学、育才学校、酒师附小四所学校为牵头校组建四个义务教育集团（联盟），分别带动五至十所玉门市、瓜州县移民乡镇和民族县学校。三要实施学区制。以育人模式优化为抓手，以"共享教学资源"为核心，打破城乡壁垒和校际界限，以集聚集约的方式，统筹统配教育资源，以现有学校空间分布为基础，对地域相近的城乡义务教育学校跨校跨学段探索建立大学区，实现优质资源同步共享，城乡学校同步发展。四要打造学前教育共同发展集团。以县（市、区）城市优质幼儿园为龙头，纳入农村公办幼儿园和普惠民办幼儿园，建立幼教发展集团，统一标准，统一管理，同步发展。城市新建幼儿园由政府主导、优质幼儿园领办、企业捐建等方式建设布局，逐步实现优质资源全面覆盖、城乡公办与民办普惠联动发展的学前教育新格局。

（四）坚持文化品牌引领，促进学校内涵建设

本次我们考察的两地部分中小学，其教育教学的理念、办学治校的用心、培育文化的精心、关爱学生的细心，无不彰显出校长、教师认真办学的苦心。他们通过学校文化建设引领学校内涵发展的办学治校模式，值得我们重点学习。在今后的办学实践中，我们应重点做好以下几个方面：

1. **进一步加强学校文化建设，积极打造美丽校园、快乐校园、幸福校园**

学校建筑和环境，都应符合教育的需要，蕴含教育的理念。学校文化建设也是如此，要努力使学校文化承载起育人的功能。作为教育的场所，校园绝不仅是一幢房子、一个操场那么简单呆板，要让每个角落都成为"教室"，让每株花草都成为"老师"，让整个校园都生动活泼起来。借鉴两地特色学校的成功经验，就是要在学校文化建设中融入学校的育人目标，融入课程规划建设，融入学校的日常管理，融入师生的一言一行。要树立文化立校的理念，将学校发展规划、环境建设、课程设计、管理制度、育人理念、校训校风等学校所有的元素整合到学校文化架构内，通过学校文化引领学校内涵发展。

2. **改进校长选拔任用机制，大力加强校长培训工作**

校长的卓越办学理念是学校内涵的主要内容，校长的精神价值追求是学校发展的品质高度。一个学校的内涵，很大程度上是由这个学校的教育理念和办学思想决定的，有什么样的理念，就会有什么样的学校，就会有什么样

的办学效果。而校长的思想和先进理念如何转化为全校师生的共同认识和共同实践是关键,"一个好校长,就是一所学校"。作为校长应该明确:"我们的学校教育就是为孩子的发展服务,为所有的人服务,而且为所有的人可持续发展服务。我们教育工作者的任务就是创造适合学生发展的教育,不是选择适合教育的学生。"因此,要改革校长选拔任用机制,推行校长任期制和目标管理制,采取"请进来""走出去"的办法,加大校长培训力度,使校长不断学习成长,更新观念,形成自己的办学思想,带领学校走内涵特色发展之路,"办人民满意的学校,努力做人民满意的教育家"。

3. 着力推进学校组织管理机构改革

学校组织管理机构改革是学校内涵发展的关键。一所好的学校要有良好的运行机制作保障,各个系统良好的运行是学校发展所必需的。在学校组织管理机构的改革中,重点做到"三个转变""一项改革"。"三个转变":一是由"命令式"管理向"引领服务式"管理模式转变。传统意义上的行政人员角色偏重于管理者,行政管理人员时常是以学校领导者和管理者的身份处理学校的事务工作。当前学校管理更强调的是服务意识,对于学校的行政人员来讲,服务好全体教师,服务好学校的发展,就是每一位行政管理人员的职责。全体行政管理人员要服务好全体教师,全体教师要服务好全体学生,全体学生要服务好所在班级集体,形成一个完整的服务链。二是由"行政领导"管理向"全员参与"治理的模式转变。行政职位赋予了行政管理人员一定的权力,成功的管理经验告诉我们,管理的最高效益并不在行政管理人员权力的运用,而是强调了每一位成员一种内在潜能的迸发。高效的管理一定要构筑起全体成员共同的远景目标,这也就更强调了全体成员的共同参与。三是由"被动接受"向"自主研究"的管理模式转变。学校的管理具有每一所学校自身发展的特殊性,面对教师这一特殊的群体,面对实实在在存在的每个教师个体,管理者要主动研究符合本地文化背景、本校实际的和符合学校每一位教师自身发展需要的管理机构,引领全体教师把个人专业成长与学校规划发展结合起来。"一项改革"即事业单位法人治理结构改革。当前全国范围内推进的事业单位法人治理结构改革决定了学校今后发展的走向。改革中要强化学校法人主体地位,建立法人治理体系,为学校松绑放权,办学者(学校理事会)给予用人选人、教师编制、发展规划等必要的办学自主权,政府依法政策保障，学校依法依章自主管理，落实班主任津贴、教师超课时津贴、绩效工资等教师待遇，建立精神鼓励与合理物质奖励相结合的教师激励机制，充分调动教师干事创业的积极性和创造性，为促进教育事业优质发展奠定人才基础。

4. 大力加强教师队伍建设和管理人才建设

高水平教师队伍和管理人才是学校内涵发展的根本保证。学校的发展最终靠人去完成，因此，学校应为人人各尽其能、各得其所创造良好条件，提供公平的机会。管理干部队伍是学校发展的核心力量，建立一支敬业奉献、思想作风正、专业知识精、科研能力强、有思想会管理的干部队伍是学校发展的紧迫需要。应重点建立"四个机制"——完善"能者上、庸者下"的干部选拔任用机制；实行岗位目标责任制；实行干部考核述职制度；建设青年干部培养机制。优质教育取决于教师的素质，学校内涵发展的过程也是提升教师素质的一个过程，打造一支高水平的教师队伍，是学校内涵发展的关键。应该努力为教师打造五个平台——建设教师职业道德教育平台；搭建"专家引领、名师示范、同伴互助"的校本培训平台；搭建"国内外参访、访问学者、离职培训"等形式的教师外出学习平台；通过公开课、评优课、研究课、示范课、观摩课、教师论坛等形式为教师提供展示的平台。

（考察组成员：江学录、杨培荣、邓新源、杜建生、邹志平、潘建军、王万平）

突出学生全面发展的教学改革实践之路

——酒泉市玉门油田第一中学教育质量调研报告

为深入了解掌握我市高中教育教学现状，总结教学管理和高考备考工作的成功经验，分析研究我市高中教学中存在的差距及其原因，研究解决问题的办法和措施，促进我市高中教育教学质量不断提高，根据局领导安排，市教研室抽调学科教研员组成调研组于 2015 年 9 月 6—9 日深入酒泉市玉门油田第一中学开展了调研。本次调研主要采取座谈、听课、查资料、个别访谈等形式，主要对油田一中教学管理措施、高中教学实践中的特色工作及其高考备考有效做法、高中教育教学实践中存在的问题或困惑、进一步提高教学质量的设想和举措等方面进行了全面调研。调研中听课 12 节、召开管理人员、教师代表、学生代表座谈会 4 场次，访谈 40 余人，查阅了学校的教育教学过程性资料，并反馈了调研情况。

一、基本情况

酒泉市玉门油田第一中学每个年级 7 个班级，共有教学班 21 个，学生 1177 人，其中 4 个文科班；学校现有教职工 101 人，50 周岁以上教师 7 人，30 周岁以下教师 9 人，中青年教师达到教师总数的 83%。其中高级教师 29 名、一级教师 41 名、省级骨干教师 2 名、酒泉市学科带头人 5 名、骨干教师 3 名、13 名教师取得了硕士学位。近年来，油田一中教育教学质量稳步提高，高考成绩连年登上新台阶：2013 年，学校一本上线率为 14.2%，二本以上上线率为 27.68%；2014 年，学校一本上线率达 27.16%，二本以上上线率达 45.37%；2015 年，学校参加高考总人数为 306 人，其中一本上线 90 人，上线率达到 29.41%，二本以上上线 159 人，上线率为 51.96%，酒泉市 2015 年理科考生前 100 名中，油田一中占据 18 名，其中李怡漩、王旭同学分别排名第

4 名、第 9 名。近三年来，一本上线率增加 15 个百分点，二本以上上线率增加 24 个百分点，赢得了社会各界良好的口碑，并在周边形成了良好的社会舆论氛围。

二、成功经验

近年来，在酒泉市委、市政府的关心和玉门油田公司的大力支持下，在酒泉市教育局的正确领导和油田分局的具体指导下，油田一中以办好人民满意教育为目标，以全面提高高考质量为中心，以加强学校领导班子建设、提高学校管理能力和服务水平、全面推进高中新课程实验为重点，把加强学校层级管理、提升教师教学能力、加大教科研工作力度，全面提高教育教学质量、强化师生思想政治工作和校园安全工作作为工作的着力点，促进了学校整体办学水平的进一步提高，也积累了一些成功经验。

成功经验之一：油田教育分局强化管理、不断优化内部外部环境支持教育发展等措施有效保障了教育质量的快速回升

油田教育分局结合自身实际，在充分调研的基础上，按照统思想、治乱象、改课堂、强教研、重长效的思路，大胆放权，激发学校办学活力，推行"扁平化"目标管理，为提高教育教学质量提供了保障。

一是下大力气解决遗留问题，切实化解矛盾，千方百计调动教师积极性。油田学校移交地方后出现政府和油田公司"两头管、两不管"的现象，教师工资停滞不涨、职称评聘衔接不顺、临聘教师问题久拖不决，学校到处蔓延着焦虑浮躁的负面情绪，严重影响了教师工作积极性和责任感。油田教育分局主动出击，多方协调，大力解决遗留问题，将油田教育纳入财政正常供给范围，将 86 名临聘教师通过招考纳入了编制，理顺了教师职称评聘问题，彻底解决了广大教师的后顾之忧，引导教师把所有的精力投入到了教育教学工作。同时，油田教育分局还积极协调油田公司每年支持一定资金，用于奖励教育教学质量提升突出的教师个人和团队，极大地激发了教师干事创业的积极性。

二是狠抓常规管理，强化课堂建设，多措并举促进教师专业成长。油田教育分局从治理课堂乱象入手，组建了由教研、管理人员组成的督导团队，领导带头深入课堂，推门听课，彻底解决了教师无教案上课、体罚学生、酒后上课、随意在课堂上接打电话等不良教学行为。对于在听课过程中发现的课堂教学效率低下、"满堂灌"等现象，研究制定《油田教育分局高效课堂建设实施意见》《油田教育分局高效课堂建设实施方案》，全面实施高效课堂建设，通过几年实践，教师的课堂理念、教学模式、学习方式都发生了根本转变。为进一步深化高效课堂建设，解决高效课堂内容宽泛、缺乏抓手的问题，从2013年6月开始，油田分局在三所学校同时开展了"我与课堂同成长"活动，组织教师现场观摩，并将课堂全程录制，上传到教育分局网站作为课例，组织引导教师开展评课、研修，同时也供管理、教研人员在办公室边处理业务边听课达到随督随导的目的。通过高效课堂建设、"我与课堂同成长"活动的开展，油田学校教师们的教学思想、教学理念、方法手段以及课堂的规范程度，发生了改头换面的深刻变革。结合近十年来教师放松学习、专业素养和敬业精神都不如人意的实际情况，油田教育分局研究提出了教师成长计划，制定了《油田教育分局教师专业发展规划（2014—2020）》《油田教育分局骨干教师和学科带头人评选管理办法》，规划教师专业成长。在教师培训方面，油田教育分局每年投入80万，采取请进来、送出去相结合的方式开展培训，近三年共选派约500人次，人均1.2次。每次外出培训，教师们都带着任务，回来以报告会或示范课的形式，最大限度地分享、传达学习到的可贵经验，让更多的人参与研讨，把学习的成果充分消化吸收，改进教学。在引领教师自主学习方面，油田教育分局主导开展了"好书伴我成长"读书活动。为此，分局每年专门列出预算用于教师专业发展图书的购置，由教师、学校提供书目，分局统一购置，充实图书馆，发给教师，并定期组织教师交流读书心得。

三是着眼长远规划，总体布局梯次推进，构建特色学校文化。油田教育分局以石油文化、铁人精神为核心推进学校文化建设，包括各学校的校歌、校训、办学理念，丰富学校文化，提升校园内涵。指导各学校制定了2014—2020年五年发展规划，使工作更具有计划性。为提升油田教育的特色，在充分调研论证的基础上研究制定了《油田教育分局关于开展学校领导班子教育教学能力建设"六个一"活动的安排意见》（"六个一"：指导一个教研组和年级组；每周有一天全程"进组进班"开展教育教学活动；每学期主持一次

"教学论坛";每学年策划、指导、参与一门校本课程的开发与实施;每学年跟踪指导一名青年教师;每学年进行不少于30学时的学习研修活动)和《油田教育分局教育教学责任事故认定及处理办法》,健全完善学校管理制度。

四是推行扁平化管理,强化服务基层,支持学校充分自主发展。油田教育分局结合每个学段一所学校的特点,强化小学、初中、高中各学段统一管理、有效衔接的扁平管理意识,大胆放权,减少中间管理环节,为学校减负,最大程度避免行政干预对学校教学的影响,有力激发了学校自主发展的活力。同时,油田教育分局充分发挥服务学校、服务教学支持作用,对于学校设施改善、后勤保障等工作,均由学校报计划,分局审核统一办理,这样就把校长从事务性工作中解放出来,校长就有时间、有精力静下心来专心办学。

正是由于油田教育分局引领、服务、指导、协调作用的充分发挥,油田三所学校整体推进,教育质量全面提高,为油田一中从生源质量和增强自主发展活力两个方面提供了充分条件,有力促进了油田一中质量的快速提升。

成功经验之二:以人为本,全面落实各环节精细化管理措施

油田一中确定了"抓管理求落实,抓落实求实效"的管理思路,构建"全员管理、全面管理、全程管理"的"三全"管理模式,实施校领导包挂年级制度,严格落实学校制定的《教学常规管理要求》,重点抓好教师备课、上课、作业批改、课后辅导等环节的检查、指导。一是领导带头树表率。校长亲自带领班子成员深入课堂,坚持每学期听课100余节,以普通教师身份参加教研活动,督促指导教研活动开展,经常参加质量分析会议,全程参加学校组织的各类活动,每天检查教学开展情况,安排校级领导每周值日,保证学生优良的学习环境。以干事创业、廉洁务实的工作作风为全校教职员工树立了典范,真正起到了"头雁"的领航作用。二是细化常规促提高。针对学生学习基础普遍较差的现状,学校提出了低起点、缓坡度、密台阶、高落点的教学工作思路,从细处入手,对教学计划、教学设计、课堂教学、作业批阅等方面提出了具体要求,并聘请第三方对学校教学常规落实进行评估,定期组织学生评教活动,并作为教师评优考核的重要依据。建立教学质量验收考核制度,坚持实行周检查、月小结,对各年级实行"统一进度、统一命题、统一考试、统一阅卷、统一成绩分析"的办法,及时发现和纠正教学中存在

的问题和不足，召开分年级、分班级、分学科的质量分析会，分析到班、到人、到学科。逐步建立起学生学业成绩动态监控体系，探索不同层次的培养学生的有效机制。三是注重研究促提升。突出年级组管理职能，坚持每月一次的科任教师教学工作会，研究解决教学工作中存在的问题。坚持周检测、月会考，认真分析，寻找差距，查漏补缺，促进教学工作。同时，加强交流与合作，积极学习外地先进经验、做法。近两年先后派教师到金塔中学、敦煌中学、江苏省锡山高级中学、湖南长沙长郡中学等名校参观学习，并进行学习成果汇报交流，部分成功经验已在学校推广应用。邀请江苏省6位名师，分两次来校上示范课，让老师有机会学习借鉴教育发达地区的课堂教学成果。四是力改薄弱促突破。本着为每一个学生负责的态度，对学生提出了不放弃、不言败、全面抓、稳提升的工作口号，由年级组摸底排查，依据各分段考试成绩，对预计能达到高考二本线的学生、偏科学生分别实行学校领导、科任教师包抓辅导制，扶优帮差。加强了薄弱学科的建设，注重了学科均衡发展。全校数学学科实行周练制度，由学校统一组织，专门召开了政治、历史、地理三门学科如何提高成绩的专题会议，分别找部分教师谈话，定目标，提要求，促进整体提高。五是家校联手促发展。成立了家长委员会，坚持每月邀请家长代表来校了解督查高三年级工作，对高三年级工作提出建议和意见，达到了由外力督促管理的目的。结合油田初中毕业生假期长，无人管理现象，学校延伸管理，提前组织了高一新生夏令营，编印了初高中各科衔接教材和学法指导教程，采取了高三教师讲座和学生自学等形式，让学生提前感受高中生活，熟悉高中教材，掌握学习方法，使新生从心理和知识两方面做好了入读高中的准备。六是强化自主育人能力。学校推行学生自主学习、自主管理体系建设，晚自习实行学生值班制度，没有教师进班，成立了学生督察小组，增加了校园"小红帽"流动监督员，学生会每天在公示栏进行检查结果的评比反馈，让学生管理学生。学校遴选出了五名学生担任校长助理，他们定期汇报年级、班级、学生动态，提出学校管理方面的意见和建议，校长具体指导他们开展工作的方法，以便全面了解舆情，及时判别引导。七是注重文化提内涵。学校开展了"特色学校"和"快乐校园"创建工作，加强体育、艺术教育，教会学生掌握一两门终身受益的运动技能，教会学生使用一两种乐器，培养一两项艺术爱好等（简称"体育艺术2+1项目"）。为给学生提供成长平台，学校开展了高三百日誓师大会、学生 18 岁成人仪式、学生课本剧大赛等丰富而有意义的活动。开设了十多门校本选修课，完全由学生依据兴趣自主选课，每周安排了 2 课时，尝试走班制教学，学生自主成立了 16 个社团，组织开展了社团活动展示汇报和评比，目前校本选修课和社团活动开展顺利，效果显著。实施"好书伴我成长读书计划"，开放图书馆，倡导学生自主阅读，建立班级、楼道图书角，开展图书漂流活动，为学生阅读创造环境提供了良好保障。八是引领成长筑基础。在教师中大力开展阅读活动，收集教师阅读需求书目，不断购进图书，扩大图书馆藏书量，供教师随意借阅。同时，还每年为教师拨付一定金额的购书经费，鼓励教师多读书，促进教师向学者型教师转型。举办道德讲堂，加强教师职业道德教育，邀请环卫工人做事迹报告会、清华学子奋斗励志报告会和支教老师谈支教生活感悟报告会，激发教师吃苦耐劳、甘于奉献的情怀，邀请江苏名师寇永生进行主题讲座。引导教师培养高尚情操，克服教师职业倦怠，制定教师专业成长计划，明确教师发展目标。通过签订师徒结对协议、学校领导跟踪听课评课等方式，加速青年教师培养，促进青年教师成长成熟。

成功经验之三：紧扣课堂，努力提高教学效益

课堂是教学的主阵地，课堂效益的高低决定教学质量的优劣。正是基于这一清醒的认识，近年来，油田一中一直在探索新的课堂教学模式上动脑筋，在打造高效课堂上做文章，在改革课堂模式上下功夫，为教育质量提升提供了强有力的支撑。一是推进高效课堂建设，全面优化教学生态。学校把高效课堂作为办学文化的主要抓手，通过对课堂教学行为的研究，采取跟踪听课、评课和教研组研课、磨课等方式，切实解决课堂教学效率不良、效果不好、效益不佳等问题。同时，探索启发式、探究式、讨论式、参与式等多种教学形式，有效建立了突出学生主体地位、激发学生学习兴趣的课堂生态。为解决复习课、讲评课效率不高的问题，多次组织教师按学科分组深入扎实地开展课堂观摩讲评，通过示范带动和榜样引领，最终形成"高效优先——深度优先——新颖优先"的课堂观。二是搭建交流平台，促进教师共同提高。借助"我与课堂同成长""风采展示课""名师示范引领课"三个平台，组织教师全员参与上课、说课、评课、课后反思、交流研讨系列活动。学校领导全程

参与公开课观摩活动，还经常不打招呼推门听课，并认真撰写"课堂观察记录"，积极参与评课活动和主题教研活动，逐步对正在进行的学校课堂改革达成了共识。三是建立分层教学模式，激发学生内驱力。基于历史和现实原因，油田一中在办学过程中根据学生实际，分层次组织教学。目前主要形成"实验班——普 A 班——普通班"三个层次，年级组根据"学生分组、分层授课、分类指导"原则开展教学活动，对学生分类指导，有针对性地帮助学困生，发挥学生优势潜能，满足不同潜质学生的发展需要，积极培养学生的创新精神和实践能力，对学生的评价以过程性、激励性为主，要运用鲜活快乐的语言感染学生，让他们燃起学习的热望。能够最大限度地"让尖子生吃饱、普通生吃好、学困生吃了"，兼顾基础层次各不相同的学生，激发学生的备考内驱力。四是主动出击，积极实践，积累未来课堂教学经验。未来将取消文理分班，学生自主选课、实行走班制是必然选择，学校为了积累经验，首先从体育课选修开始实践，学生体育课全部根据爱好自主选修，体育组教师根据自身专业特长开设了足球、篮球、排球、乒乓球、健美操等课程，学期初学生根据自己身体素质和爱好进行选课，避免了以往一个班级一节体育训练课，学生没有选择、没有兴趣的局面。五是抓精练习，强化知识消化。学校采取定期不定期的方式督促教师全面落实和优化教育教学的各个环节，严格组织月考与讲评分析等常规工作，每天各科作业除了量的要求适度外，特别注重质的要求，强调出题规范化、有针对性、分层要求。做到"四精"（精选、精讲、精练、精批）和"四必"（有发必收、有收必改、有改必评、有评必纠）。定期搞错题过关，精心组织每次考试，考前抓命题，考中抓考风，考后抓分析。

成功经验之四：创新驱动，加大教研服务教学力度

教育科研是学校教育持续健康发展的核心驱动力，当然也是高考取胜的不二法宝。为此，油田一中在教研上大刀阔斧，探索创新。一是加强教研阵地建设。投入大量资金，建设了 4 间高标准的教研活动室，配备了电脑、电子白板、图书资料等设施，制定并在墙面悬挂了教研流程、制度和学科团队宣言，营造了良好的学术氛围，有效保证每个学科组教研活动有专门的活动场地。二是强化教研活动的组织管理。每个教研组确定一名校级领导指导教

研组，全程参加教研活动，并对教研活动的开展进行指导监督。同时，为保证教研活动有序开展，学校重新聘任了青年骨干教师担任教研组长，扩大他们的工作权限，发挥他们敢想敢干的创新优势，既激励教研机制又加快了青年骨干教师的成长进度。三是创新教研形式。为解决以前教研时间短、效果不佳问题，学校建立"无课日"研究机制，同学科教师每周有半天全部不排课，集中参加教研活动，共同解决教育教学中的问题，交流成功经验。为提高教研活动的针对性，教研组长定期发布教研活动内容，教研组成员精心准备。可以说"无课日"教研平台已经成为更新教学理念、解决教学问题、分享教学感悟、促进教师成长的大舞台。四是创办教师沙龙。学校为促进教师外出学习效果，扩大学习范围，每次外出学习学校都会给每位教师提出明确要求，回来以后给全校教师介绍心得，介绍形式不采用专题报告形式，而是由学校领导和老师现场提问，所有学习教师现场解答。五是树立和强化大教研观。结合油田教育实际，由分局安排，定期组织同学科各学段教师开展教研活动，打通学段衔接，明确各学科各学段教学任务和方法，共同研究解决各学段因教材版本不同导致的知识不系统的问题，加大教材处理和教学调整力度，实现了初、高中学段教学有机贯通。

成功经验之五：精准备考，实现高考质量新突破

油田一中以开展深度研究、构建高效课堂、实行精细管理为重点，不断完善研究、教学、管理"三位一体"的高考应考运行机制，切实提高备考工作的针对性、科学性和实效性。

一是加强备考组织。学校每届高三都成立校长为组长的备考小组，制定备考方案，细化备考细则。各备课组也精心安排复习计划，针对这几次大的摸底考试搞好本学科的复习工作，既有长远规划，又有短期行为，三轮复习安排得环环相扣，层层深入。第一轮强调基础、降低难度、突出重点、理顺体系、合理定位。第二轮专题巩固、精讲精练、逐点落实、突出能力。第三轮理顺基础、查漏补缺、规范解题、调整状态。二是加强教学管理。备课采取集体备课和个人备课相结合的模式，集体设计教案，编制随堂练习、典型例题、变式训练等。最主要的是教师根据各班的学生特点，因人施教，灵活处理。上课做到"三讲三不讲"（讲规律、讲思路、讲方法，不讲偏题、不讲

怪题、不讲不典型题），力求一题一类型，一课一收获。作业布置分层实施，尽量满足不同学生需求，考试与讲评做到精心命题，精心讲评，务求实效。教师讲评前要统计分析，出错率太高的题不讲，出错率太低的题不讲，每位学生都有错题集。三是提高复习课效率。高三教师在复习阶段的课堂教学中，充分关注学生情感和态度的培养，关注学生兴趣的激发，关注创新思维的形成，关注知识网络的构建，关注学法和能力的培养，充分调动学生的学习积极性。推广"合作探究"教学模式，大胆采用分层次教学法，重视现代化教学手段的运用。重视学法指导，教师通过课堂授课、阶段总结会、专题讲座、个别谈话等形式，有针对性地、科学地指导学生的学习方法。充分关注优生和边缘生，做好培优促中转差工作。对于优生，重点培养，在复习安排、试题选择、教师辅导上都要重点考虑，设计额外训练，给予优生更大的发展空间。对于成绩排在二本线上下的边缘生，根据测试成绩为学生绘制弱科阴影表并开拓弱科讲座的做法，帮助他们树立信心，弥补知识差距，力促突破弱科实现跨越。四是抓好模拟考试与单元检测。在单元考试中，学校重点抓好命题质量关、测试组织关、阅卷及时准确关、试卷讲评关"四关"，精心设计检测题目，不一味使用套题。强化质量分析，及时反馈阶段复习的效果，对于学生掌握不过关的知识及时查漏补缺，尽量做到不留后患。五是注重开展理想教育。做好宣传激励工作。如高三开学典礼、倒计时二百天动员大会、倒计时一百天誓师大会、毕业典礼等系列主题活动和专题班会、家长会、名人报告会、学情分析会等等，引导学生正确地认识自我，增强进取精神和竞争意识。六是强化班级管理和心理疏导。班主任坚持狠抓三个方面。一抓常规管理，一抓心理疏导，一抓复习备考，营造和谐、有序的学习氛围。充分发挥学生干部和优秀学生的带头、榜样作用，切实搞好班风、学风建设。班主任、科任教师经常与学生开展对话沟通，将心理教育渗透于班级管理、学科教学之中，预防各种心理问题，培养学生良好的心理品质，重视个体指导，关注弱势群体，把握学生心理动向，适当组织课外活动，适时调整学生学习、生活的心态和兴奋点，保持适度紧张，畅通学校和家长的联系通道，以定期的家长会和平时家长来访为常见形式，协调校内外教育行为。八是加强信息的收集，准确把握高考方向。学校每年都要组织教师认真研究《考试说明》以及进行其他高考动态的研究，拓宽信息渠道，加强多方联系，通过报纸、杂志、会议、媒体等渠道及时了解和收集高考信息，并对其准确性进行分析、判断，快速反应，有效指导备考工作。

三、建议

调研组在总结挖掘油田一中教育教学质量稳步提升的成功经验时，从深层次分析认为，油田一中高中教育取得了突出成绩的同时，也存在着一些需要改进的方面，值得引起关注。

一是教师学习培训系统性、规划性不强，在学习系列化设计、创新载体、过程监管等方面还需加强。教师队伍整体素质还有待进一步提高，名师工程建设还不能满足一流学校的要求，对本校、本地学科教师专业成长引领和推动作用发挥还不充分。青年教师培养还需进一步加强，年轻教师工作创造性尚待进一步激励开发。

二是高效课堂的构建任重道远。低效课堂依然存在，一部分教师不能给学生足够的自学、反思时间，"以考代教、以练代讲、以讲代学"的倾向没有完全扭转。学科发展不均衡，理强文弱现象比较突出。

三是质量管理机制尚不完善，有效的质量分析评价和激励机制有待健全，质量管理链条不够紧密，教师的主观能动性和工作积极性还需进一步促进调动。学校档案管理亟待加强，对过程性资料收集、教育教学经验的总结不够。学校文化建设与一流的名校相比，还有一定差距。

为此，我们建议：

（一）强化文化引领，在激发师生内生动力上下功夫

一要以文化激发师生"精气神"。学校要追求特色发展、追求高品质成长，就必须在文化上求突破。要构建"促进学生成人成才、促使教师成功成名"富有精神内涵的学校文化体系，着力建设以师生为主体的活动文化、学习文化、班级文化、研修文化，以健康向上的学校文化构筑师生追求卓越、不断进取的良好生态；要突出"从师生中来，到师生中去"的班级文化建设原则，充分利用标语式、专栏式、口号式的墙壁文化、体育文化、团队文化，激发师生的价值认同，协调师生的行为方式，让"饱含着情""浸透着爱""生

发着志"的班级文化始终成为师生教与学的精神力量。二要以目标提升师生"责任感"。目标是我们共同努力的方向，更是我们不断超越的推力。学校要紧扣目标，结合本校生源层次、学校层级和参考人数等因素，建立一套完整、科学、合理的目标责任体系和激励体系。要重点突出目标的励志效能，用目标提振师生信心，借目标激发师生热情，以目标引领师生行动，让师生始终处于对目标的追求和奋斗之中，始终处于为实现目标而忘我地教与学的感召之中，让目标成为激发内驱力、传递正能量、凝聚向心力的动力源。

（二）深化教学改革，在提升内涵发展品质上下功夫

一要推进教学方式转型。真正有品质的办学实践，是教学方式与学习方式和谐共融、教学相长、共同发展的价值追求过程。纵观近几年我市高效课堂建设的过程，我们欣喜地发现，我市各学校课堂教与学的质态发生了明显的变化，但我们感觉自己前进的脚步仍显迟缓，有效推进的势头尚未形成，客观需要我们要继续执着地推进高效课堂建设。当前，学校要继续强化教学底线的坚守，定期组织示范课、研究课、观摩课、竞赛课和同课异构等活动，引导教师把高效课堂的理念内化到教学中，鼓励教师创新教学风格、彰显学识魅力、展示教学艺术，杜绝负效、无效课堂，实现有效课堂，追求高效课堂。二要引导训练方式转变。学校要以提升作业品质为抓手，强化作业原创设计、分层布置、精细批阅、当面纠错的要求，通过分时段作业形式，做好学科统筹，提升学生作业精力集中率；通过分专项作业形式，主攻重点学科，提升学生知识到位率；通过分层次作业形式，关注不同学生对象，提升学生作业的参与率，力避"跟着资料走""当堂不练课后挤占课时成堆练"的训练倾向，努力推进课堂训练向关注学生学情、重视学科素养、凸显作业品质的方向转变。三要强化评价方式转轨。发挥教学评价的导向、激励功能，是引导广大教师积极参与高效课堂建设，转变教育教学行为的有效杠杆。学校教研部门要把课堂教学评价作为推动、深化高效课堂建设的支撑点和突破口，建立一种"既评学、又评教"的高效课堂评价机制，要把学生常态化的自主性学习、合作性学习、探究性学习作为评学的重要内容，把教师设计课堂互动活动的成效作为评教的主要内容，全方位关注师生的教学活动，不断提升课堂教学的品质。四要统筹学科均衡发展，文理并重，强化文科，尽快解决

文科过于薄弱的现状。

（三）细化精致管理，在健全质量保障机制上下功夫

一要完善以人为本的管理机制。坚持以生为本、以师为本，遵循"责任明确、一包到底、层层负责"的管理原则，按照目标锁定、过程关注、有力执行管理流程，推进管理多接地气，多问计于师生，不断细化教学环节管理、质量监控管理、师生评价管理，切实堵塞管理漏洞、减少管理损耗、提高管理效益，形成一套科学人本、螺旋上升、封闭循环的管理体系。二要构筑年级均衡的管理格局。学校要牢固树立三年"一条线"、全校"一盘棋"的思想，在师资配备、教学计划等方面通盘考虑，统筹安排。在师资配备上，坚决杜绝"轮流坐庄"、把优质师资全部安排到高三的做法，全力打造学校领导、中层干部、教师队伍三合一的同心联盟。在教学策略上，高一、高二年级要着力增强学生基础知识的建构能力、基本解题能力和学科基本素养，坚决防止为了赶进度、因为加难度而把"夹生饭"带到高三的情况。在文理分科上，学校要立足本校近几年高考状况、生源构成和教学传统优势，科学引导学生理性选修、选科，努力形成比较合理的文理科学生培养比例，最大限度地防止有效资源的流失。

（四）优化实效教研，在拓展质量增长空间上下功夫

一要做实校本教研。充分发挥"无课日"教研平台，以"有行为跟进的教学反思、有深度研讨的同事交流、有主题鲜明的专题教研"，积极拓宽教研渠道，推进校本教研形式多样化，努力凸显教师的教研主体，唤醒教师的教研自觉。二要优化教研方式。教科研的主体是教师，目标指向是教学改进，基本单元是学校备课组、教研室，学校要坚持教研先行，积极倡导"草根式"研究，让每一位教师走进教科研，亲近教科研，努力成为学习型、研究型教师，并将教研活动渗透到高中教学各个阶段、各个单元、各个知识板块，使教科研成为学校发展、教师专业成长、课堂教学改革的加速器和推动力。三要聚合教研力量。要健全教研管理网络，突出教研组、学科备课组在教科研活动中的重要地位，切实提升教研团队研课、研题、研纲、研考能力；加强对外交流学习，与省内外强校建立教研联盟，为教师打开学术视野的窗户，

发挥网络优势，采取"网络备课、说课、讲课、评课一条龙"教研模式，实现教科研的新跨越，有效突破"闭门教研""低层次研讨"的困境；要放大教研组长、年级组长作用，不断提高自身示范引领力和指导执行力。支持他们在带领教师团队提升专业素养、教研素质的同时，善借外力、善提要求，广泛深入地开展教学研究、命题研究和学生学习研究等专题教研活动，真正使教育科研成为教学质量新的增长点。

（五）凸现高三工作，在统筹谋划提档增量上下功夫

一要统筹管理强效能。认真学习衡水、昌乐等名校经验，采用校长领导下的年级主任负责制，实行项目管理，推行学科组长分科负责制、班主任包干负责制、任科教师直接负责制，三学年一贯，责权利一体，落实班级捆绑考核、组内捆绑考评、过程捆绑考查，切实提升年级组管理效度。二要夯实基础出实招。继续落实"强化基础，狠抓语数外，猛攻数学，选修保匹配"的备考策略。以考试说明引领各轮复习，吃透精神，导向精准；以问题解决达成能力提升，以学定教，狠抓匹配；以能力培养带动知识深化，保证重点，突出有效；以题型突破提高应试水平，深度题研，建构建模，"不求招招新，但求招招实"，全面改进高考复习备考工作。三要聚焦生本提增量。要围绕优秀学生的培养，制定专项规划，组建攻坚团队，狠抓定向培养，确保优生优培、高进高出；要围绕拓宽底面，把强化特长生培养作为提升全市高考总体水平的战略性举措，坚持不懈，一抓到底；要围绕匹配抓大面积，认真研究配对关系，关注体量，提升质量，以高匹配度促进大面积提升。四要坚持开放多协作。高中学校在高三备考阶段要相互学习，扬长避短，抱团发展，共同进步。"他山之石可以攻玉"，周边学校和省内外名校的好经验好做法，我们应当主动学习借鉴，为我所用，并主动走出去，与市内外知名学校建立战略合作伙伴关系，广泛利用资源提高备考效益。

（调研组成员：潘建军、崔津泉、苏发珠、程道锐、李海平、常海燕）

探索基础教育质量监测评价的实施路径

——酒泉市中小学教育质量监测评价培训学习报告

按：为了促进基础教育高质量发展，酒泉市教育局制定下发《关于深入推进中小学教育质量监测评价制度改革的意见（试行）》（酒教字〔2017〕719号）和《关于2018年全市中小学教育质量监测评价工作的安排意见》（酒教字〔2018〕56号）文件精神，5月4—10日市教育局组织69名质量监测管理人员、专业人员赴江苏教育质量监测评价改革工作先行的南京、镇江、苏州等地进行实地培训学习。本文系学习考察报告。

短短一周的培训学习，紧张而有序，聆听了11场专题讲座，参观了江苏华叶跨域教育科技发展有限公司、苏州工业园区金鸡湖学校，考察了镇江市教研室、苏州市教育质量监测中心。专家们分别从教育质量监测对提高教育质量、促进教育公平、推动教育改革与发展，建立基础教育数据库，质量监测命题、监测及分析评价技术、监测后教学研究与教学指导的目标及要求，结果应用等方面进行精彩论述，通过理论引领、经验分享、数据分析、互动交流使我们深受启发。

感悟一：先进的教育理念是质量监测走向成功的起点。教育部质量监测协同创新中心张生教授的《教育质量监测对教育改革的启示》、南京市秦淮区教师发展中心主任李家隆的《基于数据诊断的精准教学与教研品质的改进》、江苏华叶跨越教育科技发展有限公司郎曼的《教育质量监测的理论与实践概述》的分享，使我们深刻地认识到：基础教育质量是影响国家竞争力的核心因素，开展基础教育质量监测是世界各国提升质量的重要举措，也是中国教育发展的必然要求，基础教育的质量应以学生发展为核心，树立科学的教育质量观、系统的教育质量观。建立监测的理论系统是为我们的教学服务的、为学生服务的、为整体提高质量服务的；建立数据基础之上的质量分析、研究系统要以教育质量监测为抓手，进一步完善组织建设、规范管理流程、优化工作方式、提高工作品质，用真实的数据说真话、说实话、说管用的话。因此，我们要不断学习，在学习中不断提升和改变自己，如果在原有理念和经验的驱使下故步自封，那就不符合时代的需求，难以适应教育的发展，只有在学习中更新和提升，吸纳和融入，学思结合，才能踏上时代的节奏和发展的步伐，才能在监督、指导、服务、评价中发挥更好的作用。

感悟二：探索实践是质量监测走向成功的关键。培训中专家的智慧和他们长期的探索实践总是时时激励着我，鞭策着我，特别是苏州市教育质量监测中心主任罗强在分享中提到，他们有 16 人的编制，有专业的团队、有 8 年的探索实践经验，有导航系统和工作流程，借助大数据平台，有高质量学科监测报告和综合分析报告，注重评价结果的应用，构建了质量监测体系，提升质量监测价值。镇江市教研室主任朱春晓在《构建区域教学质量提升机制的实践研究》中，注重顶层设计、专家治学、团队合作、全员参与，突出以学案、评价为主的管理系统，强化合作共赢的新理念，构建了教学常规管理新范式，建立了教师常态研训新模式，有效提升了区域教学质量。

感悟三：开拓创新是质量监测走向成功的原动力。在培训中，苏州工业园区金鸡湖学校大胆创新，聚焦数据、突出细节、注重教师队伍建设和名师引领，成立命题组、质量监测研究组、研制案例，聚焦数据为提升教育质量创设新途径、透视结果为教师团队建设搭建新平台、着眼监测为校本课程开拓新思路，让数据分析成为改进学校、撬动发展新支点，提高了教育教学质量，赢得家长好评和社会认可。苏州市教育质量监测中心用前瞻的顶层设计、多元的立体框架，打好组合拳、聚焦结果、寻找数据、自主改进，以高效能的结果应用助推教育质量提升。

感悟四：互联网＋是质量监测是走向成功的突破口。如今，互联网＋教育是当前教育产业的关键词。江苏华叶跨越教育科技发展有限公司注重团队建设、充分依托互联网＋做大做强教育科技，公司成功上市；他们创新互联网＋大数据时代下教育质量监测，注重软件研发推广，通过云计算、大数据科学诊断分析，建立信息化资源共享平台，促进教育发展。苏州金鸡湖学校用互联网＋大数据，开展教育质量监测——以"测量表"制作的技术要领切入，理性剖析、感性解读，寻找不足、设定目标，大开了"脑洞"，受益匪浅。

聆听了教育质量监测专家、质量监测管理机构、学校领导对教育质量监测理论讲授、教育质量监测与教育改革的经验分享、教育质量监测机制体系构建、基于大数据的质量综合评价方法等，使我们对中小学教育质量监测评价改革从理论层面到实践层面有了进一步的认识，为积极推进中小学教育质量监测评价奠定了基础，感到这次中小学质量监测培训学习不虚此行。

启发一：进一步认识了中小学教育质量监测评价改革的重要性和紧迫性。

教育质量监测评价具有重要的导向作用，是教育综合改革的关键环节。推进中小学教育质量监测评价改革，是推动中小学全面贯彻党的教育方针、全面实施素质教育、落实立德树人根本任务的重要举措，是引导社会和家长树立科学的教育质量观、营造良好育人环境的迫切需要，是破解素质教育难题，树立正确的评价导向，提高教育治理能力，深化教育领域综合改革，加快评价改革，顺应世界评价改革趋势，打造具有中国特色的质量评价体系的迫切需要，也是基本实现教育现代化、加强和改进教育宏观管理的必然要求。中小学教育质量监测评价改革的目的是提高中小学教育教学水平，促进中小学教育事业科学持续发展。具体体现在：改变单纯以学生学业考试成绩和学校升学率为指标对中小学教育质量进行评价，应以促进学生全面发展、健康成长；促进学校改进和完善工作，端正办学方向，提升管理水平，提高办学质量，推动学校的改革深入发展；对政府、学校、社会和家长树立正确的教育观和质量观起到引领作用，营造良好的素质教育氛围；客观反映学校教育质量状况，使之成为教学业务部门和教育行政部门深化教育教学改革的重要科学依据之一，推进中小学教育均衡发展、科学发展、内涵发展。中小学教育质量监测评价改革是一件大事，也是一件难事。《教育部关于推进中小学教育质量监测评价改革的意见》提出了一系列评价指标和行动指南，为中小学教育质量监测评价改革指明了方向。我们要坚定信心，迎难而上，大胆探索，按照《教育部关于推进中小学教育质量监测评价改革的意见》扎实践行质量监测评价工作，促进全市中小学教育质量的提升和学生全面健康的发展。

启发二：明晰了积极践行教育质量监测评价改革的探索路径。

为期一周的质量监测研修培训，十多位专家们的讲座奏响了全市推进教育质量监测评价改革的先声。质量监测评价培训学习虽然结束，但我们对质量监测评价理论、经验和方法的学习不能终止，要强化学习，提升质量监测评价重要性、紧迫性，大胆探索，用本次培训学习的新理念、新经验、新方法，按照《酒泉市 2018 年全市中小学教育质量监测评价安排意见》，积极推进教育质量监测评价改革。

1. 注重科学质量观念引领

《中小学教育质量监测评价指标框架（试行）》提出了一套全新的中小学教育质量评价体系，包括品德发展水平、学业发展水平、身心发展水平、兴趣特长养成、学业负担状况 5 个方面 20 个核心指标。这些核心指标呼唤学校教育在这些方面做出实质性的改革。作为中小学教育质量监测评价改革实践的督导机构工作人员，必须认真学习教育部推出的《中小学教育质量监测评价改革意见》，并在《中小学教育质量监测评价指标框架（试行）》引领下积极进行探索与实践。树立正确的评价导向是目前教育质量监测评价改革迫切需要解决的问题，向社会各界积极、有效地宣传评价改革重大意义，促进教育评价观念的转变，争取各方面理解和支持。要真正使教师、学生和家长对推动综合评价改革的内涵有更加深刻的理解，提高其对推进改革的自觉意识、主动意识，使改革真正能够转化为自觉行动。推动全体教职工更新观念，促进教育理念的变革，促进教学模式、学习模式的转变，真正使"综合""个性""实践""审美""信念""创新"等关键词融入教师的教育理念之中。

2. 培养一支教育质量评价队伍

全面推进教育质量监测评价，需要一支专业能力较强的质量监测评价队伍，这支队伍应具有过硬的思想政治素质和较强的改革意识，具有较高的理论水平和丰富的教学经验，具有较强的文字处理能力和语言表达能力，具有一定的信息技术能力。教育主管部门要进一步采取相应措施加强队伍建设：一是加强专业培训。通过专题培训、学术交流、专家引领等多种途径学习新的质量评价技术和方法等，提高教师素养，转变教师观念；二是借助外力，与高等学校、教育科研、学术团体、购买第三方服务等机构合作，争取专业支持，帮助县级层面和学校层面培养教育质量监测评价队伍。

3. 构建教育质量监测评价体系

我市虽然在教育质量监测评价改革方面进行了一些有益的探索与实践，也取得了一些成果，但是这些成果尚未形成有机体系。因此，需要我们加大力度构建具有本土特色的教育质量监测评价体系、评价标准，完善区域性教学质量监控的组织机构，准确把握学校、县（市、区）在质量监控中的位置关系，突出学校为主。基层学校着眼教学实践，强化日常常态教学行为的监测。县（市、区）着眼建立标准，立足过程指导，着重问题诊断，精准把脉、科学"开方"，提升质量监测评价的价值。

4．以评促建，让评价引领质量发展

全面了解我市教育质量真实状况，落实《教育部关于推进中小学教育质量监测评价改革的意见》，积极开展教育质量监测综合评价改革，促进教育主管部门和学校完善教育教学管理，让质量监测评价引领中小学教育科学发展、创新发展，促使学校、教师进一步深化教育教学改革，端正办学思想与办学方向，重塑正确的教育质量观，落实立德树人的根本任务。

5．构建基于大数据的教育质量监测评价平台

南京市秦淮区李家隆教授关于《基于数据诊断的精准教学与区教研品质提升》讲座，使我了解了运用大数据开展教育质量评价的作用及方法，认识到教育质量监测评价依托于多种来源的大数据，合理规划存储、利用大数据已经成为教育发展改革的必备要素，利用信息技术改进教学质量的评价方式，一方面能够减轻工作负担，另一方面，采用统一标准进行评价，能在一定程度上提升评价的准确性。利用信息化手段进行教育质量综合数据的监测、评价，对教育质量的提升具有重要意义，最终达到推动教育领域综合改革的目的。数据驱动学校教育变革的时代已经来临，我们要坚持国际视野，学习国内教育发达地区先进经验，与本土教育质量评价实践相结合，构建基于数据诊断改进教学的质量测评服务体系，准确定位县域学业质量发展总体水平，为教育决策部门提供清晰的数据判断，改变以往"在质量评价方式上重最终结果而忽视学校进步和努力度，在评价结果使用上重结果的甄别证明而忽视诊断和改进"的做法，在学校基于数据的学业质量分析、诊断与评价存在缺位，教学薄弱环节的改进与补偿跟进不足，需要建立相对完善的区域性过程质量监测和保障体系。通过基于标准的学业质量监测评价，优化区域教育资源，强化区域内提升教育质量的自觉性、积极性和主动性，促进区域义务教育优质均衡发展，提升区域质量的管理水平。通过监测知识与能力的诊断分析结果，为学生提供个性化、差异化学业辅导和教学补偿。

　　构建一个基于大数据的综合、开放教育质量监测评价服务平台，还需要各级教育部门、质量监测管理部门、质量监测人员、教师、学生乃至家长的大力配合与支持。同时，随着信息技术的不断成熟，基于大数据的分析、诊断、决策技术不断进步，教育质量监测评价平台必将成为教育领域综合改革的助力器，使教育质量监测评价成为学校创新发展、全面提高教学质量的杠杆。